REVUE AFRICAINE DES SCIENCES JURIDIQUES
AFRICAN JOURNAL OF LAW

N° 2/2014

UNE PUBLICATION DE L'UNIVERSITÉ DE YAOUNDÉ II

Faculté des Sciences Juridiques et Politiques

RASJ

L'Harmattan

UNIVERSITE DE YAOUNDE II

UNIVERSITY OF YAOUNDF II

FACULTE DES SCIENCES JURIDIQUES FT POLITIQUES

FACULTY OF LAWS AND POLITICAL SCIENCES

ORGANISATION DE LA REVUE AFRICAINE DE SCIENCES JURIDIQUES

COMITE SCIENTIFIQUE / *EDITORIAL BOARD*

5-7, rue de l'Ecole-Polytechnique, 75005 Paris

http://www.harmattan.fr
diffusion.harmattan@wanadoo.fr
harmattan1@wanadoo.fr

ISBN : 978-2-343-04375-3
EAN : 9782343043753

SOMMAIRE

I.

DOCTRINE

A.

DROIT PRIVÉ

VIE PRIVÉE ET LIBERTÉ D'EXPRESSION DANS L'ORDRE JURIDIQUE CAMEROUNAIS
(*Analyse sous l'angle du droit pénal*)

Jeanne Claire MEBU NCHIMI[1]

Résumé

Le droit à la vie privée et la liberté d'expression sont des valeurs de démocratie. Pour se déployer dans les mêmes espaces, elles n'ont pas moins des trajectoires différentes. Tandis que l'une se prête à la discrétion, l'autre aspire à la plus grande publicité. Mais, comme le fruit défendu, l'intimité de la vie privée exerce l'effet d'un aimant sur la liberté d'expression. Comment le droit pénal en l'occurrence, construit-il l'équilibre nécessaire à leur coexistence ? Au regard de son rôle qui est d'assurer la sanction des infractions et donc de sanctionner tous les droits, le droit pénal adopte à la fois des mesures de sauvegarde des droits analysés, et de répression de leur violation. Mais ces mesures pénales ne vont pas sans renier la vocation absolutiste à laquelle prétendrait chacun d'eux ; elles ont pour effet de les brider, afin de légitimer la considération espérée de la constitution des normes de protection. C'est donc en considération de la vie privée que doit se déduire le substrat de la liberté d'expression et vice versa, pour que soient préservés tant l'intérêt privé que l'intérêt général.

Mots clés : Vie privée – Vie publique - Liberté d'expression – Discrétion – Discrétion – Divulgation – Équilibre – Coexistence – Ordre public pénal.

---

[1] Maître de Conférences à la Faculté des Sciences Juridiques et Politiques - Université de Yaoundé II.

Nombreux sont les auditeurs et lecteurs des médias étrangers qui ont suivi, il y a quelque temps, la saga autour de la vie privée d'un président de la République.[2] Ce dernier avait d'ailleurs dû rendre public un communiqué faisant le point sur sa vie commune avec sa compagne, pour que les journalistes se détournent progressivement du sujet. Sans véritablement la susciter, l'affaire (remettait simplement sur la sellette) ou réveillait la lancinante et fluctuante question de la relation incestueuse qu'entretiennent les médias avec la vie privée des personnes. Cette relation semble certes plus complexe pour les personnalités, mais ne relève pas juridiquement d'un tabou pour d'autres personnes moins connues.

La place que le Droit des personnes et de la famille réserve à la vie privée est en effet connue.[3] Il est également du ressort de tout État de droit, de garantir dans ses politiques et stratégies de promotion de la démocratie, des idéaux de liberté dont celle d'expression constitue l'un des fleurons. Voilà deux valeurs essentielles de la société moderne qui, mises ensemble, forment un couple dont l'harmonie, plus que problématique frise l'antagonisme ?.[4]

Le droit à la vie privée fait en effet partie d'un ensemble constitué des droits de la personnalité, lesquels s'expriment par la mise en œuvre des prérogatives reconnaissant une certaine protection d'une individualité

---

[2] - La presse avait été, pendant plus de deux semaines, dominée essentiellement par les nouvelles de la vie privée du Président français, François Hollande qui, en couple avec Valérie Trierweiller, s'était engagé dans une autre relation sentimentale avec une star de cinéma, Julie Gayet.

[3] - Cette place issue de l'héritage du droit romain, est consacrée progressivement dans le droit camerounais en construction, qui prend en considération non seulement les normes internationales reconnues, mais tient compte des valeurs culturelles et traditionnelles pertinentes à l'édification d'une société camerounaise à la fois modernisée et attachée à ses valeurs traditionnelles.

[4] - Cette étude se limite à la vie privée qui n'est que l'un des multiples champs conflictuels en égard de la liberté d'expression au Cameroun ; un champ en outre moins houleux que celui de la politique qui renvoie davantage à l'expression de l'opinion, auquel nous ne souhaitons pas toucher.

propre à chaque personne. Inhérents à tout être humain, ces droits subjectifs trouvent à être garantis dans des situations variées, et selon les contextes, pour préserver et faire respecter la personnalité civile[5] de chaque individu.

Parfois étudiés avec les droits de l'Homme, ces droits méritent cependant d'en être distingués, notamment par la convocation de l'un des critères fondamentaux de différenciation qui est la source potentielle de la violation des uns et des autres. En réalité, tandis que la théorie des droits de l'Homme[6] permet la garantie par l'État des droits consubstantiels à l'Homme,[7] et surtout de protéger toute personne contre l'arbitraire -et toutes autres atteintes contre ce qu'il y a d'humain en l'homme- de la puissance publique, la théorie des droits de la personnalité constate l'existence de ces droits pour chaque personne, mais davantage, assure à chaque individu une protection juridique contre les autres membres de la société. Sous ce rapport, la consistance du droit à la vie privée peut être examinée en égard de la liberté d'expression, autre droit fondamental et composante connue d'un ensemble de libertés concourant à la protection de la personnalité privée et politique des personnes.[8] La définition et la réglementation des droits découlant de cette protection par le Droit public, n'entrave en outre pas, la protection que leur assure le droit privé dans les rapports des individus entre eux, notamment par des actions en dommages et intérêts.

---

[5] - C'est une protection qui est différente de celle relative à l'individualité physique constituée principalement du respect de l'intégrité physique de la personne.

[6] - Dont on ne conteste plus l'émanation du droit naturel.

[7] - Est-il nécessaire de rappeler que les droits de l'Homme ont un caractère objectif. Il ne s'agit pas des droits attribués aux individus par le biais d'un statut juridique particulier, potentiellement révocable, mais des droits qui sont attachés à la seule qualité de personne humaine.

[8] - Cette protection fait également partie de l'ensemble constitué de la protection de l'individualité non physique de la personne et consacre pour chacun, les libertés d'aller et venir, de penser, de croire, de s'exprimer, etc., ainsi que ses droits de citoyen dont le vote est l'exemple le plus notoire.

Par ailleurs et selon la même logique, présentée comme la pierre angulaire de la démocratie,[9] la liberté d'expression est une liberté politique. Bien que faisant partie d'une famille de libertés très soudées, sa singularité n'est pas problématique. Ainsi, cette liberté fondamentale est difficilement détachable de la liberté de communication et particulièrement de la liberté de presse,[10] cette autre forme d'expression appartenant primordialement au journaliste qui en principe, peut se taire ou dire ce que bon lui semble dans son organe de presse. La communication comme l'expression constituent des échelles supérieures de la liberté de pensée et de la liberté de conscience, restées exclusives à leur sujet. C'est l'extériorisation qui en favoriserait la potentialité de chocs sociaux et justifierait leur encadrement juridique.[11] On pourrait en dire de même de la liberté d'opinion qui traduit une expression distincte, celle du champ politique. Une identité d'analyses rendrait insuffisamment compte de la complexe réalité qui milite pour un régime spécial.

Toute analyse faite, la liberté d'expression est d'une acception large de nature à fédérer des concepts voisins qui participent davantage de nuances sémantiques, explicatives des facettes d'une réalité plurielle. De la sorte, quelle que soit la dimension qu'on pourrait lui accorder, la liberté d'expression échappe à toute vocation absolutiste.

Les sujets sont des personnes physiques certes, mais sans doute davantage des personnes morales. Cette précision permet de prendre en compte non seulement des journalistes individuels, mais des entreprises de presse en leur qualité de professionnels de la communication dont l'action est susceptible d'atteindre un grand nombre de personnes. Elle autorise en outre à se demander si la liberté d'expression s'étend à la vie privée d'autrui. De prime abord et en égard du rôle de la presse qui, de

---

[9] - Elle est classée dans les droits dits « classiques » constituant ceux de première génération.

[10] - Par sa diffusion, la presse est un instrument de propagande qui suscite la naissance de l'opinion publique.

[11] - La liberté de pensée est très ancrée dans le droit naturel et n'a de valeur qu'à travers l'expression.

l'observation, est considérée comme le quatrième pouvoir[12] dans l'échiquier démocratique de la cité, le respect de la vie privée pourrait être considéré comme le maillon faible du couple non particulier. Toute chose de nature à interroger le droit camerounais sur l'organisation de leur cohabitation.

La coexistence des deux valeurs serait, pour ainsi dire, semblable à un mouvement de balancier qui tantôt soumet la vie privée à l'épreuve de la liberté d'expression (*I*), mais très vite, légitime une certaine atteinte à la vie privée par la liberté d'expression (*II*). C'est à la tentative de compréhension de ces forces à la fois attractives et répulsives ; mais aussi à un essai de dissipation du nuage qui entoure cette relation que se proposent les analyses qui suivent.

I- La vie privée à l'épreuve de la libre expression

Du point de vue normatif, le droit à la vie fait objet d'une protection notoire. Cette vie est comprise comme le support de l'existence qui trouve application dans la prohibition de la peine de mort,[13] et irrigue toutes les incriminations sanctionnant au titre de crime, le fait de priver autrui de la vie.[14] En revanche, la vie privée dont le respect est opposable aux tiers est le choix du mode de jouissance de la vie, exclusif à la

---

[12] - A côté des trois pouvoirs traditionnels que sont l'exécutif, le législatif et le judiciaire, le concept de «*quatrième pouvoir*» renvoie à l'idée que les moyens de transmission de l'information au public rassemblant des techniques à l'instar de la télévision, des journaux, Internet, de la radio..., auraient une forte influence sur les affaires publiques et les comportements des citoyens. Dans le champ pénal camerounais, les débats sur ce «*4ème pouvoir*», perdurent au rythme des affaires à coloration infractionnelle, notamment celles d'atteintes aux mœurs, celles relatives à la diffamation, à la dénonciation calomnieuse, ou plus récemment, les affaire en rapport avec les infractions économiques d'atteinte à la fortune publique.

[13] - Noter que cette sanction constituant l'atteinte la plus grave aux droits de l'homme reste en vigueur dans le Code pénal camerounais pour la répression de l'assassinat.

[14] - Dans le Code pénal camerounais, les incriminations du meurtre (article 275), de l'assassinat (article 276), autres violences ayant pour effet le décès de la victime. Le droit à la vie est protégé en droit international par plusieurs textes internationaux parmi lesquels la Déclaration Universelle des Droits de l'Homme de 1948 en son article 3, le Pacte des Nations Unies relatif aux droits civils et politiques de 1966 en son article 17.

personne. En considération d'autres droits et libertés, le droit au respect de la vie privée doit s'interpréter en cohérence avec la liberté d'expression compte tenu de l'égale fondamentalité des deux valeurs. Il en ressort un droit à la vie privée à sphère réduite (***A***), susceptible de justifier une répression discrète en cas de violation (***B***).

À/ La réduction de la sphère de protection de la vie privée

La vie privée est un concept dont le contenu peut varier en fonction de l'évolution sociale et des traditions humaines, voire des positions et statut d'une même personne. Envisagée en regard de la vie publique, elle a aussi une coloration assez subjective et variable. Mais au-delà de ces considérations sociologique et relative, sa sphère de protection peut s'apprécier tant de sa caractérisation contingente (*1°*), que de sa contextualisation normative (*2°*).

1°) La caractérisation contingente de la vie privée

La notion de vie privée se fonde sur celle de dignité et d'intégrité de la personne.[15] Elle protège une certaine autonomie personnelle dans laquelle s'opèrent des choix individuels. Ces choix portent sur un éventail relativement large de données tenant à la vie personnelle de l'individu telles que son identité, son domicile, son image, son attachement religieux, son opinion philosophique son état de santé, sa vie conjugale, familiale et sentimentale, l'intimité de son foyer, sa sexualité et son orientation sexuelle, son intimité corporelle, etc. Toutefois, l'analyse de la sphère de protection serait biaisée si on occultait la réelle difficulté à tracer la frontière entre vie privée et vie publique. C'est à l'aune de ces deux aspects[16] que l'on peut limiter la sphère de protection de la liberté

---

[15] - Ce sont des droits désignés génériquement « droits de la personnalité » dont on peut, entre autres, citer le droit à l'image, le droit à la voix ; dans ce sens, BERNARD-XEMARD C., *Droit Civil, Les personnes, La famille*, Gualino Lextenso éditions, éd. 2013-2014, n° 133 et s.

[16] - La vie privée s'oppose à la vie publique qui peut être partagée avec des personnes choisies ou non, s'appréhendant de la sorte facilement sur une construction dichotomique vie privée/vie publique.

autonome, sur des choix fondamentalement privés portant sur un éventail des données tenant à la vie personnelle.[17]

Dans son volet privé, la vie renvoie à celle d'une personne évoluant dans un cadre particulier qui appelle respect et protection[18] du fait de la volonté de son titulaire de mener une existence distincte de la vie communautaire.[19] Découlant de l'idée de liberté, la vie privée suppose une certaine confidentialité ou un secret voulu par son titulaire sur la base des considérations propres.[20] Cependant, à partir du moment où existe un État chargé d'organiser et d'encadrer les droits et libertés des citoyens, la notion de vie privée ne traduit plus uniquement un choix individuel, elle implique celle d'opposabilité du choix pour que l'on parle de respect de la vie privée, protégée tant au niveau international qu'au niveau national. Le droit au respect de la vie privée autorise par conséquent, toute personne à s'opposer à ce qu'un acte quelconque de sa vie privée soit l'objet, non seulement de divulgation, mais également d'investigations ou de recherches sans son consentement préalable. En d'autres termes, ce droit est par nature défensif, et son titulaire fondé à se protéger contre toute attaque ou intrusion, qui viendraient troubler la solitude et la discrétion dont il a fait le choix. La vie privée échappe dès lors à la simple considération naturelle et individuelle impliquant sa jouissance, pour s'ouvrir à la prise en compte sociale qui justifie son respect dont l'encadrement juridique est plus ou moins vague.

---

[17] - Il est cependant de jurisprudence constante de la Cour de Cassation que la publication de renseignement d'ordre purement patrimonial échappe à la protection légale dès lors qu'elle ne comporte aucune allusion à la vie et à la personnalité de l'intéressé. Néanmoins, les références bancaires, les dettes qu'elle a contractées ou encore la teneur de l'héritage, relèvent de la vie privée ; lire dans ce sens, BERNARD-XEMARD C., *Droit Civil, Les personnes*, op. cit. n° 175.

[18] - C'est une vie de plus en plus contemporaine qui s'est détachée du modèle culturel africain assis sur le partage et la collectivisation des valeurs et habitudes.

[19] - Que cette communauté soit professionnelle, religieuse, tribale ou, dans une certaine mesure, familiale.

[20] - Celles-ci peuvent découler de principes, d'engagements, des croyances ou modèles familiaux qu'on ne souhaite pas partager en dehors de la sphère circonscrite.

2°) La contextualisation normative du respect de la vie privée

Le respect de la vie privée jouit d'une intangibilité qui est néanmoins diversement établie. Au niveau international, c'est d'abord la **Déclaration Universelle des Droits de l'Homme** de 1948 qu'il faut consulter pour lire dans son article 12 que « *Nul ne sera l'objet d'immixtions arbitraires dans sa vie privée, sa famille, son domicile ou sa correspondance, ni d'atteintes à son honneur et à sa réputation. Toute personne a droit à la protection de la loi contre de telles immixtions ou de telles atteintes* ». Dans le même ordre, on peut rappeler l'article 17, alinéa 1er du Pacte international relatif aux droits civils et politiques selon lequel « *Nul ne sera l'objet d'immixtions arbitraires ou illégales dans sa vie privée, sa famille, son domicile ou sa correspondance, ni d'atteintes illégales à son honneur et à sa réputation* ».

Il faut ensuite, inéluctablement dans le contexte africain, interroger la Charte africaine des droits de l'homme et des peuples sur son appréhension de la notion.[21] Cette Charte, qui énonce des droits individuels semblables à ceux consacrés par la Déclaration universelle des droits de l'homme des Nations Unies,[22] ne fait toutefois pas allusion à la vie privée. L'étonnement *a priori,* n'empêche pas la compréhension qui peut suivre. En effet, une lecture logique de la Charte doit être faite dans le respect de son esprit global et de son contexte d'élaboration.

C'est en effet, un instrument africain dont l'influence de la modernité ne saurait occulter la préservation d'un socle commun des valeurs caractéristiques du continent. Un décryptage étymologique des dispositions de la Charte dévoile en somme son attachement aux valeurs culturelles de l'Afrique. Cette option semble clairement se dégager de l'article 29.7 qui prescrit à chaque individu le devoir de "*veiller à la préservation et au renforcement des valeurs culturelles africaines positives*". Si

---

[21] - Adoptée le 27 juin 1981 à Nairobi (Kenya) lors de la 18ème Conférence de l'Organisation de l'Unité Africaine, devenue l'Union africaine (UA).

[22] - Notamment : l'égalité devant la loi, la liberté d'expression, de religion et d'assemblée, le droit au travail, à la propriété et à un niveau de vie minimum, ainsi que l'accès aux soins de santé et à l'éducation et le droit de vivre à l'abri des arrestations et détentions arbitraires, des traitements dégradants et de la torture…

cet instrument proclame en outre le droit au respect de sa vie pour tout être humain dans son article 4[23], il vise particulièrement la vie qui soutient l'existence juridique et non le simple attribut dont on souhaite entourer cette existence ; en l'occurrence la vivre discrètement ou publiquement. Autant dire que sans le renier, la Charte africaine des droits de l'homme et des peuples ne semble pas particulièrement se préoccuper de la protection de la vie privée. Ce silence peut se prêter au moins à une double interprétation. Soit le respect de la vie privée ne soulève pas de difficulté pour les États africains ; soit il ne représente pas une valeur à laquelle les Africains seraient fondamentalement attachés. Il n'est cependant permis d'incliner vers l'une ou l'autre hypothèse qu'à la lumière du droit positif interne et de ses influences.

Le Cameroun en l'occurrence, a concurremment ratifié la Déclaration Universelle des Droits de l'homme, le Pacte international relatif aux droits civils et politiques et la Charte africaine des droits de l'homme et des peuples.[24] À défaut de définition interne, ces instruments autorisent à douter tant de l'indifférence des autorités publiques au respect de la vie privée, qu'à sa paisible jouissance par les citoyens. Bien qu'il existe dans l'ordre juridique camerounais, des lois qui sanctionnent pénalement des propos jugés diffamatoires et dont les journalistes apparaissent comme les premières « victimes »,[25] d'autres dispositions normatives nationales incitent cependant à penser *in fine* que le respect de la vie privée s'induirait davantage d'autres modes de protection encadrant la vie. Il pourrait en être ainsi et pour ne citer que ces illustrations, de la protection du domicile et du secret de la correspondance, garantis par le

---

[23] - MEBU NCHIMI J.C., « Article 4 », *in* KAMTO M., *Charte africaine des droits de l'homme et des peuples et le protocole y relatif portant création de la Cour africaine des droits de l'homme*, Bruylant 2011, p. 140 et s.

[24] - Il ressort du préambule de la Loi n° 96-06 du 18 Janvier 1996 portant révision de la Constitution du 02 juin 1972, que «*Le peuple camerounais affirme son attachement aux libertés fondamentales inscrites dans la déclaration universelle des droits de l'homme, la charte des Nations Unies, la Charte africaine des Droits de l'Homme et des Peuples et toutes les conventions internationales y relatives et dûment ratifiées*».

[25] - De l'avis de certains auteurs, ce contrôle serait préjudiciable à un exercice serein de la profession de journalisme.

préambule de la Constitution sus-citée.[26] Il y a donc tout lieu d'affirmer que la protection de la vie privée est bel et bien consacrée par le droit camerounais. En l'occurrence, des instruments de répression des atteintes à la vie privée existent au plan pénal tout comme la jurisprudence civile qui admet que l'article 1382 du Code civil puisse également servir de fondement à des actions civiles en dommages - intérêts.[27]

Au demeurant, si en l'état actuel du droit applicable, aucun texte ne traite spécifiquement de la vie privée dans l'ordre juridique camerounais, comme le fait en l'occurrence l'article 9 du Code civil français,[28] les textes évoqués sont de nature à renseigner sur le contenu de la vie privée nécessitant protection. De la sorte, en considérant que le droit à la privée découle des droits proclamés par l'article 12 de la Déclaration Universelle des Droits de l'Homme de 1948, ratifiée par le Cameroun, il serait alors permis d'en dégager le contenu des prérogatives citées par ledit article. En substance, il garantit à chacun la protection contre les immixtions et atteintes contre sa famille, son domicile, sa correspondance, son honneur et à sa réputation. Cette lecture aurait d'ailleurs pu servir à ouvrir la brèche à une interprétation large de l'article 18, alinéa 1er et 2 de la Charte Africaine des Droits de l'Homme et des Peuples.[29] Toutefois, cet article qui sacralise davantage la famille comme élément naturel et la base de la société, ne s'attarde pas véritablement sur la protection de sa confidentialité, même s'il fait de l'Etat le gardien de sa santé physique et morale. Il est notoire que l'essentiel de la famille africaine est loin de s'entourer de discrétion. La caractéristique fondamentalement relationnelle de cette famille a réduit considérablement la sphère de secret, quand bien même « *l'européanisation*» progressive de la société

---

[26] - On y lit en l'occurrence que «*Le domicile est inviolable. Nulle perquisition ne peut y avoir lieu qu'en vertu de la loi. Le secret de toute correspondance est inviolable. Il ne peut y être porté atteinte qu'en vertu des décisions émanant de l'autorité judiciaire*».

[27] - Dans le droit français peuvent être invoqués les articles 9 et 1382 du Code civil, ainsi que l'article 8 de la CEDH. Dans ce sens, Affaire Gérard Philipe, CA Paris, 13 mars 1965. JCP 1965, II, 14223. - C. Cass., 12 juillet 1966. D. 1967, 181.

[28] - Selon lequel « Chacun a droit au respect de sa vie privée ».

[29] - Lire les commentaires de NGUEBOU TOUKAM J. *in* KAMTO M., op. cit., p. 372-412.

camerounaise conduirait à observer dans les zones urbaines un repli individuel ou familial qui caractérise de plus en plus les modes de vie, y compris au sein des membres d'une même cellule familiale.

Toutes ces évocations, pour remarquables qu'elles puissent être, n'ont toutefois que valeur de proclamations. L'absence de véritable portée juridique se traduit par leur silence sur la définition du concept de vie privée. En effet, ni l'article 12 de la DUDH, ni les dispositions du Préambule de la Loi n° 96-06 du 18 janvier 1996 portant révision de la Constitution du 02 juin 1972 relatives à l'inviolabilité du domicile et au secret de correspondance, relevées précédemment, n'en proposent une quelconque définition.

L'on pourrait également, *de lege ferenda*, évoquer les dispositions du projet de Code de la famille en élaboration qui, en son article 58, dispose en substance (1) « *Toute personne a droit au respect de sa dignité et des attributs de celle-ci* ». (2) « *Sauf dispositions contraires de la loi, aucune atteinte ne peut être portée à son identité, à sa vie privée et aux libertés qui lui sont reconnues par la loi* ». Le code organisant le droit de la famille aura ainsi l'avantage d'organiser une protection normative expresse de la vie privée. Il ne se départit pas de l'esprit d'autres textes du point de vue de la relativité du respect de la vie privée. Ainsi, si la personne ne doit pas subir d'atteintes à sa vie privée, c'est bien sous réserve des dispositions légales qui autoriseraient de telles atteintes. Cette orientation confirme la volonté législative de faire reculer la sphère de protection de la vie privée chaque fois qu'elle sera face à d'autres exigences de société. Or, pas plus que les autres textes, ce projet de Code de la famille ne fournit aucune définition de la vie privée. Il a malgré tout, l'avantage d'être la norme interne envisageant implicitement le droit au respect de la vie privée,[30]

Il résulte de tout ce qui précède que la vie privée apparaît comme un concept à géométrie variable qui diffère selon que les personnes

[30] - Article 58 : (1) Avant-projet Code de la famille et de la nationalité du Cameroun : « *Toute personne a droit au respect de sa dignité et des attributs de celle-ci* ».

concernées sont « *monsieur tout le monde* »,[31] des personnes publiques ou des hommes politiques.[32] D'où l'assertion qu'elle serait une sorte de « *caméléon* » juridique « *qui s'affirmerait un peu partout selon les circonstances* ».[33] Pourtant, les difficultés de définition de la notion de vie privée ne tiennent pas au défaut de contenu. C'est au contraire la généralité caractérisant les éléments les plus en vue dans le domaine de sa protection qui est susceptible de brider l'effort de définition. Cette généralité traduit, paradoxalement, la richesse et l'hétérogénéité de la vie privée.[34] Par ailleurs, la portée juridique de la notion concerne la zone de protection qui ne peut, en aucune occurrence, s'étendre à la généralité ci-dessus évoquée. Il est clair qu'en considération d'autres libertés, la protection juridique de la vie privée se cantonne essentiellement à la vie intime, une sorte de « *noyau dur* » de la vie privée, que les Anglo-saxons qualifient très justement de « *hard core* ». De ces observations on peut, de façon très schématique, considérer la vie privée comme cette dimension de la vie dans laquelle chacun a le droit, d'entretenir avec autrui des relations voulues à l'abri de toute ingérence extérieure.

Les juges sont appelés à jouer un rôle crucial dans les précisions ou limites de ce qui est protégé au titre de la vie privée, compte tenu des faits propres à chaque litige qui lui sont soumis ; à cerner les contours du concept, au regard de la situation, voire du statut de la personne concernée. Sous ce prisme, une revue des activités jurisprudentielles renseigne que la vie privée inclut globalement des composantes que sont le domicile, l'image, la voix, le fait d'être enceinte, l'état de santé, la vie

---

31 - La vie du citoyen *Lambda*, même publiée sur les réseaux sociaux, n'intéresserait pas grand monde.

32 - Il y a incontestablement une interférence entre vie privée et vie publique, à ne pas confondre, surtout quand il s'agit d'une personnalité publique. De même, il convient de reconnaître qu'il y a une intrusion progressive de la vie privée dans la sphère publique, grâce notamment aux média qui démultiplient les informations, en telle sorte que la divulgation de la vie privée la rend publique.

33 - RAVANAS J., *Jurisclasseur,* article 9, Fasc. 10, n° 9.

34 A titre de rappel, entrent notamment dans le champ de la vie privée, les renseignements relatifs à la santé, aux amours, à la sexualité, aux revenus d'une personne.

espondance, y compris sur le lieu de travail, etc. Ces s sont assez significatifs pour requérir du législateur ection. Une telle protection ne serait légitime et utile l'importance que leur accorde l'environnement social. que dans cet environnement, la vie privée aura du mal à fascination de la société de transparence et de

en soit, de nombreuses dispositions juridiques sont l'être invoquées devant les juridictions camerounaises pour e privée des atteintes qui, malgré tout, ne sont soumises qu'à on discrète.

iscrétion de la répression des atteintes à la vie privée

difficile de passer sous silence l'excellente occasion de relancer les autour de la protection de la vie privée qu'avait servie l'Élysée aux dias du monde entier.[35] Certes, toute comparaison entre la société française et celle du Cameroun ne serait qu'imparfaite, notamment lorsqu'elle a trait à la culture ou au mode de vie ; n'en demeure pas moins légitime pour le juriste de se demander si ce « feuilleton » au sommet de l'État français, n'autoriserait pas à repenser la consistance du droit à la vie privée, au moment où les sociétés sont de plus en plus avides d'informations relevant d'une sphère individuelle.

L'interrogation peut d'autant plus s'imposer que la réponse pénale aux atteintes à la vie privée est entachée d'un formalisme procédural dissuasif (*1°*) dont le processus s'achève par des peines équilibristes prévues par le Code pénal (**2°**).

1°) Le formalisme procédural dissuasif

La dynamique conceptuelle de la vie privée tend davantage à reléguer l'espace du secret à l'intimité de la vie privée, pour en réduire conséquemment, la sphère de la protection pénale. Cette réduction de la

---

[35] - A l'occasion des révélations faites par *Clooser* sur la supposée ou réelle liaison du président de la République française, François Hollande avec l'actrice de cinéma, Julie Gayet.

sphère inviolable de la vie privée est renforcée par l'in... nce corrélative de l'extension de la liberté d'expression. En effe... formalisme procédural requis pour une répression pénale effective ... stitué en considération d'un certain équilibre avec l'exercice ... liberté d'expression. Protecteur à l'égard de la presse, il est en reva... ssif pour la victime. Lorsque l'atteinte à la vie privée est un... commise par voie de presse et de communication audio... processus de répression est dominé par un formalisme d'un... remarquable.[36]

À l'égard des médias, ce formalisme est à coup sûr protecteur, d... qu'il a pour finalité de limiter la multiplication des actions fondée... des atteintes à la vie privée qui, justifiées ou non, pourraient fragilise... liberté d'expression. Comment en effet comprendre autrement ... formulation littérale des exigences d'apparence évidentes pour un acte de procédure ? S'il est logique que l'acte de citation pour atteinte à la vie privée par voie d'organe de presse et de communication sociale soit précis dans l'articulation des faits[37], dresser cet assemblage en condition de la réceptivité de l'acte, introduit dans la procédure un élément de contrôle *a priori*, susceptible de faire rejeter la prétention de la victime sans examen au fond.

Pareillement, des éléments justifiant la légalité de l'infraction ne se limitent pas à sa seule incrimination. Doivent en outre être rapportées, les circonstances de temps, de lieu, de publicité, qui attribuent aux faits leurs caractères légaux d'une infraction déterminée et réprimée par la loi. Si l'infraction se dégage de la teneur d'un discours, il est requis le rapport textuel des propos incriminés, accompagnés si nécessaire des traductions éventuelles. Il en est de même dans le cas où l'infraction commise se dégage du contenu d'un livre, il faudrait référencer le titre, le nom de l'auteur et la page, y compris le numéro et la date de parution quand c'est un journal. Dans tous les cas, la citation doit reproduire la première et la

---

36- Formalisme qui se dégage de la loi camerounaise du 19 décembre 1990 relative à la liberté de communication sociale.

37 - En l'occurrence, l'articulation renvoie à la clarté et la précision des faits donnant lieu à la poursuite.

dernière phrase des passages qui motivent la poursuite, de manière à ce que l'écrit soit désigné avec précision.

Dans la même logique, en dépit de leur articulation, les faits doivent être qualifiés sous peine de nullité[38]. Cette qualification consiste notamment à préciser dans la citation ou dans le réquisitoire introductif d'instance, lorsqu'une information judiciaire est ouverte, non seulement la dénomination légale attribuée aux faits, mais également le fait pénal qui s'applique à ces faits. Toutes ces formalités sont requises à peine de nullité prononcée par le juge saisi. Il ne semble pas exagéré d'affirmer que c'est véritablement le rôle d'instruction qui est exigé pour déclencher la procédure de sanction. La jurisprudence camerounaise actuelle se montre d'ailleurs particulièrement rigoureuse quant au respect de ce formalisme. C'est ainsi qu'elle considère, lorsqu'il s'agit d'un comportement infractionnel en matière de presse, que « *la qualification est incorrecte et donc inexistante lorsqu'il n'est pas fait allusion à la loi sur la liberté de communication sociale qui en définit le régime juridique* ».[39] L'inculpation avérée, au terme de la procédure, n'est à son tour soumise qu'à des peines assez banales prévues.

2°) L'équilibrisme des peines contre des atteintes à la vie privée

Pour mieux appréhender la politique pénale des atteintes à la vie privée, il n'est pas anodin de rappeler qu'au plan purement civil, les sanctions y afférentes sont soumises au régime de la responsabilité civile. Elles nécessitent de ce fait les préalables connus que sont : l'existence d'un dommage, d'un préjudice et d'un lien de causalité entre les deux premiers éléments. Tout dépendra donc de l'appréciation que feront les

---

[38] - Article 80 de la loi du 19 décembre 1990 relative à la liberté de communication sociale.

[39] - TPI Yaoundé Centre Administratif, jugement n° 2005 / COR, affaire Ministère Public et Jean Pierre MAYO c/ AMOUGOU BELINGA Jean Pierre, directeur de publication du journal L'ANECDOTE, poursuivi pour diffamation sous l'article 305 du Code pénal camerounais, et sur la base de l'article 74 de la loi sur la liberté de communication sociale ; dans le même sens : Centre Administratif jugement n° 2402/COR du 24 mars 2006 affaire ministère public et Jean - Claude OTTOU c/AMOUGOU BELINGA Jean Pierre, le journal L'ANECDOTE et BILOA AYISSI.

juges de fond de l'importance du préjudice, pour condamner l'auteur du préjudice au paiement des dommages et intérêts à la victime. Quelle que puisse être la valeur de cette réparation, ce type de sanction ne saurait être pleinement satisfaisante et dissuasive. La nécessité se fait parfois sentir de recourir aux mesures pénales, à condition toutefois que les faits constituant l'atteinte à la vie privée soit en même temps constitutifs d'une infraction pénale. Cette condition accomplie, la discrétion de la répression mériterait d'être examinée au regard des sanctions pénales, mais surtout de la réglementation de la liberté de presse.

La protection de la vie privée par le Code pénal camerounais est déductible de quelques incriminations portant atteinte à la tranquillité des personnes. Ces incriminations protègent tantôt des sphères de l'intimité ;[40] tantôt des supports de l'intimité ;[41] ou encore la trahison de l'intimité.[42] Il faut y ajouter le régime des différentes atteintes à la confidentialité des données prévues par la loi du 21 décembre 2010 sur la cyber sécurité et la cybercriminalité[43].

Sous l'angle procédural, on peut pareillement évoquer le secret de l'instruction qui, aurait-il pour objectif premier de sauvegarder la présomption d'innocence, ne recèle pas moins *in fine*, un effet protecteur de la vie privée. En effet, les médias s'emparent très souvent du secret de l'instruction au point d'être parfois les premières sources d'information du suspect de la procédure envisagée contre lui, sans toujours que les faits ainsi révélés soient forcément vrais.

Toutefois, c'est davantage au régime de la répression de ces infractions qu'il faut se reporter pour peser véritablement le degré de protection légale accordée à la vie privée par le législateur pénal. On y découvre une indulgence frappante des sanctions prévues par les textes

---

40 - Il en est ainsi de l'incrimination de la violation du domicile (article 299).

41 - La violation de correspondance (article 300).

42 - Dénonciation calomnieuse (article 304) ; diffamation (article 305) ; injures (article 307) ; secret professionnel (article 310).

43 - Section IV « *De la protection de la vie privée des personnes* » de la loi du 21 décembre 2010 sur la cyber sécurité et la cybercriminalité.

d'incrimination.[44] Cette politique répressive peut être illustrée par l'infraction de diffamation. Elle est la plus notoire en ce qu'elle se commet généralement par voie de presse écrite, de radio ou de télévision.[45] De par ces canaux, elle se présente en quelque sorte comme l'expression publique de la plupart d'autres atteintes à la vie privée, telles que la violation de correspondance, la violation de domicile, les injures ou encore, la dénonciation calomnieuse. La diffusion effectuée par voie de presse a pour caractéristique principale de divulguer à grande échelle[46] des éléments de la vie privée. En revanche, bien que le texte d'incrimination de cette infraction se démarque des autres en visant expressément l'atteinte à la vie privée ;[47] le sentiment demeure que sa répression semble disproportionnée par rapport au degré d'atteinte à la vie privée. Certaines particularités procédurales de droit commun dénotent clairement cette frilosité de la répression, [48] qui s'observe également à travers des délais de prescription de l'action publique qui sont très courts.[49]

Mais, est-on fondé à s'interroger, cette politique n'est-elle pas voulue par le législateur pénal pour tenter un équilibre entre des libertés et droits

---

[44] - Les sanctions applicables en la matière peuvent être scindées en deux groupes. D'une part, les peines principales qui sont : l'emprisonnement et l'amende, d'autre part, les peines complémentaires qui sont selon les cas, l'affichage ou la publication du texte de condamnation, la confiscation, la destruction des supports des faits incriminés et la fermeture de l'établissement (article 84 de la loi n° 90/052 du 19 décembre 1990).

[45] - Article 305, al. 2, CPC.

[46] - D'où l'expression «*mass media*» désignant un moyen de communication qui atteint un nombre considérable de personnes.

[47] - L'alinéa 3 de l'article 305 rappelle que «*La vérité de l'imputation peut toujours être prouvée, sauf a) lorsqu'elle concerne la vie privée de la victime*».

[48] - On peut à cet égard citer : l'exigence d'une plainte de la victime pour l'exercice de l'action publique en matière de violation de domicile (article 299 al 3) et de diffamation (article 305 al 4). D'ailleurs, cette règle est confirmée à titre exceptionnel à l'alinéa 2 de l'article 78 de la loi du 19 décembre 1990, alors qu'en règle générale la poursuite en cas d'infractions commises par voie d'organe de presse et de communication audiovisuelle a lieu d'office et à la requête du ministère public.

[49] - Selon l'article 305, al. 5, la prescription de l'action publique est de quatre mois à compter de la commission du délit ou du dernier acte de poursuite ou de l'instruction. Ce délai est porté à trois ans dans la loi sur la communication sociale.

dont il est gardien ? On peut le supposer, car le chemin qui mène vers la répression de l'atteinte à la vie privée est suffisamment édifiant. Une fois les obstacles de procédure bravés, la répression qui est en matière pénale une réponse sociale au comportement antisocial incriminé ne doit pas paralyser l'exercice de la liberté de presse. On peut y lire toute la symbolique de la sanction pénale[50] qui joue dans ses fonctions, à la fois des rôles d'intimidation, d'expression et de prévention générale ; la peine n'ayant en elle-même, dans son quantum et sa nature qu'une valeur symbolique.[51] De cette philosophie répressive, on peut logiquement déduire que ne seront réprimées que des atteintes portant sur des éléments essentiels de la vie d'une personne qu'elle a voulu entourer d'un certain secret, d'une certaine intimité. À cet égard, la curiosité du journaliste qui se lancerait dans des investigations pour en obtenir des informations pourrait être viciée, voire illégale, pour mériter une sanction. Cette logique d'équilibrage pourrait d'ailleurs justifier que le régime de la loi sur la communication sociale ait porté le délai d'extinction de l'action publique à trois ans. Le formalisme procédural protecteur des médias serait alors, en quelque sorte, accompagné de délais d'action moins sommaires pour garantir le respect de la vie privée.

L'activité jurisprudentielle révèle à son tour que les juges ne sont guère plus pugnaces dans la protection de la vie privée, notamment lorsqu'elle est en conflit avec la presse. Toute chose qui autorise à dire qu'en dépit des larges possibilités offertes par la loi, en matière d'imputabilité du délit constitutif d'atteinte à la vie privée par voie d'organe de presse et de

---

[50] - Les caractères afflictif et infamant sont inhérents à la peine, quelle que soient les perspectives dans lesquelles elle s'inscrit, «rétributiviste» ou «instrumentaliste», voire «réparatrice», in MASSE M., JEAN J.P, GIUDICELLI A., *Un droit pénal postmoderne ? Mise en perspective des évolutions et ruptures contemporaines,* P.U.F., 2009, p.80.

[51] - Quelle que soit la sanction prononcée à titre de réparation individuelle, l'intimité de la vie privée ne peut être restaurée. La problématique du droit de réponse est d'ailleurs controversée parce que dans certains cas, il fait plus de publicité autour de l'affaire que l'acte de divulgation initial.

communication sociale,[52] ou de la variabilité de sanctions applicables, l'atteinte à la vie privée peut être légitimée par la liberté d'expression.

II- La liberté d'expression légitimant l'atteinte à la vie privée

Comme dans la plupart des États démocratiques, la liberté d'expression est affirmée tant dans l'ordre juridique, que dans la politique criminelle camerounaise. Très présente dans la vie sociale, elle est toutefois organisée pour s'exercer dans le cadre des principes de la République et des exigences de l'État de droit. Cette précision du champ d'exercice de la liberté d'expression met en évidence la fondamentalité partagée avec la vie privée. Sous cette considération, la vie privée peut céder devant une liberté d'expression justifiée ; notamment en cas de consentement du titulaire (***A***) ou pour des nécessités d'intérêt général (***B***).

À/ La divulgation justifiée par le consentement

Le respect de la vie privée n'est pas absolu. Il en découle que les normes juridiques qui l'encadrent ne sont pas d'ordre public en ce qu'elles assurent la protection d'un intérêt privé. Confronté à la liberté d'expression, leur intégration dans le bloc de constitutionnalité créé une concurrence nécessitant un équilibre qui libère plus d'espace à la libre expression (***1°***) illustré au plan pénal, par la technique du fait justificatif du consentement (***2°***).

1°) L'élargissement du champ de la liberté d'expression

Au même titre que le droit à la vie privée, la liberté d'expression est un droit fondamental reconnu tant aux personnes physiques qu'aux personnes morales constituées en majorité d'organes de presse. Cette

---

52 - L'article 74 de la loi du 19 décembre 1990 institue une échelle de responsabilités en cascade qui comprend une grande diversité de personnes appelées par substitution à répondre en qualité d'auteur principal. On y retrouve ; les directeurs de publication ou éditeur quel que soit leurs professions et leurs dénominations ainsi que les auteurs ; à leur défaut, les imprimeurs, les distributeurs, les directeurs des entreprises d'enregistrement et de diffusion ; à défaut de ces derniers, les afficheurs, les colporteurs, les vendeurs à la rue.

dernière, écrite ou audiovisuelle, est le vecteur de l'opinion publique. Il s'en dégage une liberté d'expression protégée par l'État, mais qui doit naturellement s'exercer en conciliation avec d'autres droits également fondamentaux.[53] Toute chose de nature à affirmer une relativité également partagée des droits et libertés.

Cette relativité de la liberté d'expression est diversement proclamée par de nombreux instruments, internationaux ou nationaux. Il en est ainsi précisément de l'article 11 de la Déclaration des Droits de l'Homme et du Citoyen de 1789[54] qui, fermement, fait de la liberté d'expression « *l'un des droits les plus précieux de l'homme* », importance relayée par le Comité des droits de l'Homme qui l'érige en « pierre angulaire de toute société libre et démocratique ».[55] Il est de même du Pacte international relatif aux droits civils et politiques qui, dans son article 19, alinéa 1er, procède à une affirmation identique. Il n'en demeure pas moins que l'indispensabilité de la liberté d'expression reste sans préjudice de la réalisation d'autres droits, dont le droit à la vie privée peut être classé au premier rang.

Dans la majorité de ces instruments, le droit au respect de la vie privée et la liberté d'expression sont reconnus comme essentiels à l'État de droit, en tant qu'exigences de démocratie. Leur égale fondamentalité normative ressort de la Déclaration Universelle des Droits de l'Homme de 1948,[56]

---

[53] - Dans ce sens, BURGORGUE-LARSEN L., « Article 9§1 », *in* La Charte Africaine des Droits de l'Homme et des Peuples et le Protocole y relatif portant création de la Cour Africaine des Droits de l'Homme, précité, p. 220 et S.

[54] - On peut en outre y lire : « La libre communication des pensées et des opinions est un des droits les plus précieux de l'Homme : tout citoyen peut donc parler, écrire, imprimer librement, sauf à répondre de l'abus de cette liberté, dans les cas déterminés par la Loi »

[55] - Dans l'affaire Adimo M. Aduayom et a. c/Togo, 12 juillet 1996, n° 422 et 424/1990, A/5/40, p. 18, cité par BURGORGUE-LARSEN L., *in* KAMTO M., *La Charte africaine des droits de l'homme et des peuples et le protocole y relatif portant création de la Cour africaine des droits de l'Homme, Commentaire article par article*, Ed. Bruylant, 2011, p. 224.

[56] - Articles 12 et 19.

du Pacte international relatif aux droits civils et politiques,[57] de la Convention européenne des droits de l'homme, pour ne pas être exhaustif.[58] Au plan national particulièrement, ces droits sont concurremment proclamés dans le préambule de la loi fondamentale du 18 janvier 1996.[59]

En conviant spécifiquement la fondamentalité de la liberté d'expression, la Commission africaine des droits de l'Homme et des peuples,[60] semble la prioriser au regard du droit à la vie privée.[61] Pourtant, la constitutionnalisation de la vie privée et sa prise en compte par divers instruments internationaux ne sont pas moins remarquables, comme relevé précédemment. Toutefois, pour fondamendale qu'elle soit, elle n'est pas moins conduite à céder à la liberté d'expression, dans une société démocratique dont l'objectif est aussi de fournir des informations publiques utiles à la gestion de la vie sociale. Le respect de la vie peut donc être amené à céder devant certaines autres exigences sociales.

Pour autant, l'équilibre nécessaire qui doit découler de l'égalité des valeurs est celui qui permet de protéger à la fois les individus et la connaissance d'informations nécessaires aux grands équilibres. C'est en outre, la même fondamentalité qui n'exclut pas que l'exercice de la liberté d'expression puisse tout à fait légitimer la divulgation des secrets de l'intimité ou tout simplement, l'atteinte aux valeurs privées en la

---

[57] - Article 19 pour la liberté d'expression

[58] - Article 10 pour la liberté d'expression

[59] - Comme précédemment relevé pour la vie privée, on peut lire dans le préambule de la Constitution, s'agissant de la liberté d'expression : « *La liberté de communication, la liberté d'expression, la liberté de presse, la liberté de réunion, la liberté d'association, la liberté syndicale et le droit de grève sont garantis dans les conditions fixées par la loi* ».

[60] - Il ressort du *Rapport du Ministère de la justice sur l'état des droits de l'homme au Cameroun en 2005*, p. 81, qu'elle « *est le fondement sur lequel repose l'existence même d'une société. Elle est indispensable pour la formation de l'opinion publique* »

[61] - C'est aussi la tendance qu'a eu la Cour Européenne des Droits de l'Homme (CEDH) qui, par deux arrêts rendus le 07 février 2012, s'était prononcée sur l'articulation entre liberté d'expression et respect de la vie privée avec un léger avantage pour la première, sur le fondement de l'article 10 de la Convention Européenne des Droits de l'Homme, in *Dépêches du Jurisclasseur* du 16 février 2012.

circonstance, affaiblies. Il s'ensuit un élargissement conséquent du domaine d'exercice de la liberté d'expression. Comme on peut le percevoir, l'égalité normative dans ce conflit de libertés est relativement factice, dans la mesure où elle semble, en fonction des circonstances, accorder la primeur de l'une sur l'autre. Elle devient dès lors très fluctuante, car la hiérarchie dépendra largement du contexte et des circonstances d'appréciation.

Ramenée au couple analysé, la primeur peut revenir à la liberté d'expression notamment quand l'auteur de la publication des secrets de la vie privée en a reçu l'autorisation de son titulaire.[62] Cette autorisation préalable jouera un rôle semblable à celui des faits justificatifs en matière pénale.

2°) Le « *fait justificatif* »[63] de consentement

En situation conflictuelle, l'État exerce son rôle régalien en recourant à des mécanismes au nombre desquels la production des normes régulatrices, pour permettre aux droits et libertés de coexister. Cette régulation peut se fonder, entre autres, sur la clause de limitation.[64] Cette dernière vise à concilier l'exercice des droits et libertés individuelles avec la sauvegarde de certains intérêts considérés comme essentiels.[65] Ces

[62] - Dans la vie politique notamment, la vie privée est souvent mise en avant par les hommes politiques pour dissimuler ce qui pourrait nuire à leur carrière. Des dirigeants mettent en avant leur intégrité morale, tout en menant une vie qui peut paraître dissolue. Mais la question est très discutable parce que beaucoup estiment qu'on ne doit juger un homme que sur ce qu'il montre, compétence affichée ou incapacité apparente à occuper un poste, et non sur des éléments de sa vie privée.

[63] - Il s'agit d'une utilisation purement analogique des faits justificatifs de responsabilité pénale dont on doit cependant rappeler qu'il n'en existe que trois dans le Code pénal camerounais.

[64] - Notamment, Charte Africaine des droits de l'homme et des peuples, article 27, $2 selon lequel «les droits et libertés de chaque personne s'exercent dans le respect du droit d'autrui, de la sécurité collective, de la morale et de l'intérêt commun ».

[65] - Cf. dans ce sens, OUGUERGOUZ F., *La charte africaine des droits de l'homme et des peuples. Une approche juridique des droits de l'homme entre tradition et modernité*, Paris,

normes organisent les champs d'action, encadrent ou concilient les libertés qui pourraient être concurrentes ; tout en prévoyant le règlement de conflits que pourrait susciter leur exercice dans un champ commun.

Par la technique de conciliation, la logique répressive va nécessairement contenir la logique protectrice de la vie privée. Le droit pénal « comprend » en effet que la liberté d'expression ait pu conduire à faire des immixtions dans la vie privée, parce que son titulaire l'a souhaité en consentant à la divulgation des pans de sa vie privée. La règle est nettement affirmée en matière civile sur le fondement de l'intérêt privé.[66] En effet, la personne dont la vie privée est protégée peut décider de son propre fait de divulguer des secrets. Son consentement est donc considéré comme une cause exonératoire de responsabilité de façon générale, sous certaines conditions.[67]

Le traitement de ce concept est en revanche différent en matière pénale qui ne fait pas du consentement un fait justificatif général. D'un point de vue législatif, cette donnée psychologique n'a pas été consacrée comme tel.[68] On peut cependant marquer son étonnement au regard notamment de la brève liste des faits justificatifs, qui contraste avec l'esprit général des dispositions du Code pénal. La simple lecture des incriminations sanctionnant des atteintes à la vie révèle que celui-ci fait du consentement de leurs victimes, un élément fondamental, soit pour la réalisation de l'infraction, soit pour sa poursuite. Des illustrations sont fournies pour la violation de domicile, la violation de correspondance, la

---

PUF, 1993, 479 p. ; publication de l'Institut universitaire de Hautes Études Internationales de Genève, p. 260.

66 - Sur la base de cet intérêt, le consentement peut même être tacite ou se déduire des circonstances en cas de silence, en matière civile, comme c'est le cas pour le renouvellement du contrat.

67 - Un consentement éclairé d'une personne lucide ; ce consentement ne saurait porter sur toute la vie privée de l'individu, il doit donc être partiel ; il doit en outre être exprès, tacite s'il est déductible des circonstances précises ; enfin ce consentement doit être préalable à la divulgation.

68 - Les faits justificatifs consacrés par le Code pénal camerounais sont : la légitime défense (article 84) ; l'état de nécessité (article 86) ; et l'obéissance à l'autorité légale (article 83).

diffamation, voire, la violation du secret professionnel. Deux cas de figure dénotant bien la prise en considération du consentement par le droit pénal peuvent à cet effet être évoqués. Pour certaines de ces infractions, l'absence de consentement de la victime est une condition préalable à leur réalisation. Pour d'autres, le défaut de consentement paralyse la mise en mouvement et l'exercice de l'action publique. Dans la première hypothèse, on peut constater que le consentement de la victime, sans être à proprement parler une cause justificative du délit, va jusqu'à s'opposer à sa naissance.[69] Dans la seconde hypothèse, le délit étant né, le consentement de la victime ou précisément son acquiescement fait obstacle à sa répression.[70]

Dans les cas où il est admis comme une cause de disparition des délits constitutifs d'atteintes à la vie privée, le consentement de la victime est soumis à certains critères de validité. Il doit en l'occurrence être antérieur ou concomitant à l'infraction.[71] Par voie de conséquence, si le consentement de la victime était donné après la réalisation de l'infraction, la technique du pardon serait de mise, sans incidence sur l'exercice de l'action publique, à moins que celle - ci soit soumise à l'exigence d'une plainte de la victime.

Par ailleurs et comme en matière civile, le consentement doit être limité à un objet précis, il doit être déterminé. L'analogie du champ de validité autorise que l'on reprenne une argumentation de la jurisprudence qui déclare qu'« *un client qui permettrait la révélation de secrets pour le présent et l'avenir et dont le consentement irait si loin qu'il impliquerait une renonciation totale à l'intimité, agirait de ce fait contre les bonnes mœurs* ».[72] Il est en outre permis de comprendre que consentement serait alors, dans

---

[69] - C'est le cas par exemple, en matière de violation de domicile, de violation de correspondance, et de violation du secret professionnel.

[70] - Il en est ainsi en matière de diffamation, en l'occurrence.

[71] - Encore faut-il rappeler que le fait que la personne ait elle-même révélé des faits n'autorise pas la redivulgation de certains de ces faits (droit à l'oubli). La redivulgation est soumise à autorisation spéciale, sauf lorsque la publication des faits ne vise pas à nuire et obéit à un intérêt légitime.

[72] - TGI Paris (3e), 26 sept. 1975 Op cit., dont l'ancienneté n'enlève rien à la pertinence des arguments.

ce cas, juridiquement sans effet. Le consentement susceptible de justifier la divulgation de la vie privée n'embrasse pas tout le domaine des exceptions au droit à la vie privée. Il importe de préciser que le contexte est celui du conflit d'exercice de deux libertés fondamentales, la liberté d'expression et la liberté individuelle de mener sa vie dans la plus stricte discrétion. Les mutations sociales vers une vie plus moderne conduisent les Camerounais à être jaloux de leur vie privée. Mais, le rapport raisonnable de proportionnalité entre les restrictions imposées à la liberté d'expression et le but légitime poursuivi est difficile à déterminer.[73] La jurisprudence de la Cour européenne des droits de l'homme affiche une nette tendance à protéger la liberté d'expression au regard de l'article 10 de Convention. Cette logique à coloration démocratique se généralise pour légitimer l'idée que le droit à la vie privée puisse être tempéré par l'intérêt général, fondement d'un droit à l'information reconnu à l'ensemble de la collectivité.

B/ L'intérêt général justifiant la divulgation

La tendance à la primauté du droit de savoir du public sur le droit à la vie privée semble clairement perceptible. Ici encore, la question de la proportionnalité conditionne le contenu du droit à l'information du public. C'est elle qui détermine à quelle condition peut être relaté un élément de la vie privée au bénéfice du public. L'appréciation jurisprudentielle n'obéit à aucun standard ; les tribunaux apprécient les situations litigieuses selon les cas, mais en se fondant sur des critères déterminants. Seront le plus souvent prises en considération, l'existence d'un rapport entre l'information et « *un fait d'actualité* » (***1°***) ou son utilité dans la protection de l'ordre public pénal (***2°***).

---

[73] - La Cour Européenne des Droits de l'Homme l'a clairement exprimé dans une décision récente, accordant d'ailleurs la priorité à la liberté d'expression en conflit avec la vie privée : décision du 12 juin 2014, la Cour EDH, *Dépêche du JurisClasseur – Actualités*, 13 juin 2014.

1°) La divulgation justifiée par l'actualité

Pour son traitement, la notion d'information doit être entendue au sens large du terme.[74] Elle comprend ainsi l'ensemble des messages informationnels transmis par les médias traditionnels que sont la presse, la radio et la télévision, mais également ceux exprimés par des moyens primaires tels que les tracts et affiches.[75] Les référentiels essentiels de l'information semblent être ses supports qui relaient de la sorte son contenu à une place accessoire. Ce qui fait affirmer avec justesse que l'information *« ne se définit pas par son contenu, sa qualité ou son importance, mais par le mode de formulation de celle-ci »*.[76]

L'intérêt marqué pour les supports de l'information a introduit dans les débats la publicité, notamment sur le point de savoir si elle pouvait être considérée comme de l'information. Cette interrogation n'est pas dénuée d'intérêt dans la mesure où elle conduit distinguer entre la presse d'information et celle de divertissement ; [77] ce d'autant plus qu'il semble difficile qu'une quelconque forme de journalisme puisse prétendre être totalement étrangère à la notion de marché. Le rôle des juges porte sur une double vérification : celle de l'existence d'un contenu informationnel au sens large du terme ; et celle de la relation entre ce contenu et « *un fait d'actualité* ». Pour l'exprimer autrement, le contenu informationnel portant sur la vie privée d'une personne doit être livré au moment où se produit, ou dans les jours qui suivent ou encore, dans le contexte d'un fait qui dépasse le cadre de la vie privée et dans lequel est impliquée cette personne. La relation d'actualité, qu'elle soit événementielle, économique ou sociale, constitue donc une des figures de l'information légitime du

---

[74] - Cette interprétation extensive de la notion d'information ressort d'ailleurs de certains instruments internationaux : article 9§2 du Pacte International relatif aux Droits Civils et Politiques ; article 13§1 de la Charte Africaine.

[75] - Sur la base de la jurisprudence de la CEDH, la doctrine étend l'information aux discours à finalité économique ou commerciale ; aux idées donnant lieu à un débat public grâce aux médias ; cf. BURGORGUE-LARSEN L., op. cit. p. 226.

[76] - SURDRE (F.), Droit européen et international des droits de l'homme, Paris, PUF, Col. « Droit fondamental », 2008, 9ème éd., p. 529.

[77] Compte rendu du Forum Legipresse sur le droit à la vie privée et la liberté d'expression : Legipresse 1998, nº 150, II- 39

public et permet de passer outre le consentement des intéressés quant à la divulgation de leur vie privée. La jurisprudence française est riche d'hypothèses dont l'absence d'illustrations dans le contexte camerounais relève moins de l'ignorance des faits analogues que de l'inexistence de leur judiciarisation.[78] Il en est ainsi en l'occurrence, de la photographie de personnes saisies par l'effet de leur vie professionnelle, à l'instar des policiers procédant à une expulsion,[79] à une reconstitution ou à des constatations ;[80] ou encore concernées par une cérémonie officielle.[81] La substance de ces situations se dégage de l'idée que dans chacune d'entre-elles, l'individu entre dans l'événement à l'occasion de faits qui peuvent éveiller une curiosité légitime du public. Mais, convient-il de le relever, ces cas de figure relèvent davantage d'hypothèses rarissimes que récurrentes.[82]

La relation de l'actualité judiciaire et la vie privée d'un protagoniste apparaît quant à elle un peu plus nuancée. En effet la jurisprudence renseigne que si l'actualité judiciaire ne s'oppose pas à la publication des faits relatifs à une personne mise en examen et sous mandat d'arrêt, elle interdit en revanche la divulgation de propos ou sentiments relevant de sa vie familiale, celle des photographies prises dans ce contexte, les uns et les autres s'avérant sans rapport avec l'information légitime du public ;[83] et nuiraient surtout pour les affaires pénales, tant au secret de l'instruction qu'à la présomption d'innocence. La mise en cohérence des droits et nécessité de communication judiciaire postule une conception restrictive de la curiosité légitime du public. En effet, une justice surmédiatisée pourrait être dépouillée de sa crédibilité et de sa légitimité.

---

[78] - Cette information légitime du public en matière pénale entre en conflit avec la protection des droits de la défense et de la dignité de la personne par exemple dans une procédure pénale car, ce n'est plus la vie privée qui est violée, mais le respect de certains principes au rang desquels figure la présomption d'innocence.

[79] - 1ère Civ ; 20 fév. 2001, Bull.2001, I, n° 43, pourvoi n ° 99-15. 970.

[80] - 1ère Civ ; 25 janv. 2000, Bull.2000, I, n° 27, pourvoi n ° 97-15. 163.

[81] - 1ère Civ ; 07 mars 2006, Bull. 2006, I, n° 140, pourvoi n ° 05-16. 059.

[82] - Il est tout à fait anecdotique de relever que dans l'environnement camerounais, un policier affiché dans cette posture serait plutôt content d'être vu du public.

[83] - 1ère Civ ; 12 juil. 2005, Bull. 2005, I, n° 330, pourvoi n ° 04-11. 068.

L'exigence d'une relation entre l'information et « *un fait d'actualité* » justifiant une divulgation de la vie privée souffrirait d'une critique dans le cas particulier d'un événement tragique porteur d'un certain nombre de leçons, qu'il convient de maintenir dans la mémoire afin de prévenir de tels drames à l'avenir. Dans cette hypothèse, quand bien même l'événement ne serait plus » *un fait d'actualité* », l'ordre public peut justifier son rappel médiatique.

2°) La divulgation justifiée par l'ordre public pénal

L'ordre public est, de manière générale, sous-tendu par l'intérêt général, celui inhérent à l'ensemble de la communauté, porté à divers échelons.[84]. Au plan civil, un « *débat d'intérêt général* »[85] intervient en principe pour le bien de tous. La traduction pénale de cet intérêt se confinerait mieux à la notion d'ordre public qui, pris dans son sens général, traduit l'état social dans lequel la paix, la tranquillité et la sécurité publique ne sont pas troublées, dans un pays donné, à un moment donné.[86] L'ordre public pénal se rapporte à l'adoption de mesures de prévention et de répression de la criminalité relative aux droits subjectifs et civils des personnes physiques.

Au demeurant, la publication des informations sur la vie privée ne constitue pas d'atteinte lorsque l'ordre public est troublé. L'hypothèse triviale est celle dans laquelle un média, au nom de sa liberté et dans le souci d'information du public, révèle des activités ou comportements normalement répréhensibles, mais qui pourraient, dans un contexte personnel, relever de la vie privée d'un individu. Constatant que l'intérêt général est en péril et qu'il y a atteinte à l'ordre public pénal, notamment par la commission d'une infraction, ce média divulgue des informations sur le comportement de cette personne. L'illustration pourrait en être la dénonciation de multiples infractions contre les mœurs qui sont

---

[84] - Régional ou national, en fonction de l'information.

[85] - La sauvegarde de l'intérêt général est en effet une limitation de la liberté d'expression consacrée par les articles 19, $3, b PIDCP, 19 $2 CADHP, et 13$2,b, CADHP.

[86] - CORNU G., *Vocabulaire juridique, Association Henri Capitant*, PUF.2013.

supposées se commettre ou se commettent généralement dans une promiscuité familiale protégée par le sceau du secret. Il va de soi que dans l'intérêt général, l'auteur des actes répréhensibles ne peut pas se fonder sur l'atteinte à sa vie privée ou à l'intimité de sa vie privée et familiale pour poursuivre pénalement le média qui l'aurait « *trahi* » en révélant le côté « *insidieux* » de sa vie intime. La liberté d'expression serait, en quelque sorte, un fait justificatif de l'atteinte à la vie privée.

Cette protection de l'ordre public s'effectue dans le respect des nécessités de la procédure pénale, pouvant conduire à la restreindre. En l'occurrence lorsqu'il y a lieu de procéder à des perquisitions ou investigations dans le cadre des enquêtes, le procureur de la République ou le juge d'instruction qui ouvre des correspondances ou des fichiers informatiques ; ou qui décrypte le répertoire téléphonique ne viole pas la vie privée. Il pose des actes licites qui relèvent des pouvoirs d'investigation des organes de justice pénale organisés par la législation,[87] en cohérence avec les normes internationales encadrant les ingérences dans la vie. En outre, comme dans d'autres domaines, les actes de procédure attirant la vie privée doivent respecter une certaine proportionnalité pour garantir les droits de la défense,[88] la sauvegarde de l'impartialité judiciaire,[89] tout en contribuant à la manifestation de la vérité. À tout considérer, la sauvegarde de l'ordre public pénal est hiérarchiquement supérieure au respect de la vie privée. La liberté d'expression contribue alors, comme d'autres moyens, à informer le ministère public de la commission de l'infraction. Elle peut en outre être analysée comme un mécanisme d'appui aux fonctions sanctionnatrice et expressive du droit pénal, dans sa formulation des valeurs essentielles de la société.

---

[87] - Actes du Procureur de la république et du juge d'instruction consacrés dans le Code camerounais de procédure pénale, en son Livre II, relatif à la constatation et à la poursuite des infractions.

[88] - Pour la sauvegarde des droits et de la réputation d'autrui qui ressort de l'art 19, $3, a, PIDCP

[89] - Art 10, $2 CEDH.

Il est bien entendu que nonobstant la considération de l'ordre public, la divulgation des secrets de la vie privée ne se justifie que dans des cas de commission d'infractions. Autant dire que la levée de secret portant sur des agissements non incriminés est une véritable atteinte à la vie privée. La jurisprudence analyse dans le même sens des informations portant atteinte à la dignité de la personne,[90] celles susceptibles de la mettre en danger, ses proches ou la stabilité de sa famille, les informations mensongères constitutives de dénonciations calomnieuses, etc.

Au centre de l'élément matériel de l'infraction, demeure toutefois une préoccupation, celle de la place de la véracité des allégations mises à nue. Elle conduit à se demander si la valeur protégée par le droit pénal se réduit à la vie privée ou simplement à l'inexactitude de sa présentation. Plus précisément, se pose la question de savoir si la véracité des révélations sur la vie privée autorise toujours à parler pénalement d'une atteinte à la vie privée. Le mérite de cette question qui soulève en réalité la problématique du droit de réponse, provient de ce qu'il est admis de manière générale que la preuve de la vérité de l'imputation puisse permettre à son auteur d'échapper aux poursuites. Des nuances s'imposent, car, cette perche dépend de la nature de l'infraction.

L'auteur d'une diffamation par exemple n'est inquiété que s'il est incapable d'apporter la preuve des faits imputés. Autrement dit, le système de preuve consiste à faire peser la charge de la preuve des allégations sur l'organe de presse, et non à demander à la victime de démontrer le contraire des faits qui lui sont imputés. Légalement, l'alinéa

---

[90] - De nombreuses décisions camerounaises sanctionnant la diffamation condamnent des organes de presse et des journalistes qui violent la déontologie professionnelle en commettant des infractions : TPI Yaoundé Centre administratif, jugement n° 2110/COR, affaire MP et Grégoire OWONA contre AMOUGOU BELINGA Jean-Pierre et le journal L'Anecdote, 03 mars 2006 ; TPI Douala Bonanjo, affaire MP et Polycarpe ABAH ABAH contre MANDIO William et le Journal Le Front, jugement du 08 juin 2006 ; TPI Yaoundé Centre administratif, jugement n° 3239 bis/COR du 23 l mai 2006, affaire MP et BABALE née MYA Djamila contre Michel Michaut MOUSSALA et le journal Aurore plus ; TPI Maroua, 30 avril 2005, affaire MP et Ahmed Aliou OUTMAN contre Abdoulaye OUMATE, GUIBAI GATAMA et le journal L'œil du Sahel.

3 de l'article 305 rejette la possibilité de prouver la vérité concernant la vie privée de la victime.[91] Cette disposition consacrant un refus légal de preuve peut se prêter à deux interprétations. Selon la première, on peut imaginer que l'évidence du caractère diffamatoire des allégations est de nature à justifier leurs poursuites. L'évidence serait alors jugée à l'aune d'une présomption d'atteinte suffisamment grave à la vie privée au regard des éléments publiés. Il en résulterait par conséquent, l'impossibilité matérielle pour le journaliste, auteur de l'infraction, d'en apporter la preuve du contraire. La deuxième interprétation conduirait en revanche, à penser que le journaliste auteur d'une allégation diffamatoire peut échapper aux poursuites sur la base de la vérification des faits allégués. Pour plausible qu'elle puisse être, cette explication ne semble pas moins bâclée en ce qu'elle serait en déphasage avec l'esprit global de la norme d'incrimination, et constituerait une menace supplémentaire aux confidentialités de la vie privée. À vrai dire, dans la pratique, il peut s'avérer difficile de prouver la vérité sans révéler davantage de détails relevant du secret. Après une atteinte à la vie privée en effet, la riposte par la même voie porterait le fait à un niveau supérieur de publicité dont on aurait pu faire l'économie. L'admission de la preuve de la véracité des faits serait de la sorte un travers dangereux pour des pans jusque-là sauvegardés de la vie privée.

L'obligation pour les médias de publier un démenti des faits allégués, de se rétracter et de publier la décision judiciaire les ayant condamnés semble peu adéquate. S'il peut paraître relativement efficace de faire constater publiquement la fausseté du fait ayant déshonoré ou salit la réputation, la mise en œuvre de ces moyens peut avoir pour effet d'aggraver le préjudice de la victime d'une atteinte à la confidentialité qui est la substance de la vie privée. Toute forme de publication ne peut que démultiplier les conséquences nocives d'une transgression qui serait sans doute passée inaperçue en l'absence de toute publicité des débats et des condamnations. Les mesures de redressement ordonnées ont pour effet

---

[91] - *« La vérité de l'imputation peut toujours être prouvée sauf : a- Lorsqu'elle concerne la vie privée de la victime ».*

de multiplier considérablement les destinataires d'une information dont l'illicéité est avérée.

Cette logique au regard de la possibilité de publier un démenti inciterait plutôt à faire croire que le législateur a sans doute voulu renforcer la protection de la vie privée, en interdisant son étalage, fût-ce pour des besoins de la défense. Autant dire, s'agissant de la vie privée, que l'auteur de la diffamation est poursuivi dès que les éléments de l'infraction sont réalisés, même si les faits sont prouvés ou exacts.

Il n'est pas sans intérêt de préciser que la solution est tout autre chose dans le cas de la dénonciation calomnieuse. Il est sursis à la poursuite du chef de dénonciation jusqu'à la décision définitive, lorsqu'une poursuite est engagée à l'occasion du fait dénoncé. Ce qui peut signifier que la condamnation de la victime pour l'infraction dénoncée traduit la véracité des faits dénoncés et arrête la poursuite du chef de la dénonciation. Il reste malgré tout constant que sans être une épaisse chape de plomb, le respect de la vie privée constitue une limite à la liberté d'expression en matière pénale au Cameroun, quand bien même les faits relatés seraient avérés. Il est douteux que la position dominante tant en doctrine qu'en jurisprudence, estimant qu'un conflit entre le droit à la vie privée et le droit à l'information devrait en principe être tranché en faveur des impératifs de la liberté de l'information, remette en cause cette convivialité mutuelle requise pour l'équilibre social.

QUE RESTE-T-IL DU SECRET DES DÉLIBÉRÉS APRES LA CONSÉCRATION DE LA COMMUNICATION DES OPINIONS MINORITAIRES ?

(Analyse au regard de l'article 8 alinéa 3 de la loi n° 2006/015 du 29 décembre 2006 portant organisation judiciaire au Cameroun)

Robert NEMEDEU[1]

Le procès est constitué dans son déroulement d'un ensemble d'étapes aussi utiles les unes que les autres, et en bonne place, figure le délibéré. C'est la phase de l'instance pendant laquelle les pièces du dossier ayant été examinées, les plaidoiries entendues, les magistrats se concertent avant de rendre leur décision.

Selon le Vocabulaire juridique[2], le délibéré constitue la phase secrète du jugement qui s'intercale entre les débats et le prononcé de la décision ; qui peut avoir lieu, soit séance tenante (délibéré sur le siège), soit après renvoi du jugement à une date ultérieure (délibéré en la chambre de conseil)[3]. Aussi, selon Braudo et Baumann[4], le délibéré est l'espace de temps au cours duquel, les juges, qui ont entendu les parties ou leurs mandataires, se retirent pour débattre collégialement des dispositions qui constitueront le jugement.

Au regard de ces différentes définitions, le délibéré rime avec la formation collégiale. Mais le juge unique ne met-il pas en délibéré ? Il le fait ; toutefois, le secret qui l'entoure n'est pas aussi important qu'en

---

[1] Agrégé des Facultés de Droit, Université de Yaoundé II

[2] G. Cornu, Vocabulaire juridique. Association Henri Capitant, PUF, 2è édition, 2001.

[3] L'article 67 alinéa 1 de la loi n° 2006/016 du 29 décembre 2006 fixant l'organisation et le fonctionnement de la Cour suprême dispose : « L'arrêt est rendu, soit sur le siège, soit après délibéré à jour fixe, dans la quinzaine ». Pour ne pas créer confusion, dans la deuxième hypothèse, on pourrait dire « renvoi du prononcé de la décision », puisque les débats et plaidoiries sont partie intégrante du processus de jugement.

[4] S. Braudo et A. Baumann, Dictionnaire du droit privé, http ://www.dictionnaire-juridique.com.

situation de collégialité, car sa décision, dès qu'elle est connue, elle est claire et il n'y a plus de discussion.

Le délibéré est toujours couvert d'un secret, d'où la formule du « secret du délibéré ».

Le droit processuel camerounais n'est pas très explicite sur ce qui se passe lors du délibéré. Il prévoit tout simplement que les décisions sont prises à la majorité des voix[5]. On doit sous - entendre que le secret du délibéré y est implicite, contrairement au droit français dont l'article 448 NCPC dispose expressément : « *les délibérations des juges sont secrètes* ».

Le domaine du secret du délibéré n'est pas légalement défini. Dès lors, se pose la question de savoir si l'innovation récente de l'article 9 alinéa 3 de la loi camerounaise du 29 décembre 2006 lequel dispose que « *les magistrats minoritaires peuvent exprimer, par écrit, leur opinion et la consigner au dossier de procédure* » ne vient pas bousculer le domaine du secret du délibéré au point de le rendre moins opportun ? Cette disposition légale pourrait susciter aussi d'autres questions intéressantes : comment consigner cette opinion au dossier ? Doit-on la publier ? La consignation emporte-t-elle publication ? Qui prendrait connaissance de ladite opinion minoritaire ?

La pratique des opinions minoritaires, si elle est une nouveauté en droit processuel camerounais, est bien rodée en *Common Law* (*dissenting opinion* ou encore avis minoritaire), en droit de l'arbitrage[6], devant la

---

[5] Lire : article 9 alinéa 2 loi n° 2006/015 du 29 décembre 2006 portant organisation judiciaire ; les articles 66, 105 alinéa 5, loi n° 2006/016 du 29 décembre 2006 fixant l'organisation et le fonctionnement de la Cour suprême ; cependant, l'article 53 de la loi n° 2006/022 fixant l'organisation et le fonctionnement des tribunaux administratifs est plus ou moins précis : « *Les jugements sont prononcés après délibéré, à la majorité des voix des juges ayant suivi le débat* ».

[6] Article 22.4 du Règlement d'arbitrage de la CCJA du 15/05/99 : « *Tout membre du tribunal arbitral peut remettre au Président de celui-ci son opinion particulière pour être jointe à la sentence* » (pour une application, v. CCJA, Arrêt 028/2007 du 19 juillet 2007, Recueil n° 10) ; Convention de Washington pour le règlement des différents relatifs aux investissements entre États et ressortissants d'autres États du 18 mars 1965 (art.48, § 5) : « *Tout membre du tribunal peut faire joindre à la sentence, soit son opinion particulière qu'il partage ou non l'avis de la majorité, soit la mention de son dissentiment* » ; le

Cour Internationale de Justice (CIJ)[7] et la Cour Européenne des Droits de l'Homme (CEDH)[8]. Et pour être plus précis, l'opinion minoritaire peut être une opinion dissidente ou une opinion individuelle.

L'opinion individuelle (ou concordante[9]) est celle d'un juge qui accepte le dispositif d'un arrêt, mais non son exposé des motifs. Ce type d'opinion lui permet à la fois de justifier son désaccord et de faire connaître les motifs sur lesquels il entend fonder son acceptation du dispositif.

L'opinion dissidente est celle d'un juge minoritaire qui indique, non seulement son opposition au dispositif de l'arrêt, mais encore, les motifs sur lesquels il fonde son dissentiment.

Et conformément à la pratique suivie par les tribunaux anglo-saxons, la formulation et la publication des opinions individuelles et dissidentes des juges de la CIJ sont admises[10]. Le législateur camerounais envisagerait certainement cette double approche en consacrant globalement les opinions minoritaires.

---

règlement de l'Institut d'arbitrage de la Chambre de commerce de Stockholm permet également l'expression d'opinions divergentes (art.28 al.2) ; à l'inverse, le règlement d'arbitrage de la Chambre franco-allemande de commerce et d'industrie condamne expressément la pratique des avis dissidents (art.21.4) ; le règlement intérieur de la Cour internationale d'arbitrage dispose en son article 17 que la Cour « *veille tout particulièrement au respect (...) des règles impératives du lieu de l'arbitrage, notamment en ce qui concerne (...) l'admissibilité d'opinions dissidentes* ». Ainsi se révèle le caractère international de la pratique des opinions minoritaires.

[7] Résolution visant la pratique interne de la Cour en matière judiciaire (Règlement, article 19) adoptée le 12 avril 1976 (article 7) ; Sir Robert Jennings, *The Collegiate Responsability and Authority of The International Court of Justice, Y. Dinstein (editor), International Law at a Time of Perplexity, 1989, Kluwer Academic Publishers, Dordrecht. Printed in the Netherlands.*

[8] Y. Lecuyer, Le secret du délibéré, les opinions séparées et la transparence, RTD hom. 57/2004, p. 195.

[9] J.P. Costa, « En quoi consistent les opinions séparées, dissidentes ou concordantes ? Quels en sont les mérites », http ://www.justice-en-ligne.be/article382.html.

[10] Nguyen Quoc Dinh, Droit international public, 5è édition par P. Daillier et A. Pellet, n° 265 et 546.

La consécration des opinions contraires a surtout divisé la doctrine romano -germanique[11].

En faveur des opinions dissidentes, une doctrine minoritaire en matière d'arbitrage a fait valoir que la dénonciation ouverte de vices graves qui auraient pu affecter la procédure arbitrale ou l'expression publique d'un autre raisonnement concevable serait de nature à préserver la régularité de la procédure arbitrale et à stimuler la rigueur du raisonnement suivi par la majorité[12]. Plus simplement dit, cette pratique a l'avantage principal de permettre d'exposer les différents points de vue possibles sur le même problème juridique, ce qui a beaucoup d'intérêt pour les juristes, mais aussi pour les justiciables, leurs avocats, etc. C'est la preuve que le droit n'est pas une science exacte !

À l'encontre des opinions dissidentes, la doctrine majoritaire soutient que lorsque les juges peuvent faire connaître leur opinion séparée, il y a entorse au principe du secret du délibéré[13]. Et chaque juge peut être critiqué soit pour avoir implicitement approuvé la solution de la

---

[11] Elle a suscité dans la doctrine arbitrale deux principales questions : leur admissibilité et leur opportunité. En ce qui concerne leur admissibilité, les juristes de la Common Law considèrent la pratique des opinions dissidentes comme normales, tandis que les auteurs de tradition civiliste l'estiment, le plus souvent, inopportune, sinon illicite (J. Robert, L'arbitrage, 5è éd. Dalloz, 1983, p. 310 ; J.-L. Bredin, « Le secret du délibéré arbitral », Etudes Bellet, p. 71). Certains auteurs français ont soutenu que les opinions dissidentes seraient prohibées, en tant qu'elles constitueraient une violation du secret du délibéré prévu par l'article 1469 NCPC (Ch. Jarrosson, note sous Paris 15 oct. 1991, Rev. arb. 1991, 643.). Mais il faut avouer que cette vue est tempérée par une doctrine qui considère, *in fine*, que l'expression d'une opinion dissidente n'est pas nécessairement une violation du secret du délibéré dès lors que l'arbitre dissident ne fait pas état des vues exprimées par ses collègues. Ces critiques ont surtout eu cours en droit de l'arbitrage interne français, mais il faut établir le lien entre cet article 1469 et l'article 448 du même NCPC, qui pose également le principe du secret du délibéré. En somme, la tendance dominante dans les États de droit civil est la suivante : sans encourager les opinions dissidentes, on ne les considère pas comme illicites

[12] Ces opinions permettraient également de donner à certains arbitres ou à certaines parties une satisfaction de principe. En ce sens, Ph. Fouchard, E. Gaillard, B. Goldman, Traité de l'arbitrage commercial international, Litec 1996, n° 1399, p.779.

[13] Y. Lecuyer, Le secret du délibéré, op. cit., RTD hom. 57/2004, p. 197.

majorité, soit pour avoir explicitement divergé par rapport à celle-ci[14]. En outre, un arrêt rendu à une faible majorité (quatre voix contre trois, ou même par neuf voix contre huit) est quelque peu affaibli quant à son autorité, au moins psychologiquement bien qu'en droit tout arrêt a la même autorité[15].

Le débat était presque absent en procédure civile interne jusqu'à la consécration récente en droit camerounais des opinions minoritaires. Certainement, cette innovation s'inscrit dans la volonté du législateur de bâtir un droit processuel camerounais qui bénéficierait de l'influence double de la Common Law et du droit civil romain.

Mais compte tenu de l'importance de cette innovation, il est légitime de mesurer l'impact des opinions minoritaires en droit processuel camerounais, tant sur le domaine du secret du délibéré que sur son opportunité.

En ce qui concerne le domaine du secret du délibéré, on doit envisager à la fois le domaine personnel (ceux sur qui pèse le respect du secret du délibéré) et le domaine matériel (ce sur quoi porte le secret du délibéré).

La première difficulté porte moins sur son domaine personnel que matériel, car il est admis, et cela va de soi, que seuls les juges ayant assisté aux débats doivent participer au délibéré. Par contre, sur quoi vont-ils se prononcer et qui devrait être couvert par le secret du délibéré ? On admet

---

[14] Plus grave encore, certains y voient l'occasion de favoriser l'expression d'opinions juridiquement délicates, voire moralement ou politiquement incorrectes ; en ce sens, M-Fr. Rigaux « La Cour constitutionnelle (belge) et les opinions séparées », http ://www.justice-en-ligne.be/article404.html

[15] En droit de l'arbitrage, on a remarqué que pour le co-arbitre, elle est une solution de facilité. Au lieu de poursuivre le délibéré jusqu'à l'élaboration d'une sentence unanime, il préfère rompre les ponts, s'il a, grâce à elle, le moyen de montrer à la partie qui l'a désigné qu'il a bien « défendu ses intérêts ». L'opinion dissidente est souvent un encouragement à la partialité. Surtout, elle affaiblit l'autorité de la sentence. Très souvent, l'opinion dissidente est conçue comme une attaque systématique de la décision prise à la majorité, dans la perspective d'un recours (Ph. Fouchard, E. Gaillard, B. Goldman, préc., n° 1400, p.779).

que les juges ont l'obligation de se livrer à un examen effectif des moyens, arguments et offres de preuves des parties.

Si on admet la publicité de l'opinion contraire, cela induit un effet automatique : une restriction du domaine tant personnel que matériel du délibéré.

Et si son domaine devient si restreint, la question de son opportunité se pose en toute logique. Malgré les précautions prises par le législateur camerounais (« *...peuvent exprimer, par écrit, leur opinion et la consigner au dossier de procédure »),* il n'en demeure pas moins que, tout ceux qui auront accès au dossier (les parties et pour ne pas dire le public en général) pourront savoir exactement et par un raisonnement a contrario, ce sur quoi le délibéré a porté et qu'en a pensé la majorité des juges.

On nous rétorquera que le juge minoritaire ne dira pas que tel juge a pris telle ou telle position, pas plus qu'on indiquera qui a proposé telle ou telle sanction ; que l'opinion contraire n'aura aucune incidence sur la validité de la décision du tribunal. Toutefois, on doit avouer que le secret du délibéré est atteint dans son aspect sacré ; déjà il ne serait plus compatible avec l'exigence du procès équitable. Le justiciable est en droit de savoir ce qu'a pensé tel ou tel juge sur son cas. Serait-ce fragiliser la justice ? Non. Le caractère public du délibéré conforterait plutôt la justice, en ce sens que le justiciable comprendrait mieux la décision du tribunal. Il y a lieu de penser à un délibéré qui ne serait plus secret, le secret n'étant pas l'âme de la justice.

C'est dire que l'admission des opinions minoritaires restreint, d'une part, le domaine du secret du délibéré ; et d'autre part, in fine, amène à le désacraliser.

I - Restriction du domaine du secret du délibéré

A priori, on peut affirmer avec beaucoup de certitude que les opinions contraires ne réduisent que le domaine personnel du délibéré et non son domaine matériel (ce sur quoi doit porter le secret, c'est-à-dire ce qui a fait l'objet du délibéré).

Mais lorsque le juge minoritaire dit ce qu'il pense de ce qui a été débattu lors du délibéré, n'y a-t-il pas atteinte au domaine matériel du secret du délibéré !

En conséquence, à une restriction du domaine personnel du secret du délibéré, s'ajoute aussi, par un effet incident, une restriction de son domaine matériel.

A- Restriction du domaine personnel du secret du délibéré

L'article 447 du NCPC français est plus précis sur la question : « *Il appartient aux juges devant lesquels l'affaire a été débattue d'en délibérer. Ils doivent être en nombre au moins égal à celui que prescrivent les règles relatives à l'organisation judiciaire* ».

Le CPCC camerounais n'est pas aussi précis sur la question ; la loi du 29 décembre 2006 sur l'organisation judiciaire, telle que modifiée, l'est encore moins. Seul l'article 53 de la loi n° 2006/022 fixant l'organisation et le fonctionnement des tribunaux administratifs est plus ou moins explicite sur la question : « *Les jugements sont prononcés après délibéré, à la majorité des voix des juges ayant suivi le débat* ». Toutefois, la pratique du délibéré est systématique en droit camerounais, et on n'admettrait pas un juge qui n'a participé aux débats à siéger lors du délibéré.

A contrario, le secret du délibéré pèse sur tous les juges qui, ayant suivi les débats, participent au délibéré. Ceci paraît logique, car c'est le respect du principe qui veut que les juges se prononcent d'après la connaissance qu'ils ont acquise des éléments du débat, et non pas d'après leurs renseignements personnels ou par ouï-dire. En conséquence, en application du secret du délibéré, toute personne autre que les magistrats légalement admis au délibéré doit être écartée de ce délibéré et toute divulgation de son contenu est interdite.

Dès lors qu'on admet qu'un de ces juges (minoritaire) peut exprimer par écrit son opinion contraire et la consigner au dossier de procédure, on doit faire deux déductions ici :

- d'une part, il manifeste son désaccord avec ce qu'a décidé la majorité des juges ;

- d'autre part, il construit au soutien de son point de vue un raisonnement autour du motif et du dispositif tel qu'adopté par la majorité.

En d'autres termes, la loi lui reconnaît le droit de dire ce qu'il pense de l'affaire, pourquoi il n'est pas d'accord avec le raisonnement de la majorité, avec leur décision. En conséquence, seuls les juges constituant la majorité sont astreints au silence par rapport à ce qui s'est passé lors du délibéré. La décision majoritaire leur sert de paravent. Encore qu'en faisant partie de la majorité, il n'est pas certain que tous les juges aient eu le même point de vue sur la culpabilité ou la véracité de la faute ; qu'ils aient tous suggéré la même sanction. Mais ils demeurent astreints au secret du délibéré, car, ils ne peuvent plus exprimer leur point de vue personnel, lequel est englouti par le vote majoritaire.

Peut-on conclure que le juge minoritaire, qui exprime par écrit son opinion contraire, demeure soumis au respect du secret du délibéré ? Ce serait contradictoire, car, à quoi aurait servi l'expression de son opinion contraire, si ce n'est pour soutenir le point de vue contraire de la majorité des membres du collège des juges ayant délibéré!

En exprimant son opinion contraire, il se désolidarise de la décision des majoritaires, et donc de la décision de la justice rendue. Certes, il ne dit pas que tel ou tel autre juge a dit ceci (hypothèse dans laquelle il demeure soumis au secret du délibéré), mais que lui minoritaire, il pense ceci de ce qui a été débattu. C'est en toute logique qu'on peut attester qu'il y a réduction du domaine personnel du secret du délibéré.

Cette réflexion sur le domaine personnel interpelle aussi le domaine matériel du secret du délibéré.

B- Restriction du domaine matériel du secret du délibéré

La CEDH[16] considère que le droit à un procès équitable visé à l'article 6-1 de la Convention implique à la charge du tribunal, l'obligation de se livrer à un examen effectif des moyens, arguments et offres de preuves des

[16] CEDH 19 avr. 1993, Droit et Patr. sept. 1993, 20, obs. C.P. et L.P.

parties. Ce faisant, chacun des juges, lors du délibéré, doit se prononcer non seulement sur ces éléments, mais aussi sur la culpabilité et sur le choix ou le montant de la peine ou de l'indemnisation. Et c'est sur l'ensemble de ces éléments que pèsera le secret du délibéré.

René CHAPUS résume cette obligation en ces termes : « *le secret impose au juge de délibérer hors la présence tant du public que des parties et de leur avocat ; il interdit, d'autre part, la divulgation à quelque époque que ce soit et à qui que ce soit, de ce qu'ont été les discussions et de la façon dont chacun des magistrats s'est prononcé* »[17].

Il va de soi que la mise en œuvre de ce secret exige, comme le souligne cet auteur, que le public, les parties et leurs représentants, soient mis à l'écart et n'assistent de quelque façon que ce soit aux délibérations. Au regard de cette vue, le secret du délibéré couvre non seulement les positions et les points de vue que chacun des magistrats a eus au moment de délibérer, mais aussi, empêche que soit divulgué en tout temps et à toute personne le contenu des discussions.

C'est une autre question que de savoir si le magistrat, qui a participé au délibéré, reste tenu par le secret, même en dehors du temps et du lieu du service. Toujours est-il que lorsque le juge minoritaire exprime son opinion contraire, il rend public, d'une manière voilée ou pas, le point de vue qui a été le sien lors du délibéré. Même s'il ne doit pas dire ce qu'a dit tel ou tel juge, il n'empêche qu'en formulant d'une certaine manière son point de vue, il doit la confronter avec le point de vue majoritaire.

Et si on peut considérer que les positions et les points de vue des autres magistrats demeurent couverts par le secret du délibéré, il ne demeure aucun doute que le juge minoritaire a extériorisé les siens. En conséquence, le domaine matériel du secret du délibéré, dans le meilleur des cas, se trouve amoindri et restreint autour des positions et points de vue des autres juges constituant la majorité ; dans le pire des cas, il n'est même plus préservé, d'où le nécessité de désacraliser le secret du délibéré.

---

[17] R. Chapus, « Droit du contentieux administratif », 9e édition, Montchrestien, Paris 2001, p. 932.

II - Pour une désacralisation du secret du délibéré

Toute proportion gardée, le délibéré est présenté comme cette phase de l'instance au cours de laquelle, le juge devrait retrouver le calme absolu pour dire le droit devant son âme, le droit et les arguments des parties[18].

Si son importance n'est pas contestable, le secret qui l'entoure se veut de plus en plus critique, tant dans ses fondements, qu'à l'aune du procès équitable. Et pourquoi ne parviendrait-on pas à un délibéré sans secret !

A- Fondements critiquables du secret du délibéré

La question de l'origine du secret du délibéré mérite d'être posée. Un début de réponse nécessite qu'on remonte à son histoire, et aussi, à l'histoire de la justice française[19].

En effet, malgré l'émergence de grands principes tels que la laïcité, la séparation de l'église et de l'État, l'enchevêtrement entre le droit et la religion se fait toujours ressentir dans le système juridique français, duquel le droit processuel camerounais tire en partie sa source. Le secret du délibéré est une preuve certaine. Il est un reliquat d'une tradition séculaire fondée sur l'absence de transparence et sur les considérations du droit canonique, qui voudrait que le divin et la justice gardent ce qui leur est commun (le mystère), ou du moins, qu'il serait opportun de ne pas dévoiler les rouages de ces deux institutions. La religion a besoin de ce secret, la justice aussi. C'est certainement pour conforter cette vue que le Doyen Vedel déclarait que le droit administratif doit être un « droit secret »[20].

L'expression de la volonté de la nation souveraine par l'intermédiaire de ses représentants doit se faire selon un rituel couvert d'un certain mystère et admettre la dissidence serait dangereux, car ce serait porter

---

[18] A. Akam Akam, Le juge entre la loi et sa conscience, RTSJ (revue togolaise de sciences juridiques), juillet-décembre 2011, n ° 0001, p. 144.

[19] Y. Lecuyer, Le secret du délibéré, op. cit. p. 197.

[20] À propos de la pratique des messages codés qui caractérisent le Conseil d'Etat français.

une entaille à la mystique de vérité révélée, couverte par le sceau du secret dont les juridictions entourent leurs décisions. Toujours est-il que même si aujourd'hui l'église et la justice sont séparées, les influences de l'une sur l'autre demeurent et le secret des délibérés en est une manifestation.

Il faut tout de même admettre que si la religion nous promène dans un rêve, nous peint un monde idéal qui devrait être, la justice, quant à elle, doit être réaliste, concrète, car elle se fait sur terre. Et la dissociation de l'Église de l'État doit être pérenne.

Il est paradoxal de constater que le secret du délibéré demeure un principe fondamental du droit processuel bien que revêtant une nature quelque peu ambiguë. Et d'ailleurs, dans la tentative de construction de la théorie des principes directeurs du procès, Verges[21] classe le secret des délibérés dans la catégorie dite des « incontestables », c'est-à-dire, ceux qui possèdent tous les caractères que l'on reconnaît à un principe. Il s'agit du fait qu'il possède une autorité morale ; qu'il soit général, légitime, et qu'il découle même de l'interprétation de l'ensemble de la procédure. Le secret du délibéré y figure donc en bonne place.

Cependant, tout en ayant cette valeur et respecté lors de l'instance, le secret du délibéré ne bénéficie pas d'une réglementation suffisante dans le droit processuel camerounais, à la différence des autres principes directeurs du procès (l'oralité, le contradictoire, les droits de la défense, etc.).

Aussi, s'il est clair qu'il est un principe, son caractère d'ordre public est encore discuté. Le secret du délibéré est un principe transversal qui s'applique à toutes les procédures (civile, administrative, pénale, arbitrale, etc.), mais dont la violation ne peut être soulevée que par les parties. Le CE français y voit un principe général du droit public français qui a pour objet d'assurer l'indépendance des juges et l'autorité morale de leurs

---

[21] E. Verges, Les principes directeurs du procès judiciaire. Étude d'une catégorie juridique, Thèse Aix-Marseille, déc. 2000.

décisions[22]. Cependant, à plusieurs occasions, il s'est abstenu de lui reconnaître un caractère d'ordre public[23].

En effet, on ne saurait denier au secret du délibéré sa finalité protectrice. Ne pas savoir exactement quelles ont été les positions de chaque juge lors des délibérés concourt à leur protection, non seulement, vis-à-vis des hypothétiques autorités qui exerceraient des pressions, mais aussi, vis-à-vis des médias et même des parties malheureuses au procès.

Par contre, en quoi le secret du délibéré permet-il au juge d'assurer son indépendance, si ce n'est pour un juge vulnérable à la corruption, à l'influence ! Voudrait-on affirmer que la décision du juge serait différente selon qu'il l'aurait prise devant les parties ou le public que dans le secret du délibéré ? D'ailleurs, comment fait-il dans les cas des décisions rendues sur le siège ? On nous rétorquera qu'il le fait lorsqu'il s'agit des « petites affaires » ! Mais tout de même, la phase du délibéré demeure une étape fondamentale pour la justice qui doit être rendue dans les différents cas de figure. On ne saurait l'affirmer même en tenant compte de la spécificité du droit administratif,[24] car c'est oublier que l'indépendance du juge (civil, administratif, constitutionnel, etc.) ne repose pas sur des faits, mais sur des textes de loi.

Dans la pratique, paradoxalement, le moment du délibéré est souvent favorable à la corruption du juge. Parfois, le juge va retarder volontairement l'échéance du délibéré en fonction des enjeux économiques de l'affaire. Il est vrai que le délibéré est enfermé dans un délai de quinze jours. Cependant, le juge peut le proroger « n » fois reléguant aux calendes grecques le moment de le vider. Il le ferait pour masquer son intention mafieuse.

---

[22] CE 17 nov. 1922, Affaire Légillon, Rec. Lebon, p.849.

[23] CE, 8 juillet 1949, Affaire Michel, Rec. Lebon, 1949, p. 339.

[24] G. Braibant et B. Stirn affirmaient que le secret du délibéré permet « de protéger les juges administratifs contre l'exécutif qui ne doit pas savoir qui a voté dans quel sens, quels sont ceux qui se sont prononcés pour ou contre le gouvernement ou l'administration » (Le droit administratif français, 4e éd. Presse de sciences politiques et Dalloz Paris 1997, p.524).

Le secret du délibéré est-il gage de l'autorité morale de la décision de justice qui en sort ? Il est admis que l'autorité juridique de la décision rendue malgré l'opinion contraire n'est pas altérée, ce qui ne serait pas le cas de l'autorité morale.

Cette réponse affirmative serait hâtive, car sur quoi porte l'autorité morale de la décision, sur le secret ou sur la force du raisonnement des juges ! Il ne faudrait pas perde de vue qu'après tout, la décision qui est prise sous le saut du délibéré est une décision judiciaire. L'autorité morale dont elle est porteuse découle moins des circonstances de son élaboration que de l'institution qui la secrète qu'est la Justice, laquelle est rendue au nom du peuple tout entier.

Il y a d'ailleurs un grand risque que la décision de justice rendue sous le saut du délibéré et ayant toute l'autorité morale nécessaire ne reflète que les sentiments ou la vue de la justice qu'a la majorité des juges du délibéré et non le reflet de la justice elle-même. La décision du tribunal rendue dans ces conditions n'aurait pas une grande valeur morale, si ce n'est la morale de la majorité des juges qui l'ont adoptée. Pourtant, elle devrait véhiculer une morale « amorale », celle de la justice elle-même.

C'est pourquoi nous pensons que le secret du délibéré ne saurait résister longtemps encore au « tsunami » de l'état de droit et plus particulièrement du procès équitable.

B- Secret du délibéré et exigence du procès équitable

Il n'y pas un concept qui a produit un tel effet dans le droit processuel ces dernières années autant que le procès équitable. Même si l'apport de la jurisprudence de l'article 6-1 de la CEDHS y est pour beaucoup dans la maîtrise de ce concept, il y a lieu de relever qu'elle peut trouver ses sources dans différents instruments internationaux (de la Déclaration universelle des droits de l'Homme de 1948 à la Charte africaine des droits de l'homme et des peuples, en passant par le Pacte civil et politique de 1966).

Que veut dire in fine l'exigence du procès équitable si ce n'est que le procès soit équitable pour tous, tant dans son déroulement que dans l'exécution de la décision qui en découle ! Le procès équitable est une exigence de la démocratie, au mieux, de l'état de droit dans le processus judiciaire. Or nous savons que la démocratie ne rime pas avec l'obscurité, avec l'opacité.

Aussi, rappelons-nous que la justice est rendue « au nom du peuple » (camerounais[25], français ou américain, etc.). Pour paraphraser Garapon, ce peuple ne doit souffrir d'un quelconque degré d'ignorance, d'opacité au centre du fonctionnement d'une institution comme la justice dont la transparence ne devait être travestie par aucune substance, obstruée par aucun filtre, retardée par aucun détour, ni pervertie par aucune élaboration[26].

Cette exigence d'information des justiciables, même dans les hypothèses les plus secrètes, s'impose comme un rouleau compresseur à la justice et nous pensons que ce n'est qu'un début. Conscient de cette urgence, le gouvernement camerounais a admis l'expression des opinions contraires, tirant ainsi profit du débat qui a opposé la doctrine étrangère (surtout francophone) sur la question.

Il s'agit de la possibilité pour les juges participant à une instance collégiale, de faire publier à la suite des arrêts adoptés par la majorité des membres de la juridiction, leur désaccord en tout ou en partie avec l'arrêt rendu. La doctrine française avait proposé d'intégrer dans cette discussion la notion d'opinion séparée comme aux États-Unis avec la pratique de *« dissenting opinion »* reconnue aux magistrats de la Cour suprême. Il faut relever que cette pratique est aussi consacrée devant la CEDH, la CIJ et on se souvient des opinions dissidentes du juge dans des affaires célèbres en DIP.

Cette exigence que vient de consacrer l'État camerounais est une mesure protectrice, démocratique, qu'on ne saurait ne pas l'admettre. Chaque justiciable est appelé, pour une meilleure acceptation de la décision de la justice, à comprendre comment les juges y sont parvenus ;

---

[25] Article 11, loi du 29 décembre 2006 portant organisation judiciaire au Cameroun.

[26] A. Garapon, « Bien juger : essai sur le rituel judiciaire », éd. O. Jacob, Paris, coll. Opus, 1997, p. 268.

étaient-ils tous convaincus de sa culpabilité ou pas ? Dès lors qu'un juge minoritaire peut révéler au public son désaccord avec la majorité sur les différents points de la décision, certainement, un pan important du domaine du secret du délibéré n'est plus couvert.

Ce ne serait pas excessif de se demander à quoi servirait encore le secret du délibéré ! Ne peut-on pas rendre justice sans l'entourer du secret ? Le secret du délibéré ne serait-il pas le talon d'Achille de la justice camerounaise ? Par cette disposition qui passe inaperçue, glissée insidieusement dans la loi du 29 décembre 2006, se cache une révolution qui hisserait notre justice au rang des standards internationaux et qui la mettrait en conformité avec l'état de droit.

LE COMMISSAIRE AUX COMPTES COINCE ENTRE LES OBLIGATIONS DE FAIRE ET DE NE PAS FAIRE PÉNALEMENT SANCTIONNÉES DANS L'ESPACE OHADA

Angéline-Florence NGOMO[1]

ABSTRACT

The importance and the usefulness of auditing carried out by a professional who is endowed with ascertained competence and guaranteed independence, namely the statutory auditor, are guaranteed in the OHADA zone through the institution of a rigorous repressive system.

The statutory auditor thus is bound to tell the truth, he may either denounce or keep quiet. These liabilities which are penally punishable are sometimes the liability to act and some other times the liability not to act.

KEY WORDS : Statutory Auditor - liability - penal liability - liability to act - liability not to act.

RÉSUME

L'importance et l'utilité du contrôle exercé par le professionnel à la compétence avérée et à l'indépendance garantie qu'est le commissaire aux comptes sont garanties dans l'espace OHADA par l'instauration d'un système répressif rigoureux.

Le commissaire aux comptes doit ainsi la vérité, parfois la dénonciation, parfois le silence. Et ces obligations qui sont pénalement

[1] Docteur en Droit de l'Université de Paris II (Panthéon-Sorbonne) Chargée de Cours à la Faculté des Sciences Juridiques et Politiques, Université de Yaoundé II

sanctionnées sont tantôt des obligations de faire, tantôt des obligations de ne pas faire.

MOTS CLÉS : Commissaires aux comptes - responsabilité - responsabilité pénale - obligation de faire - obligation de ne pas faire.

INTRODUCTION

Parmi les apports de l'Acte Uniforme relatif au droit des sociétés commerciales et du groupement d'intérêt économique (AUDSGIE), le renforcement du contrôle de la gestion des sociétés occupe une place de choix[2]. Plusieurs dispositions permettent ainsi aux associés d'obtenir une multitude de renseignements de nature à éclairer leur vote et partant, à renforcer le contrôle personnellement exercé par eux. Mais le contrôle interne que les associés peuvent ainsi exercer personnellement peut ne pas

---

[2] V.not. MAKAYA W., *Comptabilité des sociétés : système comptable OHADA,* Paris, Publibook, 2008, coll. EPU, 143p : HOMMAN-LUDIYE L., et MISSAINHOUN J.E., « La gestion des SA et des SARL », *Cahiers juridiques et fiscaux de l'exportation, CFCE* n°2, 1998, p.309 et s ; HOMMAN-LUDIYE L., et DJEDJE P., « Le contrôle de la gestion des SA et des SARL », *Cahiers juridiques et fiscaux de l'exportation, CFCE ;* n°2, 1998, p.317 et s. ; NGOMO A.-F., *Droit des sociétés commerciales et du groupement d'intérêt économique dans l'Espace OHADA. Clés de lecture,* Yaoundé, Les Presses Universitaires de Yaoundé, 2013 p246 et s ; GATSI J., « Commissaires aux apports et commissaires aux comptes », *Encyclopédie du droit OHADA (sous la direction de)* POUGOUE P.-G., Paris, Lamy, 2011, p 534 et s. ; POUGOUE P.-G, NGUEBOU TOUKAM J., ANOUKAHA F., *Le droit des sociétés commerciales et du GIE OHADA,* Yaoundé, PUA, 1998, coll. Droit uniforme, 630p ; « Commentaires de l'Acte Uniforme relatif au droit des sociétés commerciales et du groupement d'intérêt économique » in *OHADA, Traité et Actes uniformes annotés,* Juriscope, 2012, p586 et s. ; SERE S., « Commentaire de l'Acte Uniforme portant organisation et harmonisation des comptabilités des entreprises » in *Traités et Actes uniformes commentés,* Juriscope, 2008, p 585 et s ; « Contrôle interne, un outil de remontée des risques », *Revue de Droit Uniforme Africain,* n°00, p 9 et s ; POUGOUE P.-G, « L'impact de l'Acte Uniforme de l'OHADA relatif au droit des sociétés commerciales et du groupement d'intérêt économique sur le contrôle et le développement des entreprises locales », *Juridis Périodique,* n°66, avril-mai-juin 2006, p. 107 et s ; ISSA SAYEGH J., « Présentation des dispositions sur le fonctionnement des sociétés commerciales », *OHADA.com/OHADATA* D-06-13.

être efficace en raison des connaissances techniques financières et comptables qu'il nécessite et dont ils ne sont pas toujours pourvus aussi le législateur communautaire OHADA l'a-t-il complété par un contrôle technique externe exercé par des professionnels d'un haut niveau de compétence que sont les commissaires aux comptes[3] en frappant de nullité toute délibération prise à défaut de désignation du commissaire aux comptes dans les sociétés qui sont tenues d'en avoir.

L'institution, on le rappellera, n'était prévue à l'origine que dans la seule société anonyme. Cela se justifiait, cet instrument de concentration des capitaux et de la puissance économique[4] portant en lui les germes d'abus qui tiennent à la « nature des choses »[5]. Il faut reconnaître que dans la conception de la société anonyme dont le législateur a voulu les principes de fonctionnement, ceux d'une démocratie aussi parfaite que possible, le législateur s'est très tôt préoccupé de faire équilibre au risque d'absolutisme que peut entraîner le pouvoir de direction, par le contrepoids d'un pouvoir de contrôle. Mais le risque d'absolutisme est inhérent à l'exercice du pouvoir dans les sociétés commerciales[6] et de manière générale, à l'exercice du pouvoir. Tout homme qui a du pouvoir est porté à en abuser[7] et un pouvoir sans contrôle, est un non-sens « ...car une infinité d'abus se glisse dans ce qui se passe dans la main de l'homme ».[8]. Ce pouvoir peut en réalité devenir « un danger certain, plus grand même, pour ceux qui, du fait de leur position, font confiance aux

---

[3]V. not. en ce qui concerne la réforme française du droit des sociétés du 24 juillet 1966, GUYON Y., et COQUEREAU G., « Le nouveau statut des commissaires aux comptes », cit.. *JCP, éd. N,* 1969, Etudes pratiques, n° 87150, 87348 ; MARINI P., *La modernisation du droit des sociétés*, Paris, La documentation française, 1969, p.72 et s ; CHAPUT Y., *Le commissaire aux comptes, partenaire de l'entreprise,* Presses Sciences Po/CREDA, 1999.

[4] RIPERT G., *Aspects juridiques du capitalisme moderne,* Paris, LGDJ, 1951.

[5] GRANGER R., *La nature juridique des rapports entre actionnaires et commissaires chargés du contrôle dans les sociétés par actions. Contribution à l'étude de la nature juridique de la société par actions,* Thèse, Paris, 1950.

[6] BERR C., *L'exercice du pouvoir dans les sociétés commerciales*, Paris, Sirey,1961.

[7] LARGUIER J et CONTE Ph., *Droit pénal des affaires*, 9ème éd., Armand Colin, n°411.

[8] MONTESQUIEU cité par CONTIN R., in *Le contrôle de la gestion des sociétés anonymes*, Paris, Litec, 1975, spéc. n°19.

détenteurs de ces pouvoirs, lesquels trouvent dans leurs situations mêmes, les moyens d'abuser de leurs droits »[9].

L'institutionnalisation des commissaires aux comptes, professionnels à la compétence avérée et à l'indépendance garantie participe de la prévention de ces abus[10].

D'abord limitée à la seule société anonyme11 par la loi du 24 juillet 1867, la présence de ces professionnels s'est ainsi progressivement imposée dans toutes les sociétés immatriculées remplissant certaines conditions retenues par l'AUDSGIE[12].

« Les sociétés heureuses n'ont pas d'histoire », a-t-on pu écrire[13]. Mais lorsqu'arrivent « les histoires malheureuses » à l'instar de la dégradation de la situation financière, les causes trouvent très souvent leur origine dans les excès des dirigeants. Le recours au droit pénal, censé prévenir différents types de dérapages du fait de l'effet intimidant espéré des sanctions qu'il prévoit, trouve ainsi toute sa raison d'être.[14] Et on ne saurait s'étonner que le droit pénal se soit particulièrement intéressé à l'incrimination des comportements de nature à compromettre la bonne marche des sociétés, à toutes les étapes de leur vie[15].

---

[9] LARGUIER J. et CONTE Ph., op. cit., n°411 et s.

[10] CHAPUT Y., « *Le commissaire aux comptes, partenaire de l'entreprise*» cit.

[11] Cf. Loi du 24 juillet 1867 rendue applicable dans la plupart des États membres de l'OHADA.

[12] Articles 694 et suivants, AUDSGIE pour les sociétés anonymes ; article 376 AUDSGIE pour ce qui est des Sociétés à responsabilité limitée ; article 289-1, AUDSGIE pour les sociétés en nom collectif et article 853-14 pour la société par actions simplifiée. Dans la société en commandite simple, la présence d'un commissaire aux comptes reste facultative.

[13] LARGUIER J. et CONTE Ph., *Droit pénal des affaires,* 9è éd., Paris, A. COLIN, n°411.

[14] Pour une vue générale sur *le recours au droit pénal par le législateur OHADA,* V. NDOKO N.-Claire et SPENER YAWAGA., « Infractions relatives au contrôle de la gestion », in *Encyclopédie du droit OHADA, (sous la direction. de)* POUGOUE P.-G., Paris, Lamy 2011, p. 991et s.

[15] CONSTANTIN L., *Droit pénal des sociétés par actions*, 1968, PUF, n° 653, p. 844 ; LARGUIER J., *Droit pénal des affaires*, 7e éd., p. 298.

GIUDICELLI-DELAGE G., « La responsabilité pénale des différents conseils de

En effet, « la sécurité des transactions financières et de la bonne information comptable impose à certaines entreprises, notamment celles qui font publiquement appel à l'épargne, mais aussi celles dont la responsabilité est limitée à un capital social parfois modeste, d'offrir des garanties renforcées de fiabilité de leurs comptes »[16].

Dès lors l'importance du rôle des commissaires aux comptes apparaît à l'évidence.

La finalité de la mission légale permanente de contrôle du commissaire aux comptes est la contribution à la fiabilité de l'information financière et partant, à la sécurité de la vie économique et sociale, tant pour les besoins de gestion et d'analyse interne à l'entreprise, que pour les besoins de l'ensemble des partenaires ou des tiers intéressés par celle-ci[17]. Cette mission repose concrètement sur trois piliers essentiels : un devoir de contrôle, un devoir d'information et un devoir d'alerte.

Contrôler les valeurs et documents comptables de la société est la mission première du commissaire aux comptes. Il s'agit d'une mission

---

l'entreprise », *RJ com.*, 1995, p. 345-354 ; COFFY DE BOISDEFFRE M.-J., « La responsabilité du commissaire aux comptes : trois ans de décisions judiciaires », *Rev. Economie et Comptabilité,* mars 1988, p. 13 et s ; GOLDNADEL G., « La responsabilité pénale des professionnels du chiffre », *Rev. Convergences,* n° 7, déc. 1995, p. 25 et s ; BOULOC B., « La liberté et le droit pénal », *Rev. Sociétés* 1989.377 et s ; DELMAS-MARTY M., *Droit pénal des affaires*, tome 2, 3e éd, Paris, PUF, coll. Thémis, 1990, p. 300 et s ;

GAUTHIER P., et LAURET B., *Droit pénal des affaires*, Paris, Economica, 6e éd., 1996, p. 432 et s ; COFFY DE BOISDEFFRE M.-J., « La responsabilité du commissaire aux comptes : trois ans de décisions judiciaires », *Rev. Economie et comptabilité*, mars 1988, p. 13 et s. ; ANOUKAHA F, « Infractions relatives au contrôle de la gestion » in *Encyclopédie du droit OHADA* (sous la direction de) POUGOUE P.-G., Paris, Lamy, 2011, p 991 et s.

16 DELHOMME M., et MULLER Y., (Sous la direction de), *Comptabilité et droit pénal*, Paris, Litec, 2009, p. 106 et s

17 DIEYE A., « La responsabilité des commissaires aux comptes dans les États parties au Traité de l'Organisation pour l'Harmonisation du Droit des Affaires en Afrique (OHADA) », *Intervention présentée* au Colloque sur *« La responsabilité du commissaire aux comptes « les 11 et 12 novembre 2005, USJ*

permanente qu'il exerce tout au long de l'exercice. Elle ne se limite pas à l'appréciation de la matérialité des écritures. Elle doit conduire à certifier que les états financiers de synthèse de la société contrôlée ou même, le cas échéant, de ses filiales sont réguliers et sincères et partant, reflètent la réalité. Autrement dit, l'issue du contrôle doit déboucher sur un engagement personnel que le commissaire aux comptes prend de garantir la crédibilité des informations contenues dans les états financiers, en donnant à toute personne intéressée, la certitude de la crédibilité qu'il a lui-même acquise, que les états financiers sont réguliers et sincères et donnent une image fidèle du résultat des opérations de l'exercice écoulé, de la situation financière et patrimoniale de la société à la fin de l'exercice.[18] Le devoir d'information qui lui est assigné permet au commissaire aux comptes de porter à la connaissance des dirigeants sociaux et des actionnaires les faits découverts au cours de ses investigations. C'est dans ce cadre que s'inscrit l'obligation de dénoncer au ministère public ceux des faits constitutifs de délits qu'il découvrirait au cours de ses investigations. Enfin, dans le cadre de son devoir d'alerte, le commissaire aux comptes prévient les dirigeants et associés, dès lors qu'il a connaissance, dans l'exercice de sas fonctions, des faits de nature à compromettre la continuité de l'exploitation[19].

Chargé de contrôler la comptabilité de la société, de la certifier le professionnel qu'est le commissaire aux comptes est donc en fin de compte tenu de manière générale, de vérifier que la vie sociale se déroule dans des conditions régulières »[20].

---

[18]GUYON Y., et COQUEREAU G., « *Le nouveau statut des commissaires aux comptes* », cit. ; *Le commissariat aux comptes. Aspects juridiques et techniques,* Paris, Litec, 1971 ; BASTIAN D., « La réforme des sociétés commerciales », *JCP* 1968. I. 2183 ; TRIAL J. ; « *Le statut et les tâches du commissaire aux comptes* », *Revue française de comptabilité,* août-septembre 1967, p 279 et s ; PERCEROU R., *Le contrôle de la gestion des sociétés anonymes,* Cours de Doctorat, Rennes 1964 ; MONEGER J., et GRANIER T., *Le commissariat aux comptes*, Paris, Dalloz, 1995, p. 181, n° 695.

[19] LECERF M., « La procédure d'alerte. Un nouveau moyen de prévention des difficultés de l'entreprise », *Cahiers juridiques et fiscaux, CFCE,* 1998, n°2, p 225 et s.

[20] GUYON Y., *Droit des affaires,* T. I, Droit commercial général et Sociétés, 8e éd., Paris, Economica, 1994, p. 369.

L'on comprend aisément pourquoi le législateur a entouré l'exercice de ses fonctions de garanties d'indépendance en édictant un certain nombre d'incompatibilités[21]et d'interdictions[22]. De même lui a-t-il reconnu de larges pouvoirs d'investigation. En effet, ses pouvoirs ne se limitent pas à la seule société contrôlée, mais peuvent être étendus à toutes les sociétés du groupe et même aux tiers ayant accompli des opérations pour le compte de la société. Ces prérogatives importantes s'accompagnent nécessairement d'obligations et partant, de responsabilité. Et cette responsabilité est considérable, dans la mesure où elle ne se limite pas seulement à une responsabilité civile visant la réparation d'un préjudice que ce dernier causerait aussi bien à la société qu'aux tiers dans l'accomplissement de sa mission. En effet, en plus de sa responsabilité civile et parfois disciplinaire[23], le commissaire aux comptes est également susceptible d'engager sa responsabilité pénale en cas de violation des obligations édictées à son encontre à l'occasion de l'exercice de ses fonctions. L'importance et l'utilité du contrôle ainsi exercé par ce professionnel sont garanties par l'instauration d'un système répressif rigoureux. C'est dans cette optique que s'inscrivent les sanctions pénales applicables en cas de violation des obligations auxquelles il est astreint, qu'elles concernent l'exercice illégal de la profession ou en violation des règles d'incompatibilités et d'indépendance[24], la non-révélation au procureur de la République des faits délictueux[25], la violation du secret professionnel[26], ou encore la confirmation d'informations mensongères[27]. L'existence de ces infractions pénalement sanctionnées « montre l'importance attachée par le législateur à la compétence et à l'efficacité, a priori, du commissaire aux comptes, même si la sanction le frappe a

[21] V. articles 697 et s, AUDSGIE.

[22] Articles 698 à 700, AUDSGIE.

[23] v. MERLE Ph., *Droit commercial. Sociétés commerciales,* 8e éd., Paris, Dalloz, 2001, n°521 ; v. p. ex. le *Code de déontologie de l'Ordre des Experts comptables au Cameroun,* 1ère édition, 1997 qui prévoit des sanctions disciplinaires graduelles allant de l'avertissement à la radiation en passant par le blâme

[24] Article 898, AUDSGIE.

[25] Article 899, AUDSGIE.

[26] Article 717, AUDSGIE.

[27] Article 900, AUDSGIE.

posteriori »[28]. En tout état ce cause, l'application du droit pénal propre au commissariat aux comptes suppose que le commissaire ait failli à l'une de ses obligations fondamentales par action ou par omission[29]. Le droit pénal étant d'interprétation stricte, seules les incriminations expressément définies par la loi ou par les textes réglementaires peuvent servir de fondement aux poursuites et, le cas échéant, à sa condamnation. Les unes tiennent au manquement à une obligation relative à l'organisation de la profession, les autres à une obligation propre à l'exécution des missions légales. La première catégorie d'infractions qui a trait essentiellement à l'exercice de la profession en violation de l'existence d'une incompatibilité légale[30] ne soulève pas de difficultés particulières, dès lors que sont réunies les conditions posées à l'article 898 de l'AUDSGIE qui sanctionne pénalement toute personne qui, soit en son nom personnel, soit à titre d'associé d'une société de commissaire aux comptes, aura sciemment accepté, exercé ou conservé des fonctions de commissaire aux comptes, nonobstant les incompatibilités légales. L'autre catégorie qui retiendra davantage l'attention concerne les obligations propres à l'exécution des missions légales du commissaire aux comptes.

---

[28] CHAPUT Y., *Le commissaire aux comptes : partenaire de l'entreprise.* Ed. Presses de la fonction nationale des sciences politiques 1999, p. 110

[29] CONSTANTIN L., *Droit pénal des sociétés par actions*, Paris, PUF, 1968, n° 653, p. 844 et s ; LARGUIER J., *Droit pénal des affaires*, 7e éd., p. 298 et s ; DELMAS-MARTY M., *Droit pénal des affaires*, tome 2, 3e éd Paris, PUF coll. Thémis, 1990, p. 300 et s.

GAUTHIER P., et LAURET B., *Droit pénal des affaires*, Economica, 6e éd., 1996-97, p. 432 et s ; Y. GUYON Y, *Droit des affaires*, tome 1, 10e éd., Paris, Economica, 1998, p. 403 et s n° 383. MERCADAL B., et JAMIN P., *Sociétés commerciales,* Mémento pratique Francis Lefebvre, 1998, n° 2281 et s ; SOCKENG R., *Droit pénal des affaires OHADA,* Douala, Presses Minsi Le Competing, 2007, coll. Lebord ; DIOUF N., « Actes uniformes et droit pénal des États signataires du traité de l'OHADA : la difficile émergence d'un droit pénal communautaire dans l'Espace OHADA », *Revue Burkinabé de Droit,* n°39, p 63 et s ; « La place du droit pénal dans le droit communautaire » in *Nouvelles Annales Africaines de la Faculté des Sciences Juridiques et Politiques de l'Université Cheikh Anta Diop*, n°1, 2007, p.161 et s.

[30] Article 898, AUDSGIE.

Il en découle que le commissaire aux comptes doit « la vérité, parfois la dénonciation, parfois le silence »[31]. Et ces obligations pénalement sanctionnées sont tantôt des obligations de faire (I) tantôt des obligations de ne pas faire (II).

I.- LES OBLIGATIONS DE FAIRE DU COMMISSAIRE AUX COMPTES PÉNALEMENT SANCTIONNÉES

L'Acte Uniforme relatif au droit des sociétés commerciales et du groupement d'intérêt économique dans l'Espace OHADA assigne au commissaire aux comptes une mission bien déterminée de contrôle et d'information. L'accomplissement de cette mission est facilité par le large pouvoir d'investigation qui lui est reconnu afin qu'il puisse bénéficier des sources d'information les plus sûres. Ce droit n'est plus seulement interne, c'est-à-dire limité à la seule société contrôlée. Il est également externe dans la mesure où il s'étend à toutes les sociétés du groupe et même aux des tiers ayant accompli des opérations pour le compte de la société[32]. La mission primordiale dont est ainsi investi le commissaire aux comptes consiste essentiellement à vérifier la pertinence des comptes de l'exercice tels qu'arrêtés par les dirigeants sociaux et tels qu'ils seront soumis à l'approbation de l'assemblée générale des associés. Il vérifie que les comptes de l'exercice sont réguliers et sincères et donnent une image fidèle de l'entreprise. Autrement dit, le commissaire aux comptes doit contrôler la qualité des informations données par les dirigeants sociaux et attirer l'attention des associés sur les inexactitudes et irrégularités qui peuvent être de nature à fausser les comptes.

Si par complaisance, il manque à l'obligation de sincérité, en donnant ou en confirmant des informations mensongères sur la situation de la société, il tombe sous le coup de l'incrimination prévue à l'article 899 de l'AUDSGIE (B). Il en est de même, s'il ne révèle pas au procureur de la République, celles des irrégularités ou inexactitudes découvertes à

[31] LARGUIER J., et CONTE Ph., *Droit pénal des affaires,* Paris, Armand Colin, 1998, p. 343

[32] Articles 718 alinéa 3 et 720, AUDSGIE.

l'occasion de l'exercice de ses fonctions et constitutives de délits, comme le lui impose le même article 899 (A).

A) L'obligation de dénoncer

L'obligation de dénoncer est parfois édictée à l'encontre à certaines personnes du fait de leur activité qui les place dans une position où ils ont la possibilité de constater l'existence de faits délictueux[33]. C'est le cas en ce qui concerne le commissaire aux comptes à qui la loi enjoint de dénoncer au procureur de la République les irrégularités graves qualifiées de faits délictueux dont il a connaissance dans l'exercice de ses fonctions.

Dans son principe, cette obligation n'est pas nouvelle. Introduite dans la plupart des États parties par la loi du 24 juillet 1867 et ses textes modificatifs subséquents, maintenue dans la loi française du 24 juillet 1966[34], elle est prévue dans l'AUDSGIE par l'article716 alinéa 2 et est sanctionnée pénalement par l'article 899 du même texte. Cette obligation spécifique peut se résumer par le devoir de parler pour dénoncer au procureur de la République les faits constitutifs de délits. Sa mise en œuvre peut s'avérer délicate, dans la mesure où la frontière entre deux obligations antagonistes est parfois malaisée pour le commissaire aux comptes : parler et partant respecter l'obligation de dénoncer ? Ne pas parler en raison du secret professionnel auquel il est également astreint ?

Quoi qu'il en soit, trois aspects de l'obligation de dénoncer méritent de retenir l'attention : le principe même de la dénonciation (1) les incertitudes quant au champ d'application de l'obligation de dénoncer (2) et le délai dans lequel doit intervenir la dénonciation (3)

1) Le principe de la dénonciation

De manière générale, la dénonciation incombant au commissaire aux comptes consiste en une démarche visant à informer le procureur de la

---

33 V. par exemple art. 107 et 138 Code pénal camerounais.

34 Article 233.

République de l'existence d'infractions découvertes à l'occasion de l'exercice de sa mission.

Cette obligation contribue à imprimer son originalité à la mission du commissaire aux comptes. En effet, loin d'être un mandataire social, ce dernier intervient pour servir des intérêts divers non seulement ceux des dirigeants, mais aussi ceux de la société et des associés et, au-delà, l'intérêt général. La nature de sa mission le met en bonne place pour détecter les irrégularités qui peuvent être constitutives de faits délictueux, mais le principe même de cette obligation a provoqué des réactions contrastées dans la doctrine[35]. D'aucuns ont marqué leur hostilité en faisant valoir que le principe même de la dénonciation peut choquer et qu'on peut trouver anormal qu'une personne qui n'est ni une autorité constituée, ni un officier public, ni un fonctionnaire, soit tenue de dénoncer les faits délictueux sous peine de se rendre elle-même coupable d'un délit [36]. On a même souligné que cette obligation transformait le commissaire aux comptes en collaborateur forcé du parquet[37], en une sorte de « substitut du Procureur » attaché auprès de chaque société commerciale, qu'elle risquait de ternir la réputation d'une société et de ses dirigeants sur de simples soupçons[38] ou encore que le rôle de délateur obligé ne saurait

---

[35] V. notamment pour une vue d'ensemble, VIANDIER A., « Sur les limites de l'obligation de révéler les faits délictueux », *JCP,* éd. CI, 13682 ; GOYET C., « La révélation des faits délictueux. Remarques sur une politique négociée de l'action publique», *JCP,* 1989.I.3370 ; « Le commissaire aux comptes et la révélation des faits délictueux », *note d'information n° 23, éd. CNCC,* juin 1994 ; BOULAY J.-C., « L'obligation du commissaire aux comptes de révéler les faits délictueux », *Rev. Sociétés* 1980, p. 443 et s ; « Le commissaire aux comptes et la révélation des faits délictueux », *note d'information* n° 23, éd. CNCC, juin 1994 ; DALSACE A., « Un texte à abroger : l'avant-dernier alinéa de l'article 34 de la loi du 24 juill. 1867 », *Gaz. Pal.,* 1963.I, doct. 81.cit.

[36] BOULOC B., « La liberté et le droit pénal », *Rev. Sociétés,* 1989, 377 et s.

[37] RIPERT G. ; et ROBLOT R., tome I 5ème éd., *Traité élémentaire de droit commercial,* Paris, LGDJ, 1963, n° 1355 ; SIMON., « De la dénonciation par le commissaire aux comptes des faits délictueux » *Rev. Banque*, n°232, oct.1965, p.697 ;

[38]CHAUVIN M., *L'élément comptable dans le droit pénal des sociétés anonymes*, Paris, Dalloz 1963, p39.

convenir à celui qui est membre d'une profession libérale[39] et « ...qu'on se laissait aller à la facilité de fabriquer de l'odieux avec des mots en soulignant ce qu'il y a d'exorbitant à faire de la délation un devoir et du silence, un crime »[40].

D'autres, en revanche, ont préféré marquer leur approbation par trois arguments majeurs. Ils ont d'abord à cet égard rappelé que l'injonction faite au commissaire aux comptes s'inscrivait dans le cadre de l'obligation qu'imposent certains textes légaux à tout citoyen de dénoncer, dans certaines circonstances, les crimes dont il a connaissance. Ils ont ensuite soutenu qu'en raison du rôle qui est le sien, le commissaire aux comptes était mieux placé que quiconque pour découvrir les faits délictueux pénalement sanctionnés par la loi, « aussi dangereux pour la société...que les crimes pour la société humaine »[41]. Ils ont enfin fait état de l'aspect bénéfique que les commissaires aux comptes tirent pour eux-mêmes d'une telle obligation qui affermit leur autorité et grandit leur mission ».[42]

Le législateur communautaire a certainement dû trouver dans ces arguments des raisons de maintenir cette obligation de dénonciation à l'encontre du commissaire aux comptes. Quoi qu'il en soit, son principe même appelle deux remarques.

Tout d'abord, il peut arriver dans certains cas que les faits délictueux soient accomplis avec la complicité même du commissaire aux comptes. Se pose alors la question de savoir qui devra dénoncer ? Sauf à envisager l'hypothèse d'une auto-dénonciation, de tels actes de coaction ou de complicité risquent de rester impunis.

---

[39] DALSACE A., « Un texte à abroger : l'avant dernier alinéa de l'article 34 de la loi du 24 juillet 1867», cit.

[40]GOYET C., « La révélation des faits délictueux. Remarques sur une politique négociée de l'action publique», *JCP,* éd. CI, 1989, I, 3370.

[41] HEMARD J. ; TERRE F. ; et MABILAT P., *Sociétés commerciales*, tome II, Paris, Dalloz.1974, n°s 1016 et s

[42] PATIN M.1, CAUJOLLE P, AYDALOT M., et. ROBERT J.-M, *Droit pénal général et législation pénale appliquée aux affaires,* 4ème éd. Paris, PUF. p.426 ; BOULOC B., « La liberté et le droit pénal », cit. p.377 et s.

Ensuite, s'agissant de la responsabilité pénale et civile des commissaires aux comptes au cas où les faits révélés viendraient à ne pas constituer des infractions, on sait que dans la pratique, les poursuites ne débouchent pas forcément sur des condamnations. Il peut en effet arriver que les juges déclarent les personnes poursuivies non coupables des faits qui leur sont reprochés ou même que les faits à elles reprochés ne constituent pas des infractions. Dans ces conditions, on est en droit de se demander si les commissaires aux comptes ne courent pas le risque d'être poursuivis pour dénonciation calomnieuse. Impossibles à l'endroit des magistrats du parquet, de telles poursuites nous semblent parfaitement possibles à l'encontre du commissaire aux comptes. Ce dernier risque alors de se retrouver à la croisée de deux attitudes dont aucune n'exonère : en se taisant, il court le risque d'être poursuivi pour non-dénonciation ; en dénonçant, il risque également des poursuites pour dénonciation calomnieuse.[43]Que faire donc ? Mais c'est déjà s'interroger sur le domaine même de la dénonciation.

2) Les incertitudes relatives à l'étendue de la dénonciation

Le débat relatif au principe même de la dénonciation suscite des interrogations sur l'étendue de cette obligation et partant, met en relief les difficultés de la détermination de son champ d'application, d'une part et du délai dans lequel doit agir le commissaire aux comptes, d'autre part et partant, les difficultés relatives à la mise en œuvre de la responsabilité pénale du commissaire aux comptes.

a. Les faits concernés

Deux conceptions se sont depuis toujours partagé les faveurs de la doctrine quant à la détermination de l'étendue de la dénonciation à laquelle est tenu le commissaire aux comptes, l'une extensive, l'autre restrictive.

---

[43] Sur ce dilemme, v. LARGUIER J. et CONTE Ph., op.cit, n° 380 et s. ; Le délit de dénonciation calomnieuse consiste, spontanément et de mauvaise foi, à dénoncer une personne comme auteur de faits de nature à l'exposer à des sanctions pénales, administratives ou disciplinaires ; v..p.ex. art. 304, Code pénal camerounais.

Tirant argument du texte, une tendance maximaliste s'est ainsi constituée à propos de l'article 34 alinéa5 de la loi du 24 juillet 1867 pour soutenir que l'obligation édictée à l'encontre du commissaire aux comptes concernait *tous* les faits délictueux dont ce dernier avait pu avoir connaissance, « sans distinction de norme violée, d'auteur ou de lieu »,à condition toutefois qu'il ait acquis cette connaissance dans l'exercice de ses fonctions[44]. Le texte ne distinguant pas, selon cette tendance, il n'y a pas lieu de distinguer. Toutes les infractions doivent donc être révélées, qu'elles soient formelles (par exemple : délit d'omission de réunir l'assemblée générale ordinaire dans les six mois de la clôture de l'exercice) plus importantes comme l'abus des biens sociaux ou la banqueroute et plus généralement le droit pénal des sociétés puisque les délits susceptibles d'être connus par le commissaire aux comptes sont ceux qui ont un lien avec la vie sociale, c'est-à-dire qui concernent la structure de la société, ou les relations avec ses partenaires : délits relatifs au droit du travail, délits fiscaux, [45] délits douaniers[46]... même s'il n'est pas dans question de demander au commissaire aux comptes de procéder à un contrôle fiscal, dans l'esprit et avec les méthodes des contrôleurs de l'administration... à moins que les incidences révélées ne lui laissent supposer qu'une irrégularité a été commise[47].

Pour la tendance restrictive en revanche, la révélation doit se limiter aux faits délictueux ayant un rapport avec la constitution ou le fonctionnement de la société.[48]

---

[44] Cf. not. ROUSSELET et PATIN., *Délits et sanctions dans les sociétés par actions,* Paris, Rousseau, 1938, n°351 ; PATIN M., CAUJOLLE P., AYDALOT M., et ROBERT J.-M., op.cit, p.310 ; MASSON, « L'exercice par les commissaires aux comptes de leur mission de contrôle et de vérification », *Journ. Soc* 1937, p 385 et s ; également VIANDIER A., op.cit et réf. cit.

[45] MERCADAL B. et JAMIN P, *Sociétés commerciales,* Mémento pratique Francis Lefebvre, 1998, n° 2281

[46] STOLOWY N., la responsabilité pénale du commissaire aux comptes. Réflexions à propos des délits de confirmation d'informations mensongères et de non- révélation des faits délictueux », Rev. Sociétés, 1998, p 528

[47] Ibidem.

[48] CONSTANTIN L., et GAUTRAT P., *Traité de droit pénal en matière des sociétés,* Paris, Rousseau, 1937, n°662 ; CONSTANTIN L, *Droit pénal des sociétés par actions,*

Il nous semble qu'il faut faire appel au contexte de l'article 717 de l'AUDSGIE pour déterminer l'étendue de la révélation due par le commissaire aux comptes

Ce texte fait partie d'un ensemble de dispositions, les articles 710 à 717-1 qui traitent des obligations du commissaire aux comptes dans le cadre de la mission qui est la sienne. L'article 715 prescrit en règle générale au commissaire aux comptes l'information des dirigeants sociaux et, le cas échéant, du comité d'audit et la rectification à opérer par les dirigeants lorsque les irrégularités et inexactitudes découvertes sont susceptibles de régularisation. L'article 716 lui impose, quant à lui, de signaler à la plus prochaine assemblée, les irrégularités et inexactitudes relevées au cours de l'accomplissement de sa mission tandis que l'article 717 lui prescrit d'informer le procureur de la République si ces irrégularités et inexactitudes présentent un caractère délictueux. Dans cette optique, l'obligation de révélation au parquet apparaît comme la suite logique, voire le prolongement du devoir d'information des dirigeants sociaux et des associés. Dès lors les irrégularités et inexactitudes présentant un caractère délictueux que le commissaire aux comptes est tenu de révéler au parquet ne peuvent être que celles découvertes à l'occasion de sa mission dont la finalité est précisée à l'article 712. Selon ce texte en effet, « le commissaire aux comptes a pour mission permanente, à l'exclusion de toute immixtion dans la gestion, de vérifier les valeurs et documents comptables de la société et de contrôler la conformité de sa comptabilité aux règles en vigueur. Aussi, tout fait délictueux découvert dans le cadre de la mission dont la finalité est ainsi précisée devrait donc être révélé au parquet. Par l'utilisation de la formule « en raison de leurs fonctions », l'article 717 ns semble d'ailleurs militer en ce sens.

Par « faits délictueux », il faudrait donc entendre en définitive tous les délits commis à l'occasion du fonctionnement des organes de la société.

Paris, PUF, 1968 cit. p. 817 ; LARGUIER J., *Droit pénal des affaires,* 9ème éd. Paris, Armand Colin 1992 p.300.

C'est notamment le cas par exemple des infractions relatives à la tenue des assemblées générales et à l'exercice du droit de vote pour lesquelles l'obligation de révélation ne semble guère faire de doute. A été ainsi condamné un commissaire aux comptes ayant omis de révéler le défaut de réunion des assemblées générales ordinaires d'une société pendant trois exercices successifs . En l'espèce, les promesses de régularisation faites régulièrement par le président ont été considérées comme inopérantes[49].

De même, la révélation doit-elle incontestablement porter sur l'exercice même de la mission du commissaire. Ainsi en est-il en ce qui concerne le délit d'entrave édicté à l'encontre des dirigeants sociaux ou toute personne au service de la société qui font « ..., sciemment, obstacle aux vérifications ou au contrôle des commissaires aux comptes... »[50] .

Il ne fait guère de doute que la révélation devrait également concerner d'autres délits, à l'instar de la publication ou présentation des états financiers de synthèse ne donnant pas une image fidèle des opérations de l'exercice, de la situation financière et de la situation du patrimoine de la société[51], de la distribution de dividendes fictifs[52], ou encore de l'abus des biens ou du crédit de la société.[53]

Il est permis de se demander si la révélation peut s'étendre aux faits délictueux découverts dans une filiale de la société contrôlée. Le large pouvoir d'investigation que lui reconnaît l'AUDSGIE semble militer en ce sens. Mais dans la mesure où le fait délictueux est commis dans une société dont il n'est pas le commissaire, l'admettre reviendrait à l'investir

---

[49] TGI Paris, 11e ch. corr., 5 juil. 1993, *Bull. CNCC* n° 94, juin 1994, p. 265-271, note Ph. MERLE.

[50] Article 900, AUDSGIE ; Paris 28 avril. 1993, *Bull. CNCC* n° 92, déc. 1993, p. 504-515, note Du PONTAVICE E.

[51] Article 890, AUDSGIE.

[52] Article 889, AUDSGIE.

[53] Article 891, AUDSGIE.

d'une mission qui dépasserait le cadre de l'entité contrôlée[54] et partant, le substituerait au commissaire aux comptes de la filiale.

b) La connaissance par le commissaire aux comptes des faits délictueux

La mise en œuvre de la responsabilité pénale du commissaire aux comptes apparaît également difficile au plan technique. En effet, appelé à révéler le fait incriminé, il ne fait guère a priori de doute que le commissaire aux comptes doit avoir connaissance de son caractère délictueux, nonobstant les difficultés que suscite l'établissement de la preuve de cette connaissance.

Pour certains auteurs, la présomption de connaissance suffit : « il y a des choses qu'un professionnel ne doit ignorer… l'ignorance du fait ne sera pas davantage une cause de non-culpabilité, puisque le commissaire est là pour contrôler le fait »[55]. On en déduit que la seule hypothèse pouvant exonérer le commissaire aux comptes serait celle où l'exercice normal de ses fonctions ne lui permettrait pas d'avoir connaissance du fait répréhensible.

Cette conception de l'élément moral de l'infraction peut paraître gênante au regard de la présomption d'innocence. Aussi d'autres auteurs soutiennent-ils que l'accusation doit faire la preuve de la connaissance effective que le commissaire aux comptes a pu avoir du fait non révélé[56].

L'étude de la jurisprudence semble corroborer cette dernière conception. La Chambre criminelle de la Cour de cassation française a ainsi approuvé les juges du fond d'avoir relaxé un commissaire aux comptes après avoir constaté qu'« il n'est pas établi que durant l'année où le prévenu a été le commissaire aux comptes… il ait eu connaissance des

---

[54] V. notre thèse, *Le Projet de code des sociétés de l'UDEAC. Etude d'une réforme,* PARIS II (Panthéon-Sorbonne), 1989, spéc. n°775 ; dans le même sens, *Bull CNCC* n°83, sept.1991, p374-375

[55] En ce sens, LARGUIER J., *Droit pénal des affaires*, cit. p.300.

[56] GUYON Y., *Droit des affaires,* op.cit., n° 383, p. 387

faits délictueux dont la non-révélation…lui est reprochée… ce commissaire aux comptes a pu ignorer l'existence des infractions… »[57].

En insistant sur la notion de connaissance, a-t-on pu écrire, le texte exclut le commissaire négligent[58]. La Cour de cassation rappelle d'ailleurs à cet égard que la seule négligence dans l'exercice de la mission de vérification et de contrôle ne peut à elle seule caractériser l'infraction[59]. Comme le souligne le commentateur de cet arrêt, il convient de distinguer l'élément matériel et l'élément intentionnel du délit : « la connaissance des faits n'est que l'élément matériel. Ce qui constitue l'élément intentionnel, c'est seulement la décision prise par le commissaire aux comptes de dénoncer ou au contraire de ne pas révéler les faits délictueux ».

Cette analyse interdit de poursuivre un commissaire aux comptes qui avec une plus grande diligence dans l'exercice de sa mission aurait pu avoir connaissance des faits délictueux et les révéler au parquet.

De même, le commissaire aux comptes ne pourra être poursuivi que si et seulement si la preuve est faite qu'ayant eu connaissance des faits délictueux il ne les a pas révélés.[60] L'infraction n'est consommée que lorsque la non-révélation de faits délictueux dont le commissaire a eu connaissance a été faite *sciemment*. En application des principes du droit pénal, l'abstention n'est punissable que si elle est délibérée. L'abstention du commissaire aux comptes ne sera donc punissable que si et seulement si elle est délibérée. Autrement dit, il ne suffit donc pas que le commissaire aux comptes ait connaissance des faits délictueux. Il faudra

---

[57] Cass. Crim, 2mars 1983 (non publié).

[58] CHAUVIN M., *L'élément comptable dans le droit pénal des sociétés anonymes, cit.* p. 39 ; pour une vue d'ensemble ; DELHOMME M. et MULLER Y., C*omptabilité et droit pénal* (sous la dir. de), Paris, Litec, 2009 cit.

[59] Cass.crim., 8 avril 1991, Bull. CNCC. n°83, sept 1991, p369-370, note Du PONTAVICE E.

[60] Sur la nécessité de constater ce caractère intentionnel, v. not. Nancy, 29 juin 1982, Rev. sociétés 1982.240, note Du PONTAVICE E. ; Cass. crim., 21 mars 1983, Bull. CNCC, n°50, juin 1986, p.238, note Du PONTAVICE E.

encore que connaissant le caractère délictueux des faits découverts, il s'abstienne en toute conscience de les révéler au parquet.

On ne saura donc lui reprocher par exemple de n'avoir pas décelé des détournements de fonds et des détournements comptables commis par le comptable salarié de l'entreprise[61].

Cette solution a cependant été remise en cause en 2004 par un arrêt de la chambre criminelle de la Cour de cassation à un cas de complicité déduite de la non-révélation par le commissaire aux comptes des faits délictueux. Il s'agissait en l'espèce d'une société ayant à l'origine une activité de ventes d'automobiles et devenue avec le développement de ses activités, un groupe comprenant 38 sociétés et employant 600 personnes. Il vint à l'idée du dirigeant du groupe d'organiser un circuit de ventes fictives à l'exportation et d'obtenir du Trésor un remboursement de TVA, pourtant jamais payée, en produisant des déclarations mensuelles de chiffre d'affaires, appuyées de documents falsifiés, comptabilisant des crédits fictifs de TVA. La chambre criminelle sanctionne le commissaire aux comptes pour complicité par incuriosité[62].

L'on rappellera ici que la complicité exige que l'auteur de l'acte ait agi « *sciemment* »[63]. Or, dans le cas d'espèce, la Cour d'appel de Paris avait assimilé le rôle de l'expert-comptable et celui du commissaire aux comptes. Si le premier avait participé à l'établissement des comptes annuels, aux déclarations mensuelles de chiffre d'affaires taxables et aux attestations mensuelles de crédit de TVA et donc ne pouvait ignorer l'origine du flux important de trésorerie ni les distorsions existant dans les mentions du compte du seul fournisseur, il n'en était pas de même pour le commissaire aux comptes chargé seulement de vérifier la régularité des comptes.

---

[61] Rennes, 27 mai 1975, *Gaz. Pal.* 1975. 2. 525 ; *Rev. Sociétés,* 1976. 120, note GUYON Y.

[62] BOULOC B, « L'incuriosité du commissaire aux comptes, acte de complicité ? », *Dalloz,* 2007.1843.

[63] Cf. not. MERLE R., et VITU A., *Traité de droit criminel,* tome I, Paris, Cujas, 1984, n°s 558 et s ; BOULOC B, *Droit pénal général,* Précis Dalloz, 20e éd, n°s 333 et s ; PRADEL J., *Droit pénal général,* 18ème éd., Paris, Cujas, 2010, n°s 448 et s.

Par ailleurs, le commissaire aux comptes n'avait pas manqué d'appeler l'attention des juges sur le fait que, selon les experts, la fraude était indécelable et les contrôles inopérants. De plus, à deux reprises, l'administration fiscale dont les moyens d'investigation sont impressionnants avait eu à examiner la régularité des déclarations de TVA et n'avait relevé aucune anomalie. Comment un commissaire aux comptes pouvait-il avoir connaissance de l'escroquerie ourdie depuis 1993, selon les experts, alors que sa mission porte sur la régularité des postes comptables ? Il apparaît à l'évidence qu'il ne pouvait pas avoir connaissance de la fraude à la TVA réalisée par le dirigeant social, et a fortiori avoir voulu en faciliter la commission par la certification des comptes. Le défaut de curiosité vaut-il connaissance et volonté d'aider sans aucun autre indice ?

Eu égard en tout cas aux seules constatations effectuées par la Cour d'appel de Paris qui, statuant sur renvoi de cassation, a suivi l'indication implicitement formulée dans l'arrêt du 25 février 2004, la Cour de cassation a affirmé que le commissaire aux comptes avait certifié en connaissance de cause les comptes établis par le dirigeant social et/ou son expert-comptable. Mais cette connaissance suffisait-elle à établir la preuve de la volonté du commissaire aux comptes d'aider le dirigeant à continuer de commettre des escroqueries à la TVA ? La culpabilité du commissaire aux comptes pour non-révélation des faits délictueux peut justifier la solution retenue par les juges d'appel et de cassation. Mais au vrai, cette infraction était-elle légalement constituée et juridiquement établie ? Il est permis de s'interroger.[64]

Quoi qu'il en soit, le revirement opéré par la Chambre criminelle de la Cour de cassation française est critiquable en ce qu'il édicte à l'encontre du commissaire aux comptes une présomption de mauvaise foi et partant, une présomption de responsabilité pénale. Or, le commissaire aux comptes engage sa responsabilité pénale s'il s'abstient *délibérément* de révéler un fait délictueux dont il a connaissance à l'occasion de l'exercice

[64] Sur ces interrogations, BOULOC B., « L'incuriosité du commissaire aux comptes, acte de complicité », cit.

de sa mission. Un défaut de curiosité ne saurait le rendre systématiquement coupable de ce délit ou complice dans le cadre d'un délit commis par d'autres. La notion de complicité requiert la mauvaise foi. Celui qui aide ou assiste l'agent doit participer en connaissance de cause à l'infraction principale et savoir qu'il s'associait à une infraction déterminée[65]. La mauvaise foi ne se présume pas elle doit être prouvée. Les principes du droit pénal, comme la présomption d'innocence, la présomption de bonne foi doivent s'appliquer à tous les citoyens y compris aux professionnels hautement qualifiés que sont les commissaires aux comptes.

3) Les incertitudes quant au délai imparti au commissaire aux comptes pour agir

En incriminant la non- révélation des faits délictueux dont le commissaire aux comptes a connaissance, la loi n'a pas fixé de délai pour révéler. La révélation doit-elle intervenir dès que le commissaire aux comptes a connaissance du caractère délictueux des faits ou dans un délai raisonnable, en temps utile, mais de façon diligente ?

Il s'agit là d'une question de fait laissée à l'appréciation souveraine des juges du fond. Ainsi la Chambre criminelle de la Cour de cassation française a-t-elle pu juger que « se rend coupable du délit de non-révélation de faits délictueux, le commissaire aux comptes qui, ayant eu connaissance de la sous-évaluation des stocks de la société qu'il contrôlait le 21 juin 1978, ne dénonça le délit de présentation de bilan inexact au Procureur de la République que le 27 novembre 1978, soit cinq mois plus tard »[66]. La cour d'appel de Paris quant à elle a également eu à préciser qu'un délai de trois mois peut être jugé excessif...[67]

Dans le même ordre d'idées le commissaire aux comptes ne saurait être condamné sil résulte des circonstances qu'il était sur le point de

---

[65] MERLE R., et VITU A., Traité de droit criminel, tome 1 cit. et réf cit. ; BOULOC B. ; Droit pénal général, cit. et réf. cit. ; PRADEL J., Droit pénal général, cit. et réf. cit.

[66] Affaire Comptoir national du logement, Cass. crim. 8 févr. 1968, *Bull. crim.* n° 42, p. 95 ; Besançon 24 mai 1984 (*Bull. CNCC* n° 56, p. 480).

[67] Paris, 15 févr. 1979, *Bull. CNCC* n° 34, p. 197.

révéler, mais a été interrompu dans son projet par les poursuites pénales ou empêché par un obstacle grave telle la maladie.[68] Tout sera donc affaire de circonstances.

On ne manquera pas de faire remarquer que la politique criminelle appliquée ici n'est pas seulement répressive. Elle est et doit aussi être préventive. En attirant l'attention des dirigeants sociaux sur certains manquements, ces derniers sont amenés à les rectifier et, le cas échéant, à procéder à des régularisations.

Dès lors, le commissaire aux comptes doit-il révéler un fait délictueux même si celui-ci a été régularisé ? La question reste discutée[69]. De même en est-il pour ce qui concerne les irrégularités ou inexactitudes qui perdent le caractère délictueux du fait de la prescription. Il nous semble qu'une réponse affirmative s'impose : il n'y a pas lieu de distinguer là où l'article 716 ne distingue pas. Toutefois la révélation devrait dans ces deux hypothèses s'accompagner de la précision qu'une régularisation est intervenue ou que la prescription est intervenue.

En tout état de cause, il suffira que le commissaire aux comptes puisse déceler de la part des auteurs des irrégularités et inexactitudes, la volonté manifeste de nuire aux intérêts de la société ou des associés pour qu'il soit tenu de les révéler au parquet. C'est bien à lui en effet qu'il appartient d'apprécier le caractère délictueux des faits dont la révélation lui est imposée.

Mais cette appréciation peut-elle engager sa responsabilité, particulièrement si elle est erronée ? La réponse affirmative s'impose plaçant ainsi le commissaire aux comptes dans une situation peu enviable relevée d'ailleurs à propos de l'article 34 alinéa 5 de la loi du 24 juillet 1867 : révéler les faits qu'il considère comme délictueux et risquer d'engager sa responsabilité pour dénonciation calomnieuse ou ne pas dénoncer pour éviter ce risque et se rendre coupable d'abstention de dénoncer.

---

[68] CONSTANTIN L. et GAUTRAT P. ; op. cit n° 664

[69] *Bull. CNCC* n° 96, déc. 1994, p.757 et s

En tout état de cause, compte tenu des enjeux et surtout du caractère d'intérêt général des objectifs poursuivis par le droit pénal, le commissaire aux comptes apparaît en définitive comme un *« détecteur d'infractions »*[70], sa connaissance des délits devant servir le parquet dans son rôle de répression desdits faits. Mais il court le risque d'une condamnation pénale s'il est complaisant.

B L'INFRACTION AU DEVOIR DE VÉRITÉ

Parmi les missions confiées au commissaire aux comptes, la plus importante est sans aucun doute le contrôle des comptes de l'exercice. En effet, les commissaires aux comptes ont pour mission principale, rappelons-le, de contrôler les comptes de l'exercice. Mais la loi leur attribue, dans des cas nombreux, *des missions particulières qui sont le prolongement nécessaire de ce rôle principal.*[71] L'article 712 de l'AUDSGIE sus-évoqué ne traduit pas autre chose qui fait de la vérification des valeurs et des documents comptables de la société et du contrôler la conformité de sa comptabilité aux règles en vigueur, la mission permanente du commissaire aux comptes.

À la suite de ce contrôle, le commissaire aux comptes émet, conformément à l'article 710 de l'AUDSGIE, *« une opinion indiquant que les états financiers de synthèse sont réguliers et sincères et donnent une image fidèle du résultat des opérations de l'exercice écoulé ainsi que de la situation financière et du patrimoine de la société à la fin de cet exercice ».* Dans le cadre de son devoir d'information, il dispose dans son rapport à l'assemblée générale ordinaire d'une triple option : soit il certifie la régularité et la sincérité des états financiers de synthèse, soit il assortit sa certification de réserves, soit il refuse de certifier. Dans les deux dernières hypothèses, il doit préciser les motifs de ses réserves ou de son refus.

Garant de la qualité de l'information de la société, investi d'une mission d'intérêt général, le commissaire aux comptes engage sa responsabilité civile et pénale, en délivrant, dans ses rapports, des

---

[70] V.. VIANDIER A. ; op.cit .réf. cit.

[71] GUYON Y., *Droit des affaires,* Tome 1, 7e éd., Paris, Economica,1992, p.388 et s.

informations qui seraient mensongères. En les accréditant, il met en effet en péril la confiance que les associés, mais aussi les tiers lato sensu, doivent accorder à toute société pour son bon fonctionnement.[72]

La violation de l'obligation de ne pas mentir débouche sur le délit d'informations mensongères. Comme l'obligation de révélation des faits délictueux, cette obligation est pénalement sanctionnée. Encourt en effet une sanction pénale selon l'article 899 de l'AUDSGIE, *tout commissaire aux comptes qui, soit en son nom personnel, soit au titre d'associé dans une société des commissaires aux comptes, donne ou confirme sciemment des informations mensongères sur la situation de la société.* Mais la détermination de ce délit se heurte en pratique à une double difficulté qui est relative à l'établissement de l'existence d'une information mensongère se rapportant à la mission du commissaire aux comptes, d'une part (1) et à la communication de cette information aux associés et aux tiers, d'autre part (2).

1. L'existence d'une information mensongère

Établir le caractère mensonger n'est pas chose aisée. Le texte de l'article 899 de l'AUSDGIE n'est pas davantage précis sur le contenu de l'information mensongère[73]. Il en est de même pour la loi française du 24 juillet 1966 qui l'a inspiré[74]. Pourtant « l'information donnée ou confirmée se trouve au cœur du délit précisément destiné à garantir la fiabilité de l'information dûment contrôlée et partant, à maintenir la confiance de ses destinataires »[75].

Pour certains auteurs, le caractère mensonger doit être entendu strictement. À l'appui de leur thèse, la situation comptable et financière

---

[72]V. dans ce sens, MULLER Y., « La protection du contrôle », in DELHOMME M. et MULLER Y. *(Sous la direction de),* op.cit., p. 201-202.

[73]SOCKENG R., *Droit pénal des affaires OHADA,* 1ère éd., Presses MINSI Le COMPETING, 2007, p. 120.

[74] MONEGER J. ; et GRANIER T, « Le Commissaire aux comptes », *Dalloz,* 1995, n°683, P.179.

[75] MULLER Y. ; « La protection du contrôle », in DELHOMME M. ; et MULLER Y. ; *(Sous la direction de),* cit., n°389.

de la société que le législateur aurait eue en vue. Dans cette optique, l'information concernée est celle qui doit être donnée par le commissaire aux comptes dans ses rapports à l'assemblée générale, sur la situation de la société, l'objet du rapport n'étant pas autre chose que la situation comptable et financière.[76] Seraient donc naturellement visées : « les informations que le commissaire aux comptes est légalement tenu de porter à la connaissance des dirigeants de la société, de ses actionnaires ou des tiers désignés par la loi »[77]. Dès lors se rend coupable du délit de confirmation d'information mensongère, le commissaire aux comptes qui certifie, sans réserve, les comptes annuels de la société lors de l'assemblée générale des actionnaires alors même qu'il savait les stocks sous-évalués.[78]

Cette thèse, pour séduisante qu'elle soit, ne fait pas pour autant l'unanimité. D'autres auteurs lui font en effet trois reproches majeurs. Tout d'abord, en l'absence de précisions de la loi dans ce sens, soutiennent-ils, il n'y a pas lieu de limiter le contenu de l'information incriminée aux seules informations financières. Ensuite, objectent-ils, restreindre le contenu de l'information concernée de la sorte entraîne *des distinctions délicates sur la nature financière ou non de l'information et contredit par ailleurs les dispositions légales en ce qui concerne la procédure d'alerte. Enfin, comme la loi, la jurisprudence ne restreint pas le contenu de l'information pas,*[79] il faut donc en déduire qu'elle semble plutôt favorable à une acception large de la notion d'information[80].

Au vrai, la question s'est posée d'étendre le champ d'application du délit aux informations données ou confirmées hors la mission légale du commissaire aux comptes, dans le cas, par exemple, d'une certification

---

[76] LARGUIER J., *Droit Pénal des Affaires*, 9ème éd., Paris, Armand Colin, 1992, p.345.

[77] V. dans ce sens, Du PONTAVICE E. note sous Cass. Crim., 8 avril. 1991, Bull. CNCC 1991, n°83, p.363 ;
BARADERIE D. ; note sous Cass. Crim., 8 avr1991 cit. Bull. Joly 1991, p. 710.
Rev. Sociétés 1992, p. 776 et s. note BOULOC B.

[78] Cass crim., 8 avr 1991. cit.

[79] STOLOWY N., « La responsabilité pénale du Commissaire aux Comptes », in *Revue des sociétés,* Juillet-Septembre 1998, p.525et s.

[80] En ce sens, BOULOC B. ;, note sous Cass.crim. 15 mai 1997, *Revue des sociétés 1998,* Chron. p. 135.

conventionnelle des comptes intermédiaires à l'occasion d'une cession de titre[81]. La jurisprudence s'est prononcée dans le sens d'une extension qu'elle justifie par le caractère permanent de la mission de vérification des commissaires aux comptes.

Dans la célèbre affaire AMREP, la chambre criminelle[82], a ainsi affirmé que les commissaires aux comptes assument, d'une façon générale, la responsabilité de la sincérité des informations contenues dans les documents qui leur sont soumis. Le délit est, dans cette affaire, retenu à l'encontre de commissaires aux comptes de la société holding AMREP faisant appel public à l'épargne qui avaient accepté de certifier les comptes individuels et consolidés sans effectuer des contrôles au niveau des filiales et sans prendre l'attache de confrères commissaires des filiales alors qu'ils déclaraient dans leur rapport à l'assemblée générale avoir procédé aux contrôles « en faisant application des normes professionnelles généralement admises ».

Bien que la doctrine dominante soit en faveur d'une acception large du contenu de l'information, les défenseurs des deux thèses s'accordent sur l'exigence d'une information précise. L'information ne saurait donc en aucun cas consister en de vagues pronostics concernant l'avenir de la société[83].

2. La transmission de l'information mensongère et la nécessité d'une intention coupable

La transmission matérielle de l'information mensongère est nécessaire à la réalisation de l'infraction. Elle est établie lorsque dans son rapport général ou ses rapports spéciaux selon le cas, à l'assemblée générale des associés, le commissaire aux comptes donne ou confirme les mensonges des dirigeants sociaux.

---

[81] Cass. com., 1er déc. 2006 : *Bull. Joly* 2006, § 205, note BARBIERI J.-F.

[82] Cass. crim., 2 avr. 1990 : *Rev. sociétés* 1990, p. 461 et s. note BOULOC B. ; 2 févr. 2000, *Bull. Joly Sociétés,* juin 2000, § 130, p. 595 et s, note PASQUALINI F. ; et PASQUALINI-SALERNO. ; 12 janv. 198.1 *Dalloz.* 1981, p. 348, note COSSON J. ; *JCP* 1981, II, 19660, note GUYON Y.

[83] DELMAS-MARTY M. ; *Droit Pénal des Affaires,* Paris, PUF, 1981, p. 412

Par ailleurs, le silence peut *« être considéré comme une forme d'expression du mensonge dès lors qu'il est éloquent »*[84]. En effet, dès lors que le silence ou l'abstention équivaut à une affirmation, l'infraction peut être considérée comme réalisée. C'est le cas de l'abstention du commissaire aux comptes face à un bilan manifestement inexact couvrant les malversations des dirigeants de la société[85]. Par contre, le refus du commissaire aux comptes de certifier un bilan ne saurait être considéré comme la fourniture ou la confirmation d'une information mensongère et partant, engager sa responsabilité pénale[86]. Le délit de confirmation d'informations mensongères n'existe que si l'auteur des informations a eu connaissance du caractère inexact de celles-ci[87]. Cette recherche de l'intention frauduleuse permet d'éviter une répression *systématique.* La jurisprudence relève d'ailleurs à cet égard la nécessité de l'intention coupable en exigeant l'établissement de la preuve que le commissaire aux comptes connaissait le caractère mensonger des informations en cause[88].

C'est dans cette logique que s'inscrit l'article 899 de l'AUDSGIE qui précise que les informations doivent avoir été données ou confirmées *sciemment. C'est notamment le cas, lorsque le commissaire aux comptes donne sa caution à des comptes inexacts et à des situations financières entachées d'irrégularités.*[89] Bien que cette exigence de la mauvaise foi ait souvent été rappelée de manière générale par les juges pour retenir l'infraction, il convient également de relever pour le déplorer que cette mauvaise foi est parfois déduite du statut de professionnel du

---

[84] Douai, 11 juin 1974, *Bull. CNCC,* 1974.15, p 291 ; Paris, 15 février 1979, *Bull CNCC,* 1979
.34, p.197

[85] Paris, 15 février 1979, *Bull. CNCC,* 1979.34.p 197 cit.

[86] Ibid.

[87] Cass. Crim. 2 avril 1990 n° 142, *Revue des Sociétés* 1990, p.461.

[88] Cass.crim., 26 mai 1986, *Bull. CNCC,* mars 1987, n°65, p.83 ; Cass.crim., 12 janvier 1981, *Dalloz,* note COSSON. En l'espèce, les juges avaient conclu que le prévenu, en sa qualité de commissaire aux comptes, avait sciemment confirmé des informations mensongères en certifiant la régularité et la sincérité du bilan dont il connaissait l'inexactitude

[89] Cass. crim, 2 avril.1990, *Rev..Sociétés* 1990,467, note BOULOC B. ; *Dalloz.* 1990, IR.141

commissaire aux comptes[90]. Une telle approche est critiquable en tant qu'elle contrarie la présomption d'innocence.

En fin de compte et pour éviter d'engager sa responsabilité pénale, le commissaire aux comptes doit nécessairement parler. N'est-ce pas trop exiger d'une personne par ailleurs tenue au secret professionnel ?

II.- L'obligation de ne pas faire pénalement sanctionnée : le respect du secret professionnel

Dans l'exercice de son activité, le commerçant ou la société commerciale est amené à communiquer volontairement *son* secret ou *certains éléments* de celui-ci à des personnes, qui de par leur profession, sont appelées à entrer dans la confidence de ses affaires. Et le respect du secret des affaires dont l'importance n'est plus à démontrer[91] s'impose à ces personnes. Le secret dont il s'agit concerne un fait qui n'est pas de notoriété publique et dont la divulgation peut être préjudiciable à l'honneur, à l'intérêt ou à la délicatesse de celui qu'elle concerne ou alors un fait déjà connu du public si la confirmation lui donne un caractère de certitude et de précision qu'il n'avait pas auparavant[92]. De manière générale, le délit de violation du secret professionnel concerne un *secret,* confié aux *« confidents nécessaires »,* c'est-à-dire, *en raison de la profession de ceux qui l'ont reçu.* De manière générale, le droit au secret des affaires ne se manifeste pas tant activement par la possibilité pour son titulaire de s'opposer à sa divulgation que passivement par l'obligation faite à chacun de respecter le secret d'autrui[93]. La préservation de ce secret impose alors de mettre à la charge de ceux qui en auraient connaissance une obligation de non-divulgation.

---

[90] En ce sens, LARGUIER J. ; et CONTE Ph., op.cit, n°384.

[91] Le secret a dans l'espace OHADA, comme ailleurs, non seulement une valeur socioculturelle, mais également une finalité économique, la limitation de la concurrence. V not. NGO NDJIGUI R.-Y., *Le secret des affaires dans le droit des pays de l'espace OHADA et en droit français,* Thèse Droit, Université d'Evry-Val-d'Essone, 2005.

[92] V. en ce sens, Crim.12 avr.1951.*Dalloz*.1951.363 ; 24 janv.1957.*Dalloz*.1957.298 ; *Gaz. Pal.*1957.I.412

[93] Pour une vue ensemble v. VOUDWE BAKREO., *L'exigence de transparence des sociétés commerciales dans l'Espace OHADA,* Thèse, Université de Ngaoundéré, 2013.

C'est dans cette optique que s'inscrit l'obligation de respecter le secret professionnel que l'article 717 de l'AUDSGIE met à la charge du commissaire aux comptes et de ses collaborateurs « ... pour les faits, actes et renseignements dont ils ont pu avoir connaissance en raison de leurs fonctions », [94] en raison du caractère essentiel que revêtent ces informations. L'étendue de cette obligation rigoureuse de confidentialité justifiée tant par la protection des intérêts patrimoniaux de l'entité contrôlée[95] que par le maintien de la dignité du commissaire aux comptes lui-même pour certains,[96] mérite d'être précisée, car sa violation peut, dans certaines circonstances être constitutive d'une faute susceptible d'engager la responsabilité pénale du commissaire aux comptes, les sanctions étant laissées à l'appréciation des États parties.

---

[94]Sur l'ensemble de la question, v.not. *Rép. Pénal Dalloz,* V° Secret professionnel ; GULPHE P. ; « Le secret professionnel en droit français », in *Le secret et le droit,* Travaux de l'Association H. CAPITANT, Dalloz, 1974, p. 105 et s ; WISNER, « Le secret professionnel des commissaires de sociétés et la Commission des Opérations de Bourse », *Rev.Economie et comptabilité,* juin 1970, 5345 et s ; PACLOT Y., « Les diverses facettes du secret des affaires », *Rev.Dr. et patr.,* n° 102, mars 2002, p.71), De BERMOND de VAULX J.M., « Le secret des affaires à l'épreuve des mesures de prévention des difficultés des entreprises », *JCP. E,* 1995, n°40, p.493).
« Le secret professionnel »,*Conférence des bâtonniers,* colloque du 22 nov. 2000, *Petites Affiches,* 20 juin 2001 ; PY B., « Le secret professionnel : croissance ou déclin ? », *AJ Pénal,* 2004, p.76 et s ; FLORIOT R. ; et COMBALDIEU R. ; *Le secret professionnel,* Flammarion, 1973, ; FRISON-ROCHE M.-A. *(dir.), Secrets professionnels,* Autrement Essais, 1999 ; KAYSER P. ; *La protection de la vie privée par le droit,* 3ème éd. Paris, Economica,1995 ; MALLOL F., *Le secret professionnel : transparence et confidentialité dans la vie publique et privée,* éd. Sorman, 2000 ; OTTENHOFF R. ; *Pouvoirs, transparence et secret,* Paris, Seuil, 2001, n°97 et s ; ALT-MAES F. ; « Un exemple de dépénalisation : la liberté de conscience accordée aux personnes tenues au secret professionnel », *Rev. Sc. Crim,* 1998.301 ; ARRIGHI DE CASANOVA J., « Le respect du contradictoire et les secrets protégés par la loi », *Petites affiches,* 16 fév. 2000, n°33, p. 15 ; AUVRET P. ; « Secret professionnel et liberté d'expression du journaliste au regard de l'article 10 de la CEDH », *Petites Affiches,* 30 juil. 1997, n°91, p. 3.

[95] Com. 14nov.1995, *Bull. civ.*IV, n°263 ; *JCP* 1996. I. 3916, n°4, obs. VIANDIER A. et CAUSSAIN J.-J ; *Bull CNCC* 1995, p.519, note Merle Ph. ; *Rev. sociétés.*1996.286, note GRANIER T. ; *Dr. sociétés* 1996, n°4, note BONNEAU T. ; *Petites Affiches,* 3avr 1996, n°41, p.19, note PASQUALINI-SALERNO F.

[96] VIANDIER A., *Droit comptable,* Paris, Dalloz, 1993, n°151.

A. L'étendue de l'obligation

L'article 717 de l'AUDSGIE interdit au commissaire aux comptes et à ses collaborateurs la divulgation de *faits, actes et renseignements* reçus à l'occasion de leurs fonctions. Aussi, aux précisions nécessaires concernant l'étendue de cette obligation de discrétion quant aux personnes concernées s'ajoutent les interrogations relatives à la détermination des *faits, actes et renseignements* couverts.

1- Les personnes concernées

A priori la question de la détermination des personnes tenues par le secret professionnel aux termes de l'article 717 de l'AUDSGIE ne devrait pas soulever pas de difficulté particulière. En effet, de par la formulation même de ce texte qui vise expressément le *commissaire aux comptes et ses collaborateurs* », il ne fait pas de doute que la personne principalement tenue au secret professionnel est le commissaire aux comptes agissant à titre personnel, en qualité d'associé ou de salarié d'une société de commissaires aux comptes. En second lieu sont concernés les collaborateurs du commissaire aux comptes. La question ne pourrait donc susciter de difficultés qu'au regard des personnes concernées au titre de « collaborateurs » du commissaire aux comptes, mais la généralité de la formulation de l'article 717 sus-évoqué permet d'entendre le terme largement. Il faut donc entendre par collaborateurs du commissaire aux comptes, tous ceux qui, à un titre quelconque, lui apportent leur concours dans l'exercice de ses fonctions.

Il n'y a pas lieu ici de s'interroger sur la question de savoir si les collaborateurs et experts sont passibles ou non de sanctions pénales en cas de violation de leur obligation au secret professionnel, puisqu'ils sont expressément visés par l'article 717.

La question a en effet alimenté le débat en France. Certains ont considéré qu'en application du principe d'interprétation stricte de la loi pénale, les collaborateurs et experts du commissaire aux comptes, n'étant pas expressément visés par L. 822-15 alinéa 1er du Code de commerce, ne pouvaient encourir les mêmes sanctions pénales que ce dernier en cas de non-respect du secret professionnel. Seule ne pouvait être recherchée que leur responsabilité civile[97] d'autant plus, soutiennent-ils, que ce texte fait état d'une obligation au secret professionnel qui se distingue de la simple obligation de discrétion - à laquelle seraient tenus les collaborateurs et experts du commissaire aux comptes - par l'existence d'une sanction pénale.

Pour d'autres en revanche, s'il est impossible de rechercher la responsabilité pénale des collaborateurs du commissaire aux comptes dans le cadre de l'obligation à laquelle est astreint ce dernier dans l'exercice de ses fonctions sur le fondement de l'article L. 820-5 du code de commerce, il est possible de la mettre en œuvre sur le fondement de l'article L.226-13 du Code pénal. Ce texte incrimine la violation du secret professionnel de manière générale et partant, vise toute personne dépositaire soit par état ou par profession, soit en raison d'une fonction ou d'une mission temporaire, d'une information à caractère secret[98]. Au demeurant, lorsque le collaborateur ou l'expert en cause est un expert-comptable, ajoutent les défenseurs de cette thèse, il est tenu au secret professionnel par un texte particulier.

Quoi qu'il en soit, étant tous tenus au secret professionnel, le commissaire aux comptes et ses collaborateurs encourent les mêmes sanctions pénales dans l'Espace OHADA, sanctions dont la détermination est laissée à l'appréciation des États parties.

2. Les informations couvertes par le secret professionnel

Pour qu'il soit retenu à l'encontre du commissaire aux comptes, il faut donc d'abord que soit en cause une information confidentielle. La jurisprudence a eu l'occasion de préciser qu'il fallait entendre par information confidentielle, tout élément, quel qu'il soit, que les commissaires aux comptes, leurs experts et collaborateurs, ont « *pu voir,*

---

[97]En ce sens, BARBIÈRI J.-F., *Commissariat aux comptes,* Paris, Dalloz. 2008, § 50, p. 28.

[98] V. not. *Mémento Audit et commissariat aux comptes* 2007-2008, n° 13655 ; GUYON Y. et COQUEREAU G. ; *Le commissariat aux comptes. Aspects juridiques et techniques*, paris, Litec, 1971, n° 405, p. 298.

entendre, comprendre ou même déduire » dans l'exercice de leurs fonctions[99] peu important, au demeurant, que cet élément soit déjà connu du public[100]. Cette appréhension extensive de la notion de « *secret* » professionnel semble incompatible avec l'obligation qu'a le commissaire aux comptes de porter à la connaissance du procureur de la République, celles des informations dont il a connaissance dans l'exercice de sa mission et qui lui paraissent constitutives de faits délictueux. Mais quoi qu'il en soit, pour que l'information en cause soit confidentielle au sens de l'article 717 AUSCGIE, il faut qu'elle ait été acquise par le commissaire aux comptes à « *l'occasion de ses fonctions* », ce qui à première vue restreint significativement les contours du secret professionnel. Les informations couvertes par le secret seraient donc dans cette optique, essentiellement relatives aux comptes et à la situation comptable et financière de l'entité contrôlée. Mais la généralité des termes de l'article 717 de l'AUDSGIE permet d'embrasser *tous* les faits connus par le commissaire aux comptes à l'occasion de ses fonctions, ce qui exclut nécessairement les faits dont le commissaire aux comptes aurait connaissance autrement qu'à raison de ses fonctions. Il va de soi que ne sauraient être considérés comme connus à « *l'occasion de ses fonctions* », les faits que le commissaire aux comptes apprendrait de manière fortuite, à l'occasion, par exemple, de sa vie privée, quand bien même ces faits se rapporteraient à la situation financière et comptable de l'entité contrôlée par ailleurs. Des difficultés ne manqueraient d'ailleurs pas de se poser quant à l'établissement de la preuve de l'origine des informations dans cette hypothèse qui apparaît, somme toute, résiduelle.

Ensuite, pour être incriminable, le bénéficiaire de la révélation doit être une personne à qui le secret professionnel est opposable. Cette deuxième exigence nécessaire à la caractérisation de l'infraction renvoie à la question de la détermination du destinataire de l'information en cause. Ainsi, lorsque l'information est transmise à des personnes qui doivent en

---

[99]Trib. civ. Pau, 20 juin 1925, *Gaz. Pal.* 1925. 2. 723 ; Crim. 17 janv. 1933, *DP* 1933. 133.

[100]En ce sens, Crim. 27 juin 1931, S. 1932. 1. 37 ; *Études juridiques CNCC* avec la collaboration de JEANDIDIER W. n° 4, 1994, p.11 et s.

toute hypothèse la recevoir parce qu'elles en sont les bénéficiaires ou les destinataires-naturels-, il n'y a pas à proprement parler de « *confidentialité* » ou de « *secret* » : l'infraction ne saurait être caractérisée. Il en est ainsi de l'entité contrôlée, puisque, par définition, le secret professionnel n'existe que dans son intérêt[101]. Le législateur communautaire a d'ailleurs expressément prévu la transmission, par le commissaire aux comptes, d'informations à certains organes de l'entité contrôlée. Ainsi l'article 713 de l'AUDSGIE lui impose-t-il de révéler à l'assemblée générale annuelle, les irrégularités et inexactitudes relevées au cours de l'exercice de sa mission. Dans le même ordre d'idées, l'article 715 AUDSGIE l'oblige encore à porter à la connaissance des dirigeants sociaux et, le cas échéant, du comité d'audit, son programme général de travail mis en œuvre. Le rapport à dresser à cet égard par ses soins doit notamment indiquer en même temps que les contrôles et vérifications auxquels il a procédés, les différents sondages auxquels il s'est livré ainsi que leurs résultats, les modifications qui lui paraissent devoir être apportées aux comptes devant être arrêtés ou aux autres documents comptables. C'est dans cette même optique que s'inscrivent toutes observations utiles qu'il doit faire sur les méthodes d'évaluation utilisées pour l' établissement des comptes et qu'il doit signaler les irrégularités, les inexactitudes découvertes, et les conclusions auxquelles conduisent les observations et rectifications éventuelles sur les résultats de l'exercice comparés à ceux de l'exercice précédent[102].

De même la violation du secret professionnel ne saurait-elle être caractérisée si l'information est transmise à d'autres commissaires aux comptes, lorsqu'une personne morale établit des comptes consolidés, les commissaires aux comptes des entités concernées tant libérés du secret professionnel les uns à l'égard des autres ou encore si les bénéficiaires de la divulgation sont les collaborateurs du commissaire aux comptes (secrétaires, assistants, salariés ou non), experts ou confrères choisis pour

---

[101]Com. 14 nov. 1995, *Bull. civ.* IV, no 263, JCP 1996. I. 3916, décidant que le commissaire aux comptes ne peut invoquer le secret professionnel pour faire obstacle à toute action en responsabilité dirigée contre lui menée par l'entité contrôlée.
[102]TGI Paris, 6 déc. 1999, Bull. CNCC n o 118, 2000, p. 210, note MERLE Ph.

l'assister. Ces derniers sont d'ailleurs eux-mêmes tenus par le secret professionnel.

Dans le même ordre d'idées, le commissaire aux comptes ne saurait être lié par le secret professionnel à l'égard de ses associés, dans l'hypothèse où il ne cherche pas à nuire à l'entité contrôlée et reste dans les limites de son rôle [103] en fournissant à ces derniers dans ses rapports généraux et spéciaux destinés à les éclairer sur tout ce qui a trait à la situation de la société, les informations pour lesquelles ils pourraient, somme toute, prendre connaissance dans le cadre de l'exercice du droit de communication que leur reconnaît l'AUDSGIE. Mais il va de soi qu'il en serait différemment dans le cas contraire où la divulgation peut même s'avérer dangereuse notamment si parmi les associés se trouvent des concurrents.[104]

En revanche, le commissaire aux comptes peut opposer le secret professionnel aux tiers. Par tiers ici, il faut entendre toute personne autre que l'entité contrôlée : concurrents, créanciers, notamment le (s) banquier (s), anciens dirigeants révoqués, etc.

Le commissaire aux comptes peut également opposer le secret professionnel aux associés ou à tout autre membre de l'entité contrôlée lorsque ces derniers souhaitent obtenir de lui des informations à titre personnel[105].

De même le commissaire aux comptes peut-il encore opposer le secret professionnel à des confrères qui contrôlent une société n'appartenant pas au périmètre consolidé[106], ainsi qu'aux autorités administratives au premier rang desquelles figurent les administrations fiscale et douanière. Tout au plus, ces administrations pourraient-elles obtenir de lui la même

---

[103] En ce sens, GAVALDA Ch., « Le secret des affaires », in *Mélanges R.SAVATIER,* Paris, Dalloz, 1964, p 291 et s

[104] CONSTANTIN L. ; et GAUTRAT P. ; *Traité de droit pénal en matière de sociétés»,* Paris, Rousseau, 1937, n°s 669 et s

[105] V. not. CONSTANTIN L., *Droit pénal des sociétés,* cit. p.30 et s.

[106]En ce sens, « La responsabilité pénale des commissaires aux comptes », *Études juridiques CNCC,* avec la collaboration de JEANDIDIER W.. cit. n° 86.

information que celle à laquelle ont droit les associés et, contenue dans ses différents rapports à l'assemblée.

B. La divulgation du secret professionnel par le commissaire aux comptes

Les circonstances de la divulgation interdite (1) peuvent être de nature à engager ou non la responsabilité du commissaire aux comptes. La violation de l'obligation au secret professionnel par le commissaire aux comptes n'est sanctionnée pénalement que lorsque le secret est divulgué sciemment. Il n'en va pas de même lorsque ce dernier est amené ou autorisée soit par la nécessité légale à le divulguer (2).

1. La divulgation interdite

La divulgation interdite concerne l'hypothèse où le commissaire aux comptes divulgue, sans justification aucune, les informations dont il a connaissance à l'occasion de ses fonctions et qu'il doit garder confidentielles. Dans ce cas, sa responsabilité peut être engagée[107].

La mise en œuvre de cette responsabilité peut cependant s'avérer délicate dans la mesure où l'AUDSGIE ne prévoit pas de délit spécifique et encore moins de sanction en cas de manquement du commissaire aux comptes à l'astreinte au secret professionnel que l'article 717 édicte à son encontre.

Faut-il en déduire que la répression du délit est un vœu pieux ? Tant s'en faut. Le recours au secret professionnel de manière générale pour la caractérisation de l'infraction s'impose. Il suppose que soient réunis ses éléments constitutifs. Dans cette optique, l'élément matériel qui caractérise le délit de violation du secret professionnel par le commissaire aux comptes est la divulgation. En raison de la nature de l'acte de divulgation, le délit de violation du secret professionnel constitue une infraction instantanée et formelle. La tentative de divulgation qui n'est

---

[107] ANOUKAHA F., « Infractions relatives au contrôle de gestion », in *Encyclopédie du droit OHADA* (sous la direction de) POUGOUE P.-G., Paris, Lamy, 2011, n°23.

par ailleurs pas incriminée par un texte spécifique ne saurait donc à cet égard être punissable.

L'élément moral de l'infraction quant à lui, réside comme tous les délits, dans le dol général qui consiste ici dans la conscience qu'a le commissaire aux comptes de révéler une information confidentielle et dans la volonté de commettre l'infraction. Il va de soi lorsque le commissaire aux comptes est de bonne foi que sa culpabilité ne saurait être retenue[108]. Il appartiendra en tout cas aux autorités ou aux personnes qui entendraient déclencher des poursuites et obtenir une condamnation à son encontre de prouver la matérialité desdits faits et la volonté du commissaire aux comptes de violer son obligation au secret professionnel.

Mais le commissaire aux comptes en question ne saurait être considéré comme auteur de l'infraction de violation du secret professionnel du seul fait que la preuve serait établie que l'information proviendrait de son cabinet. Une autre personne pourrait fort bien être l'auteur matériel des révélations. Devraient alors se poser des questions relatives à l'origine exacte des informations publiées. La question ne devrait pas susciter de difficultés particulières puisque cet auteur peut être considéré comme le collaborateur du commissaire aux comptes astreint, comme ce dernier au respect de l'obligation au secret professionnel.

Des difficultés sérieuses ne manqueraient pas de survenir dans l'établissement de la responsabilité, pénale ou civile, dans toutes les hypothèses où le commissaire aux comptes partagerait les informations confidentielles avec d'autres. Mais elles devront être résolues par les juges du fond.

Plus délicate en revanche est la question de la sanction applicable.

Il faut donc se référer aux différentes législations des États parties pour ce qui est de sa détermination. La principale conséquence est la variabilité de cette sanction d'un État à l'autre. Mais peut-on s'en étonner lorsque l'on sait qu'un tel recours s'inscrit parfaitement dans l'option générale des rédacteurs des Actes Uniformes de dépecer le droit de punir en

[108] TGI Paris, 13 juin 2001, *Bull. CNCC* n° 124, 2001, p. 136.

imposant le recours aux textes nationaux pour y déceler les sanctions applicables aux incriminations édictées ?

À titre d'exemple, contrairement à son homologue sénégalais,[109] le législateur camerounais n'a pas prévu de sanction spéciale[110]. Aussi y est-il coutume de convoquer les dispositions de l'article 310 du Code pénal, en cas de violation par le commissaire aux comptes du secret professionnel. Ce texte prévoit un emprisonnement de trois mois à trois ans et une amende de 20.000 à 100.000 francs ou l'une de ces deux peines seulement à l'encontre de celui qui « révèle sans l'autorisation de celui à qui il appartient un fait confidentiel qu'il n'a connu ou qui ne lui a été confié qu'en raison de sa profession ou de sa fonction ». On ne manquera pas de relever que si la peine d'emprisonnement paraît affligeante, l'amende quant à elle semble en revanche dérisoire et pas véritablement de nature à dissuader le professionnel qu'est le commissaire aux comptes de ne pas parler.[111] Mais quoi qu'il en soit, le commissaire aux comptes pourra toujours être délié du secret professionnel

Mais la dissuasion pourra toujours se réaliser, le cas échéant, à travers les peines complémentaires prévues par des textes spéciaux qui organisent la profession de commissaire aux comptes[112] notamment l'avertissement, le blâme l'interdiction professionnelle et surtout la publicité de la condamnation, etc.

2. La divulgation imposée et justifiée

Le respect du secret professionnel ne peut être exigé du commissaire aux comptes dans les cas où la loi impose ou autorise sa révélation. La

---

[109]V. la loi n°98-22 du 26 mars 1998 relatives aux sanctions pénales applicables aux infractions contenues dans l'AUDSGIE.

[110] V.loi n°2003/008 du 10 juillet 2003 relative à la répression des infractions contenues dans certains Actes Uniformes *OHADA,*

[111] Certains pays prévoient des amendes plus dissuasives. C'est notamment le cas en France où l'article L. 820-5 du Code de commerce renvoie aux peines applicables en cas de violation de cette exigence aux articles 226-13 et 226-14 du code pénal, c'est-à-dire, à un emprisonnement de un an et une amende de 15 000 €.

[112] V. par ex Code de déontologie de l'Ordre des Experts comptables du Cameroun ou Code éthique1ère édition, 1997.

violation du secret professionnel par le commissaire aux comptes est ainsi justifiée par le législateur à l'égard de certaines autorités publiques. On rappellera à cet égard que l'article 716 alinéa 2 de l'AUDSGIE exonère le commissaire aux comptes de toute responsabilité pénale lorsqu'il révèle au procureur de la République, les faits délictueux dont il a connaissance dans l'exercice de sa mission.

La levée du secret professionnel peut être justifiée à l'égard de la juridiction compétente dans le cadre de la procédure d'alerte que prévoit l'AUDSGIE aux articles 150 et suivants.

De même en est-il en ce qui concerne les informations que le commissaire aux comptes est tenu de transmettre à l'Autorité des marchés financiers[113] ou des informations confidentielles qu'il est tenu de délivrer aux autorités en charge des enquêtes policières dans certains États parties, conformément à certaines dispositions du Code de procédure pénale. [114] Le commissaire aux comptes peut encore être autorisé à lever le secret professionnel en le partageant entre professionnels par exemple lorsque des co-commissaires doivent établir un rapport commun ou encore en cas de fusion. Dans cette dernière hypothèse en effet, les commissaires doivent établir un rapport sur les modalités de l'opération projetée et obtenir a cet effet tous les documents utiles de chaque société

En revanche, l'autorisation de lever le secret professionnel donnée par le « maître du secret », à savoir l'entité contrôlée, est insuffisante pour faire obstacle à l'incrimination et partant à la responsabilité du commissaire aux comptes, mais la jurisprudence admet que celui-ci cède lorsque la révélation de l'information en cause est nécessaire à la défense du commissaire aux comptes[115]. Autrement dit, le commissaire aux comptes peut être libéré du secret professionnel pour les besoins de sa défense dans le cadre d'une action en responsabilité, et le juge peut

---

[113] C'est le cas au Cameroun, conformément aux articles 41 et suivants de la décision n° 02/002 du 3 décembre 2002 portant Règlement général de la Commission des marchés financiers.

[114] VOUDWE BAKREO, *L'exigence de transparence des sociétés commerciales dans l'espace OHADA,* cit. n°495 et s.

[115] Douai, 26 oct. 1951, *Gaz.Pal.* 1951.2.425

éventuellement le contraindre à verser aux débats un certain nombre de pièces. Constitue donc un moyen de preuve légalement admissible, nonobstant le secret professionnel auquel le commissaire aux comptes est tenu dans l'intérêt de la société bénéficiaire, la production, par le commissaire aux comptes, de documents nécessaires à la manifestation de la vérité, relatifs aux diligences et contrôles effectués par ses soins au sein d'une société.

En tout état de cause, en vertu du principe d'interprétation restrictive des faits justificatifs, le commissaire aux comptes doit limiter ses révélations aux seuls faits dont la connaissance est nécessaire à l'exercice de sa mission pour celui qui l'interroge[116]. En effet, l'ordre de la loi ne vaut plus fait justificatif lorsque l'agent a dépassé ce qui était nécessaire aux impératifs légaux[117]. Peu importe alors que la demande d'informations émane du procureur de la République, d'un officier de police judiciaire[118] d'un expert judiciaire ou des services fiscaux[119], dès lors qu'elle n'entre pas dans le cadre de l'ordre de la loi.

Dans le même ordre d'idées, le commissaire aux comptes convoqué en qualité de témoin, demeure lié par le secret professionnel, à moins bien sûr d'avoir à témoigner sur des faits délictueux révélés ou ayant dû l'être.

Il apparaît ainsi en définitive, que coincé entre obligations de faire et obligations de ne pas faire, le commissaire aux comptes exerce ses fonctions dans un environnement particulièrement saturé d'infractions. Certains ont dit de cette saturation qu'elle faisait de la profession de

---

[116] BOULOC B., « La responsabilité pénale du commissaire aux comptes », *Entretiens de Nanterre*, 1975, p. 8.

[117] PRADEL J., *Droit pénal général*, 16e éd., Paris, Litec, n° 310.

[118]En ce sens, Études juridiques CNCC, avec la collaboration de MERLE Ph., « Le secret professionnel du commissaire aux comptes », *Rev. Informations et débats*, avril, 1994, n°s 20 et s ; *Études juridiques, CNCC*, « La responsabilité pénale des commissaires aux comptes », avec la collaboration de JEANDIDER W. cit, n° 85.

[119] BERGERÈS M.-C., « Le secret professionnel face aux prérogatives du fisc », *Dalloz.* 1981, chron. 81. MONÉGER J. et GRANIER T., *Le commissaire aux comptes* Paris *Dalloz,* 1995, n° 711.

commissaire aux comptes, une profession à risque.[120] On ne saurait nier que ces risques sont omniprésents et exposent le professionnel qu'est le commissaire aux comptes à voir sa responsabilité pénale engagée à toutes les étapes de sa mission. Aussi lui appartiendra- t- il, pour pallier ces risques, d'élaborer des méthodes de travail conséquentes en droite ligne des prescriptions de l'AUDSGIE et des textes complémentaires, à l'instar des Normes d'Exercice de la Profession (NEP) ou encore des International Financial Reporting Standards (IFRS), afin que la présomption d'innocence ne se transforme de manière permanente à son égard en présomption de responsabilité.

[120] COZIAN M., VIANDIER A. ; et DEBOISSY F., *Droit des sociétés,* 14e éd., Paris, Litec, 2001, p.343.

POLLUTION PÉTROLIÈRE ACCIDENTELLE AU CAMEROUN : ENTRE ADHÉSION ET NÉGATION DU RÉGIME INTERNATIONAL DE RESPONSABILITÉ CIVILE

Marie NGO NONGA-NLOM[1]

RÉSUME

Ces dernières années, plusieurs déversements accidentels d'hydrocarbures ont été enregistrés au Cameroun. Pour lutter efficacement contre ces incidents, le Cameroun a ratifié les conventions CLC/FIPOL de 1992 qui régissent les problèmes de responsabilité civile et de réparation résultant d'une pollution par hydrocarbures. Ces textes adoptent le principe d'une responsabilité objective, limitée et canalisée sur le propriétaire du navire à l'origine du déversement. Si cette solution semble raisonnable, elle présente néanmoins de nombreux inconvénients pour les victimes que le droit interne camerounais tente de surmonter.

Summary

These last years, several spillages of hydrocarbons were registered in Cameroon. To fight effectively against these incidents, Cameroon ratified the conventions CLC / FIPOL of 1992 which govern the problems of civil liability and repair damages from oil pollution. These texts adopt the principle of an absolute liability, limited and channeled on the owner of the ship at the origin of the pouring. If this solution seems reasonable, it nevertheless presents numerous inconveniences for the victims whom the Cameroonian internal law tempts to overcome.

Dans la nuit du 7 au 8 octobre 2009 un pétrolier nigérian a pris feu en pleine mer avant de s'échouer au large des côtes camerounaises non loin de la ville de Limbé répandant près de 140 tonnes de produits

[1] Assistante à la FSJP, UYII-SOA.

pétroliers dans la mer. Le 2 février 2006, une barge américaine se rendant au chantier naval, remorquée par la société Les Abeilles Cameroun, a percuté le Cape Limboh qui transportait le pétrole raffiné de la SONARA au port de Douala. Le 5 octobre 2000, une collision entre deux bateaux battant pavillon américain a eu lieu aux abords de l'Estuaire du Wouri, occasionnant un déversement de 20.000 m3 de carburant dans l'estuaire du Wouri. Par ailleurs, le 15 janvier 2007, un accident a entraîné une fuite de pétrole brut au large de Kribi sur l'océan atlantique. Cet accident qui n'est pas le seul[2] a occasionné une petite marée noire causée par un déversement accidentel des huiles d'hydrocarbures sur la mer.Et selon les inquiétudes du Fonds Mondial pour la Nature (WWF) au Cameroun, l'oléoduc pourrait causer des dommages irréversibles à l'environnement marin, car « *même les systèmes les plus sophistiqués de détection des fuites laissent quand même passer, en moyenne, 0,002 % du pétrole acheminé* »[3].

À ce jour on dénombre plusieurs cas de déversements accidentels de produits pétroliers au Cameroun[4]. Et d'une manière générale, il existe manifestement de nombreuses sources potentielles de déversement d'hydrocarbures au Cameroun accentuées par l'intensification des activités d'exploration et d'exploitation de pétrole et surtout par le développement et la diversification des modes de transports maritimes

---

[2] Un autre déversement de pétrole s'est produit dans la nuit du jeudi 22 avril 2010 à 1 h 45 du matin pendant les opérations d'enlèvement du brut sur le terminal marin de l'oléoduc Tchad –Cameroun à Kome 1 – Kribi. Du brut résiduel se trouvant dans le conduit d'enlèvement aurait été déversé sur le pont du navire connecté au terminal marin et se serait écoulé en mer.

[3] NDJAMBOU L.E., « *La dynamique de l'arrière-pays international des ports camerounais : l'impact du projet pétrolier de Doba sur le port de Kribi* », Revue espace géographique, n° 2, volume 34, Cairns, 2005, p.139.

[4] On peut en effet citer, le cas du Mobil Refiner, survenu le 17 décembre 1975 au large des côtes camerounaises à Douala, qui fut à l'origine du déversement de 45 tonnes de fuel ; du Petro Bouscat, survenu le 21 juin 1979 à 20 milles au large de Douala. On peut également évoquer la collision entre deux bateaux ainsi que le cas du navire-citerne qui a pris feu au large de Limbé. Dans le même ordre d'idées, on peut aussi signaler le heurt à quai en 2001 du navire Aubisque avec d'autres embarcations qui a occasionné le déversement d'au moins 320 m3 de mazout dans les eaux camerounaises.

utilisés. Le premier risque de déversement des hydrocarbures proviendrait d'un pétrolier transportant du brut nigérian[5] impliqué dans une collision ou un échouage dans les eaux territoriales camerounaises ou d'un incident maritime survenant dans le couloir de navigation en direction de l'Asie ou de l'Europe[6] s'étendant vers l'ouest à partir de Douala, à mi-chemin entre Limbé et Malabo, sur l'île de Bioko Island[7].Une partie du brut nigérian exporté vers l'Extrême-Orient est acheminé par pétrolier près du littoral camerounais[8]. Des déversements d'hydrocarbures d'origine inconnue ont été observés dans les eaux camerounaises en provenance de pays voisins[9]. Ces déversements semblent s'expliquer par la concentration des activités de production pétrolières au Nigeria et en Guinée équatoriale. Un autre risque de déversement d'hydrocarbures serait lié aux opérations de mouillage et de chargement de brut au niveau des installations flottantes de déchargement et de stockage (FSO) de COTCO à Kribi ou pendant le transit vers et en provenance des quatre centres offshores de production de pétrole brut actuellement exploités par les sociétés Total, Pecten et Perenco. D'autres déversements d'hydrocarbures pourraient provenir de la raffinerie de la SONARA

---

[5] Dans le passé, la majorité de ce brut provenait des zones de production offshore du Cameroun ; toutefois, le brut léger nigérian est maintenant le principal produit importé. Le brut est déchargé des pétroliers à la jetée de la raffinerie et est transporté via un pipeline de 500 m vers les citernes de stockage de l'installation. Au cours de ce processus d'importation, des incidents pourraient survenir pendant le mouillage du pétrolier et le déchargement sur la jetée ou encore durant la navigation dans le canal d'entrée du port dans l'Estuaire du Cameroun et pendant le mouillage et le déchargement des produits au Port de Douala.

[6] La circulation des pétroliers passant dans l'offshore du Cameroun comprend tous les transporteurs de brut remontant la côte ouest de l'Afrique à destination de l'Europe et de l'Amérique du Nord ainsi que les transporteurs naviguant en direction du sud, venant du Nigeria et en route pour l'Extrême Orient.

[7] Plan National de Lutte contre les Déversements Accidentels d'Hydrocarbures au Cameroun (PNLDAH), p.48.

[8]Les exportations de brut Nigérian ont augmenté de 6% à 104 millions de tonnes au cours des cinq dernières années et si cette augmentation continue, elle entraînera une augmentation de la circulation des pétroliers de brut en direction du sud et passant par les eaux Camerounaises, voir, PNLDAH, p.45.

[9] Idem.

située à Limbé qui importe environ 1.5 million de tonnes de brut par an pour traitement[10]. L'accroissement des activités maritimes au Cameroun a également favorisé le déploiement des activités portuaires représentants aussi des menaces sérieuses pour l'environnement marin.

Ces dernières décennies, à la lumière des grandes catastrophes écologiques impliquant les produits pétroliers, le droit international s'est appliqué à l'élaboration d'un régime de responsabilité civile spécifique capable de résoudre au mieux les questions environnementales posées par le transport maritime des hydrocarbures[11].En effet, le retentissement médiatique du naufrage du Torrey Canyon survenu le 17 mars 1967 au large de la Cornouaille a conduit à l'adoption, à Bruxelles le 29 novembre 1969, de la Convention sur la responsabilité civile pour les dommages dus à la pollution par les hydrocarbures[12] dite CLC et de la Convention portant création d'un fonds international d'indemnisation pour les dommages dus à la pollution par les hydrocarbures[13] dite FIPOL. Ces deux conventions ont été modifiées par les Protocoles du 27 novembre 1992 ratifiés par le Cameroun le 15 octobre 2002[14]. Le régime

---

[10] Voir, PNLDAH, p.47.

[11] C'est ainsi qu'à la suite du naufrage du Torrey Canyon en 17 mars 1967 au large de la Cornouaille qui a entraîné une pollution de 250 km des côtes britanniques et 100 km des côtes françaises, le monde maritime, sous l'égide de l'Organisation Maritime Internationale (OMI) a élaboré dans l'urgence un régime spécifique de responsabilité pour les dommages causés par les hydrocarbures.

[12] La Convention CLC, signée à Bruxelles le 29 novembre 1969 est complétée et modifiée par trois protocoles : le protocole du 9 novembre 1976 entré en vigueur le 8 avril 1981 ; le protocole du 25 mai 1984 (jamais entré en vigueur) ; le protocole du 27 novembre 1992, entré en vigueur le 30 mai 1996. Cette Convention a encore été modifiée par l'amendement du 18 octobre 2000, entré en vigueur le 1er novembre 2003 (tacite acceptation).

[13] Convention FIPOL, signée à Bruxelles le 18 décembre 1971. Elle a aussi subi de nombreuses modifications : le Protocole du 19 novembre 1976, entré en vigueur le 22 novembre 1994 ; le protocole du 25 mai 1984 (jamais entré en vigueur) ; le protocole du 27 novembre 1992, entré en vigueur le 30 mai 1996 ; le Protocole du 16 mai 2003, entré en vigueur le 1er novembre 2003 (tacite acceptation).

[14] Le présent travail traite essentiellement de ce nouveau régime. Mais le Cameroun a également signé la Convention de 1971 portant création du Fonds et la CLC de 1969

instauré pourvoit à la réparation des dommages survenus sur le territoire d'un État contractant et causés par les hydrocarbures. Dans cette mesure, en cas de déversement accidentel d'hydrocarbures au Cameroun, ce régime est applicable. Six principes de réparation peuvent être distingués. À cet égard, la responsabilité est objective, canalisée, limitée dans son montant, limitée dans le temps. La compétence juridictionnelle est unifiée au profit du tribunal du lieu de l'incident, et le dommage doit être effectivement subi et chiffré.

La mise en œuvre du régime international de responsabilité civile suppose la mobilisation de plusieurs moyens, à la fois juridiques, institutionnels et financiers dont certains États, comme le Cameroun, ne peuvent se permettre. Il importe alors de s'interroger sur l'efficacité d'un tel système au Cameroun notamment l'adéquation des solutions qu'il propose au problème de pollution posé par les déversements accidentels d'hydrocarbures dans l'environnement marin camerounais. Il importe surtout d'examiner l'alternative plus séduisante proposée par la Loi-cadre du 5 août 1996 relative à l'environnement au Cameroun, qui consacre le principe d'une responsabilité objective illimitée et garantie dans son montant.

L'intérêt de l'étude du régime de la responsabilité civile pour pollution de l'environnement par le déversement accidentel d'hydrocarbures est indéniable, car l'exploitation pétrolière et le commerce maritime représentent les activités essentielles pour le développement économique des pays pauvres comme le Cameroun. Mais, il s'agit également des activités comportant un important risque de pollution pour l'environnement marin. Il est intéressant de voir, à travers l'étude du régime de responsabilité civile, comme le droit positif camerounais tente de concilier ces deux exigences totalement opposées. Il est surtout intéressant de voir comment le droit de l'environnement camerounais contourne le particularisme maritime et surtout la complexité des montages qui s'y développent au gré de la liberté

---

le 12 août 1984, qui sont entrées en vigueur respectivement le 24 mai 2002, et le 15 octobre 2002.

contractuelle, rendant toujours plus délicate la désignation des responsables.

En tout état de cause, le régime de la responsabilité civile en cas de déversement accidentel d'hydrocarbures dans l'environnement marin camerounais défini au plan international par les conventions CLC/FIPOL, présente un certain dynamisme qu'il importe de relever (I) même s'il dévoile en même temps de nombreuses défectuosités que le droit de l'environnement camerounais tente de résorber (II).

I/ L'existence d'un régime international de responsabilité civile défaillant

Le droit maritime international dans un souci d'efficience a mis en place un régime de responsabilité civile pour dommages dus à la pollution par les hydrocarbures susceptible de répondre le plus justement possible aux problèmes causés par la cargaison. Ce régime a opté pour des systèmes de responsabilité dont la mise en œuvre serait aisée. Celui-ci ne fait, en effet, aucun mystère quant à la prépondérance de la responsabilité du propriétaire du navire (A) et traduit la volonté de faciliter la réparation accordée (B).

À/ La consécration d'une responsabilité civile internationale objective et plafonnée

Il s'agit d'un régime de responsabilité civile verrouillé (1) dont l'efficacité est diluée au Cameroun par l'hyper canalisation qu'il organise (2).

1/ La définition d'un régime international de responsabilité civile verrouillé

La Convention CLC fixe les modalités de la responsabilité en matière de pollution accidentelle par les hydrocarbures. Elle met en place un régime qui pourvoit à la réparation des dommages survenus sur le territoire d'un État contractant, à l'instar du Cameroun, et causés par les hydrocarbures[15]. À cet effet, en cas de déversement accidentel d'hydrocarbures au Cameroun, le propriétaire du navire à l'origine du déversement sera responsable de plein droit des dommages qui pourraient en résulter. La victime n'a pas à rapporter la preuve de l'existence d'une faute pour être indemnisée, elle doit juste prouver l'existence du lien de causalité entre le fait générateur et le dommage subi[16]. La responsabilité civile est alors canalisée sur une seule personne, à l'exception de toute autre[17]. Le dommage commis doit être réparé, même si la cause n'était pas un méfait, même si la conséquence n'était ni prévue ni voulue[18]. Toutefois, les effets délétères des hydrocarbures sur l'environnement ne sont pas toujours immédiats et dans certains cas, il paraît plus ardu d'établir le lien causal étant donné que les conséquences dommageables peuvent se manifester à une distance de plusieurs kilomètres du lieu d'origine du déversement, ou seulement à longue échéance[19]. Quoi qu'il en soit, le régime instauré par la Convention CLC permet de répondre facilement à la question de savoir qui est responsable et d'engager la responsabilité d'une personne sans qu'aucune faute ne soit prouvée[20]. Le but de la canalisation consiste non seulement à alerter le responsable désigné ainsi incité à prendre les précautions et à souscrire les garanties utiles, mais également, à rassurer les autres acteurs impliqués dans l'activité en cause[21]. La canalisation de la responsabilité sur le

---

[15]Art 2, a), II) de la Convention et Art 1, 6, a), le champ d'application de la Convention comprend tant les fuites accidentelles que les rejets volontaires d'hydrocarbures.

[16] Que « *son dommage est bien la conséquence de l'événement incriminé* », voir, BEURIER J.P et al,*Droit maritime,*collection Dalloz Action, 2009-2010, p. 403 et p.959.

[17]BONASSIES P., « *Les nouvelles Conventions pétrolières* », dossier Sécurité et environnement dans le domaine maritime, Annales de l'IMTM 1997, p.52.

[18]JONAS H., « Le principe de responsabilité », Paris, *édition du Cerf*, 1993, n° 172.

[19] Sur cette question, voir, REMOND-GOUILLOUD M., *Du droit de détruire*, Paris, PUF, 1989, p.74.

[20] Le propriétaire peut s'exonérer en invoquant l'un des cinq cas exceptés prévus. Il s'agit de l'acte de guerre, d'hostilité, évènement de force majeure ; fait intentionnel d'un tiers ; négligence d'un gouvernement dans l'entretien des feux ou autres aides à la navigation ; faute de l'expéditeur dans son obligation d'information ; faute de la victime.

[21]REMOND-GOUILLOUD M., « *Quel avenir pour les Conventions de Bruxelles sur l'indemnisation des marées noires ?* », DMF, 1993, pp.269-270.

propriétaire du navire va permettre, dans une certaine mesure, d'éliminer la complexité des montages commerciaux et maritimes qui rendraient sa mise en jeu très difficile[22].

Une telle solution paraît avantageuse pour les victimes de pollution camerounaises, car elle leur accorde les droits procéduraux importants et favorables, même, aux populations littorales dont très peu possèdent des capacités financières suffisantes pour entamer une telle procédure. Ceci est d'autant plus vrai que la Convention CLC met en place une unicité de juridiction propice à l'action de la victime[23]. Ainsi, en cas de déversement accidentel d'hydrocarbures dans l'environnement marin camerounais, les victimes pourraient introduire leurs actions en réparation contre le propriétaire du navire devant les juridictions civiles territorialement compétentes[24].Il s'agit d'un choix judicieux qui permet d'assurer une évaluation uniforme des dommages[25]. Les victimes de pollution peuvent agir pendant un délai de trois ans[26] à compter du fait générateur du dommage[27], c'est-à-dire à compter du jour où celles-ci ont connu ou auraient dû connaître les faits[28]. Le droit de l'environnement

---

[22] Il s'agit notamment des différents types d'affrètements distingués, qui forment les chaînes d'affrètements, ainsi que de l'intervention de divers opérateurs. Il faut également noter le manque de précisions claires de la notion d'armateur, voir en ce sens, CORBIER I., *La notion juridique d'armateur*, Collection Les grandes thèses de droit, PUF, Paris, 1999, 428p.

[23] C'est à ce titre que le juge italien, à la suite du naufrage de l'Erika, s'est déclaré incompétent. Pour une analyse de cette décision, voir, ACHARD R., « *Naufrage de l'Erika : le juge italien-premier saisi se déclare définitivement incompétent* », DMF, 2006, pp. 432-436.

[24] Voir, art 9 de la Convention CLC. En fonction du montant de la demande,cette action sera introduite soit devant le TPI soit devant le TGI du ressort, voir la Loi n° 2011/027 du 14 décembre 2011 modifiant et complétant la Loi n° 2006/015 du 29 décembre 2006 portant organisation judiciaire au Cameroun.

[25]BEURIER JP et al. *Droits maritimes*, op.cit.. P.960.

[26] Article 8 de la Convention CLC.

[27] Voir, art L.152-1 du Code de l'environnement français.

[28] Cette solution est consacrée par la jurisprudence française qui dans l'arrêt Alusuisse-Lonza-France c/ Commune de Marseille avait décidé que le préfet ne pouvait plus agir contre l'exploitant à l'issue d'un délai de trente ans à compter de la date à laquelle l'administration avait connaissance de la cessation d'activité sauf dans les cas où les

semble être le seul droit à n'avoir pas adopté le principe selon lequel la prescription ne peut courir tant que le titulaire du droit d'agir n'a pas connaissance des faits qui servent de fondement à son action. C'est sûrement pour cette raison que ce délai peut être opportunément ramené à six ans compte tenu, d'une part, des particularités des modes de réalisation du dommage, de la synergie entre les différentes substances et, d'autre part, du temps nécessaire à l'administration pour en avoir connaissance[29], car certains dommages apparaissent le plus souvent longtemps après la survenance de l'événement de mer les ayant occasionnés. Le délai de prescription est prorogé ici par rapport au droit commun dans le but le but d'éviter que la victime soit déchue de son droit d'action contre l'auteur des dommages.

L'allongement de ce délai paraît satisfaisant pour les victimes, puisqu'elle leur octroie davantage de temps pour évaluer et chiffrer l'étendue des dommages réellement subis. Parfois, ce chiffrage peut se révéler difficile, il convient alors de s'interroger sur les éléments qui doivent être pris en compte. En d'autres termes, en cas de déversements accidentels d'hydrocarbures sur le littoral camerounais, comment pourra-t-on évaluer le dommage subi les victimes ? La solution à ce problème n'est pas facile à trouver. En effet, si l'évaluation des montants des dommages subis par les personnes physiques et morales à la suite d'un événement de mer peut paraître aisée, certains dommages restent cependant très difficiles à quantifier. Il en est ainsi des dommages économiques, comme la perte des revenus des pêcheurs locaux ou encore

---

dangers ou inconvénients présentés par le site aurait été dissimulés[28].Mais à notre sens, la computation du délai de prescription devrait courir au regard de la spécificité du dommage de pollution par hydrocarbures, non pas à compter de la date de survenance du fait générateur du dommage, mais plutôt à compter de la date de la manifestation du dommage. En outre, « *en matière de transport maritime, il est fréquent que les parties conviennent de reports amiables du délai de prescription afin d'éviter une assignation en justice* », voir, DELEBECQUE Ph., « *Droit maritime et régime général des obligations* », *DMF n° 663, 2005, p.787.*

[29]MARTIN G., « *Prescription et droit de l'environnement* », Revue des contrats, LGDJ, 2008, p.1469.Cette solution a été expressément validée par la Cour de cassation (Cass. Com. 30 mars 2005, navire Canmar Fortune).

celui des hôteliers ou même la baisse des recettes touristiques, etc. Ces dommages sont plus difficiles à estimer parce qu'il n'est pas évident de connaître le manque à gagner engendré directement par la pollution, ce qui rend leur réparation délicate dans la mesure où il n'est pas toujours évident de connaître avec exactitude le prix qui doit être assumé par l'auteur du dommage[30]. L'existence de cette difficulté pourrait justifier l'absence d'engouement observée jusqu'à présent, de la part des victimes camerounaises, dans l'exercice de l'action en responsabilité contre les propriétaires de navires, auteurs de pollution. Étant donné que les activités économiques se déroulent pour une grande part dans l'informel au Cameroun, le chiffrage des dommages résultant d'une pollution paraît être un obstacle en ce cas. Cette situation est confortée par le fait qu'après avoir franchi ces épreuves, le propriétaire du navire en cause peut leur opposer soit une limitation de responsabilité soit une cause exonératoire de responsabilité.

En effet, en contrepartie de l'instauration d'une responsabilité sans faute à la charge du propriétaire du navire, la législation internationale accorde à celui-ci la possibilité de limiter sa responsabilité. Élément essentiel en droit maritime[31], la limitation de responsabilité existe au

---

[30]La jurisprudence américaine reste méfiante à ce sujet et persiste dans son refus d'indemniser les dommages qui ne sont pas économiquement quantifiables. Dans le second jugement du tribunal de Chicago rendu dans l'affaire de l'Amoco Cadiz, le juge a reconnu l'entière responsabilité du propriétaire du navire, mais n'a considéré comme indemnisables que les dommages économiquement quantifiables, c'est-à-dire les dépenses faites par les hommes pour rendre la nature en état, les pertes financières directes, les manques à gagner, ceci tant des personnes privées que publiques, voir BULOT J., *Le drame de l'Amoco Cadiz*, Spezed, 1990, p.143 et sui.

[31] Le régime général de la responsabilité du propriétaire du navire est défini par la Convention sur la limitation de la responsabilité en matière de créances maritimes qui s'applique selon son article 15 « *chaque fois qu'une personne cherche à limiter sa responsabilité devant le tribunal d'un État partie* ». Signée à Londres le 19 novembre 1976, entrée en vigueur le 1er décembre 1986, elle a été modifiée par le Protocole du 3 mai 1996. Sur le fondement de la règle de limitation, voir, R. RODIERE R, DU PONTAVICE E, *Droit maritime*, Dalloz, Paris, 12eme édition, 1997, pp. 97-98 ; RIPERT G, RODIERE R, *Droit maritime*, Dalloz, Paris, 1963, 322p ; BONASSIES P, « *Le droit maritime classique et la prévention des risques maritimes* », dossier sécurité et environnement dans le domaine maritime, Annales de l'IMTM, 1997, p.39 ;VIALARD

profit du propriétaire du navire à l'origine d'une pollution et implique une réparation plafonnée. Ce qui suppose qu'en cas de déversement accidentel d'hydrocarbures dans l'environnement marin au Cameroun, le propriétaire du navire en cause pourra, sous réserve de certaines conditions, bénéficier d'un plafonnement[32] de ce qu'il devra payer aux victimes. Toutefois, la possibilité de plafonnement ne peut jouer en faveur du propriétaire du navire qui a commis une faute. Le Protocole de 1992stipule en effet que « *le propriétaire n'est pas en droit de limiter sa responsabilité (...) s'il est prouvé que le dommage par pollution résulte de son fait ou de son omission personnels, commis avec l'intention de provoquer un tel dommage, ou commis témérairement et avec conscience qu'un tel dommage en résulterait probablement* »[33]. La précision descriptive utilisée ici permet aisément de déduire qu'il s'agit de la faute inexcusable[34]. À cet

---

A, « *Responsabilité limitée et indemnisation illimitée -La magie du droit moderne* », Liber Amicorum Roger Roland, Larcier, Bruxelles, 2003, p.575.

[32]Elle bénéficie également à l'affréteur et au capitaine du navire qui en font la demande conformément à l'art 1 al 2 de la Convention, car le bénéfice de la limitation de responsabilité n'est pas automatique, il faut que le bénéficiaire le réclame. Le « *droit à limitation est attribué à tous ceux qui, à un titre ou à un autre, peuvent devenir débiteurs ou garants, d'une créance liée à l'exploitation du navire* », voir, VIALARD A., *Droit maritime,* collection droit fondamental, PUF, Paris, 1997, p.133.

[33] Voir Art 6-2 du Protocole et Art 5-2 modifié de la Convention CLC. Le manuel des demandes d'indemnisation édité par le fonds international d'indemnisation de 1992 pour les dommages dus à la pollution par les hydrocarbures reprend la même formulation et indique que le « *propriétaire est... déchu du droit de limiter sa responsabilité s'il est prouvé que le dommage résulte de son fait ou de son omission personnels, commis avec l'intention de provoquer un tel dommage, ou commis témérairement et avec conscience qu'un tel dommage en résulterait probablement* », p.9. Texte sur www.iopcfund.org.

[34]Voir, CORNU G., *Vocabulaire juridique,* PUF, Paris, 8éme édition, 2007, p. 488, également SCAPEL Ch., « *L'insécurité maritime : l'exemple de la pollution par les hydrocarbures* »,Revue de droit commercial, maritime, aérien et des transports, juillet-août-septembre 2001, 78eme année, n° 3 p.131 ;BONASSIES P., « *Les nouvelles Conventions pétrolières* », *op.cit.* p.51 ; TASSELY., « *Le dommage élément de la faute* », op.cit. p.775.Pour de nombreux auteurs, il est indiscutable que le Protocole de 1992 marque le passage de la faute simple à la faute inexcusable du droit à limitation de responsabilité du propriétaire du navire. À l'origine, une faute simple semblait suffisamment caractéristique pour priver le propriétaire de son droit à limitation. Le

égard, la limitation de la responsabilité du propriétaire du navire ne cède que devant la preuve, soit de faute intentionnelle, soit de la faute inexcusable définie comme une faute commise témérairement et avec conscience que le dommage en résulterait probablement[35]. La canalisation et la limitation de la responsabilité du propriétaire du navire constituent les revers du système international de responsabilité civile pour le déversement accidentel d'hydrocarbures.

2/ Un système de responsabilité civile internationale à l'efficacité diluée au Cameroun par l'hyper canalisation

L'article 1 de la Convention CLC définit le « propriétaire » du navire comme étant la personne au nom de laquelle le navire est immatriculé. De son côté, l'article 3 alinéa 1 dispose que « *le propriétaire du navire (...) est responsable de tout dommage par pollution causé par le navire...* » Cette disposition canalise strictement la responsabilité civile pour dommage causé par le déversement accidentel d'hydrocarbures sur la personne du propriétaire du navire. Ce texte semble *a priori* être un gage d'efficacité dans l'application effective de la responsabilité, puisque le propriétaire du navire « *du fait de l'immatriculation sur les registres de l'État du pavillon peut être identifié sans difficulté et avec certitude* »[36]. Mais concrètement, la mise en œuvre de ce régime de responsabilité au Cameroun est plus laborieuse qu'il n'y paraît de prime abord. En effet, dans le cas où le navire à l'origine du déversement est immatriculé dans les registres classiques, l'identification de son propriétaire se fera simplement en consultant les registres tenus par l'administration maritime ayant procédé

Manuel des demandes d'indemnisation rédigé en 1971 abondait également dans ce sens, en disposant : « le propriétaire est toutefois déchu du droit de limiter sa responsabilité si l'événement résulte de sa faute personnelle ». Voir le Manuel, dans sa version datée de juin 1998, p.7. C'est d'ailleurs sur cette base que le propriétaire de l'Amoco Cadiz s'est vu refuser le bénéfice de la limitation de responsabilité, voir, J. BULOT J., *Le drame de l'Amoco Cadiz*, op.cit. p.78.

[35] Il s'agit d' « une faute délibérée impliquant la conscience de la probabilité du dommage et son acceptation téméraire sans raison valable », voir,DE JUGLART M., « *Droit maritime et droit commun* », DMF, 1987, p.273.

[36]SCAPEL ch., « *L'insécurité maritime : l'exemple de la pollution par les hydrocarbures* », op.cit., p.131.

à son immatriculation. Ce système présente sans doute l'avantage de la simplicité puisqu'il permet d'identifier aisément le responsable juridiquement désigné, néanmoins, il semble plus ardu de procéder à son identification factuelle. Il en est ainsi si le navire qui pollue l'environnement marin camerounais est immatriculé dans un pavillon de complaisance dont l'attitude laxiste permet au propriétaire indélicat de dissimuler son identité[37] en se retranchant derrière des sociétés-écrans par le biais de la création des singles *ship companies* ou d'un affrètement coque nue[38]. Il peut alors s'écouler plusieurs semaines, voire plusieurs années avant de pouvoir le localiser et procéder à son identification[39]. Dans la mesure où le caractère exclusif de la canalisation ne laisse aucune autre possibilité de désignation du responsable,qu'advient-il si le propriétaire du navire ne peut être réellement identifié ou même s'il est identifié il se trouve dans l'incapacité de réparer le dommage ? Cette interrogation retentit avec plus d'acuité dans la mesure où de nombreux propriétaires de navires mettent tout en œuvre pour ne pas être facilement identifiés et, surtout, pour conserver la maîtrise de l'étendue de leur responsabilité[40].

---

[37]À ce propos, le Professeur REMOND-GOUILLOUD indique : « *A une époque où, du fait de la généralisation des registres de libre immatriculation et de l'emploi systématique des "single-ship companies", la propriété en titre du navire n'a plus de signification...* », in « *Quel avenir pour les Conventions de Bruxelles sur l'indemnisation des marées noires ?* », DMF, 1993, pp. 260-277, précisément p.65 et suiv.

[38]La recherche d'opacité vise d'une part, à rendre le plus difficile possible l'identification du propriétaire du navire, et d'autre part, elle permet de contrôler la limitation de leur responsabilité.

[39] Lors du naufrage de l'Amoco Cadiz, il a fallu 14 ans de procédure afin de réussir à identifier le véritable propriétaire du navire. Lors du naufrage de l'Erika, il a fallu percer le voile de 12 sociétés différentes avant d'identifier le véritable propriétaire.

[40] Voir à ce sujet, NDENDE M, « *La mutation des entreprises du secteur des transports maritimes* », DMF, 1992, pp. 465-481 et 547-563. Notamment les développements faits par l'auteur sur « La constitution de sociétés de façade ou de *single ship compagnies* », p. 554 et sui ;BEURIER J-P., « *Le transport maritime, le droit et le désordre économique international* »,in *La mer et son droit*, Mélanges offerts à LUCCHINI L. et QUENEUDEC J-P., Pedone, Paris, 2003, pp. 89 et suiv.

Dans ce cas, la mise en œuvre de la responsabilité civile du propriétaire du navire, auteur de pollution de l'environnement marin camerounais, va mettre un temps relativement long et nécessiter la mobilisation d'importants moyens financiers dans sa recherche et son identification. Il s'agit d'une procédure qui peut prendre plusieurs décennies. En effet, une fois parvenu à son identification, il faudra ensuite entamer la phase contentieuse à son encontre, ce qui n'est pas non plus une mince affaire au Cameroun, puisque de la saisine du juge judiciaire en première instance à la décision de la Cour Suprême les délais peuvent aller jusqu'à quinze ans[41]. Mais au-delà même de la longueur de la procédure engagée à l'encontre d'un propriétaire de navire non identifié au Cameroun, il faudrait surtout se questionner sur les enjeux économiques que représente la mise en œuvre d'une telle procédure. Puisqu'il peut arriver qu'une fois identifié le propriétaire du navire soit insolvable et donc dans l'incapacité d'indemniser les dommages dont il est responsable. Les victimes camerounaises vont se trouver dans ce cas dans une situation inextricable dans laquelle la canalisation ne va pas jouer en leur faveur, puisqu'elle ne leur laisse aucune autre possibilité d'obtenir réparation. Cette situation peut s'avérer plus grave si on se trouve en dessous du seuil d'assurance obligatoire[42] ou si l'assureur choisi est lui-même insolvable. Au regard de l'issue incertaine d'une telle procédure, l'État n'éprouve pas encore la nécessité de la concrétiser, d'où l'absence de jurisprudence en la matière au Cameroun. C'est peut-être aussi pour la même raison que le législateur camerounais a ostensiblement fait le choix de la transaction comme mode de règlement des conflits en cas de pollution de l'environnement marin au Cameroun[43].Actuellement, il semble que la

---

[41] Voir, SIME R.N., « *L'intégration et l'harmonisation des normes de droit international de l'environnement dans le droit africain* » in Aspect contemporains du droit de l'environnement en Afrique de l'Ouest et centrale,UICN, droit et politique de l'environnement, n° 69, p.167.

[42] L'assurance n'est obligatoire que pour les navires transportant plus de 2 000 tonnes d'hydrocarbures ; article 7 de la Convention CLC.

[43] Voir, les articles 91 à 93 de la Loi-cadre du 5 août 1996 relative à l'environnement au Cameroun.

priorité de l'État camerounais demeure la lutte contre la pauvreté et la protection de l'environnement marin semble reléguée au second plan.

Mais, l'effet le plus pervers de la canalisation de la responsabilité sur la personne du propriétaire du navire au Cameroun réside certainement dans la mise à l'écart des sociétés pétrolières du jeu de responsabilité. En effet, au fur et à mesure de l'évolution du droit de la responsabilité civile pour dommage par pollution par le déversement accidentel hydrocarbures, les compagnies pétrolières, au départ propriétaires de leurs propres pétroliers, se sont, par crainte de voir leur responsabilité trop facilement et trop fréquemment mise en jeu, séparées de leurs navires pour devenir de simples affréteurs. Désormais, pour contourner le principe de la canalisation posé par la Convention CLCet surtout dans le but de protéger leurs intérêts[44], elles ne sont plus « *que propriétaires des cargaisons, c'est-à-dire qu'elles n'interviennent absolument plus dans le domaine des opérations et de la gestion maritime* »[45]. Ces sociétés pétrolières, à l'instar de celles qui opèrent au Cameroun (Total, Pecten et Perenco, etc.), ont cédé leurs navires à des sociétés-écrans, généralement insolvables et installées dans des pays pratiquant l'immatriculation de complaisance. Le désengagement des compagnies pétrolières du cercle de responsabilité s'est accentué avec l'intégration des affréteurs dans la liste des personnes ne pouvant faire l'objet de demande de réparation sous peine pour le demandeur d'être privé du bénéfice du fonds d'indemnisation[46]. Ainsi, en cas de déversement accidentel d'hydrocarbures au Cameroun, les victimes ne pourront pas valablement mettre en jeu la responsabilité civile de la société pétrolière propriétaire de la cargaison déversée, car celle-ci n'est pas propriétaire, mais

---

[44] N'étant plus désormais propriétaires des navires qui transportent leurs marchandises, mais simples propriétaires de la cargaison, elles ne sont juridiquement pas responsables des dommages de pollution causés par son déversement en mer.Cette protection a d'ailleurs parfaitement joué en faveur de l'affréteur au voyage Total Fina lors du naufrage de l'Erika.

[45]THOUILIN B., « *Les contrats de transport de produits pétroliers* », dossier sur le transport des produits pétroliers par mer, Annales de l'IMTM, 1999, p.41.

[46] Article 3 paragraphe 4, alinéa c, de la Convention modifiée.

simplement affréteur du navire à l'origine de l'incident[47].Elles se sont habilement, mais sûrement dégagées de toute responsabilité. Ceci paraître paradoxal dans la mesure où ce sont ces sociétés pétrolières qui tirent d'énormes bénéfices de l'exploitation des ressources pétrolières au Cameroun. Il aurait été juste qu'elles soient directement associées à la réparation des dommages en cas de pollution, car leur désengagement est incontestablement source de l'aggravation de l'insécurité maritime constatée dans le transport maritime des hydrocarbures. Cette situation est extrêmement problématique pour les pays producteurs de pétrole comme le Cameroun, dans la mesure où il s'agit d'une instrumentalisation du droit international par rapport à l'avantage comparatif qu'il produit au profit des acteurs privés qui s'y soumettent au détriment des victimes en attente d'une réparation satisfaisante.

B/ Une législation internationale inadaptée à la réparation des dommages de pollution par le déversement accidentel d'hydrocarbures au Cameroun

Le déversement accidentel d'hydrocarbures au Cameroun va poser de nombreuses questions relatives à la réparation du dommage, notamment la forme qu'elle doit prendre, son montant, le moment de son intervention, l'identité du bénéficiaire, la procédure à suivre, etc.Pour apporter une réponse à ces interrogations, L'Organisation maritime internationale met en place un *« modèle bicéphale »*[48]qui organise une indemnisation de facture classique, limitée et à plusieurs niveaux. Celui-ci adopte une conception restrictive du dommage réparable (1) qui, bien que garanti par la souscription d'une assurance obligatoire, reste toutefois marqué par la difficulté de preuve (2).

---

[47] Voir, arguments des assureurs dans Cour d'appel de Versailles, 12ème ch., 2ème sect., affaire S A GAN Assurances IARD c/ S A Total, n° 07/02442, arrêt du 8 janvier 2009 (consultable sur [http ://bu.dalloz.fr).

[48] Avant l'adoption de ces systèmes, deux accords privés engageant respectivement les armateurs de navires-citernes et les grandes compagnies pétrolières avaient été mis au point. Il s'agit des accords TOVALOP (Tankers Owners Vountary Agreement concerning liability for oil pollution) signés le 7 janvier 1969 et CRISTAL (Contract Regarding an Interim Supplement to Tankers Liability), signé le 3 janvier 1971.

1/ Les pesanteurs procédurales et l'acception restrictive du dommage réparable

Le système international met en place des critères très sélectifs portant à la fois sur l'admission des demandes en réparation et sur la nature des dommages pris en compte en cas de déversement accidentel d'hydrocarbures dans l'environnement marin.

Sur la forme, le dommage réparable est limité à la fois sur sa nature et sa situation géographique. En effet, la Convention CLC s'applique aux dommages consécutifs à un déversement accidentel d'hydrocarbures persistants provenant des navires-citernes. Elle vise les dommages par pollution subis sur le territoire d'un État partie à la Convention. Le Cameroun ayant ratifié les Conventions CLC/FIPOL de 1992 le 15 octobre 2002, toute personne ayant subi un dommage résultant d'un déversement accidentel d'hydrocarbures dans les eaux territoriales camerounaises peut faire une demande en indemnisation au titre de ces conventions. Les demandeurs peuvent être des individus, des sociétés, des organisations privées ou des institutions publiques y compris les autorités locales, régionales ou nationales à condition que leurs demandes en réparation soient scrupuleusement conformes aux critères de recevabilités définis, à l'avance, par l'Assemblée et le Comité exécutif du FIPOL sous peine de rejet. Il s'agit d'un dispositif quasi processuel qui s'apparente à une sorte de « *juridiction privée* » offrant très peu de garanties pour les plaignants[49] et très mal perçue par les victimes et les juridictions nationales. Fort heureusement, ces critères ne possèdent pas de caractère contraignant à l'égard des États membres, par conséquent, les juridictions camerounaises pourraient, en cas de besoin, se référer aux règles instaurées par le FIPOL pour interpréter et apprécier les textes internationaux, mais elles ne leur sont nullement imposées[50]. Le FIPOL

[49]NDENDE M, « *Les enseignements de la jurisprudence Erika sur le traitement juridique des catastrophes pétrolières* », Ramatrans, n° 5, juillet 2013, pp.10-17.
[50]C'est-ce qu'à rappeler, la Cour d'appel de Rennes dans l'affaire Erika, CA Rennes, 2e ch. 27 juin 2006, DMF, 2006, p.1030.

est à la fois un fonds d'indemnisation et une organisation internationale[51] capable de prendre en charge les conséquences financières d'une pollution de grande envergure. Le fonds intervient lorsque le propriétaire du navire n'est pas à même[52] ou ne peut[53] procéder à la réparation des dommages et lorsque le montant des dommages dépasse les plafonds de limitation fixés par la Convention CLC[54]. L'indemnisation ainsi proposée, à la différence de celle prévue par cette dernière Convention, intervient en dehors de toute mise en œuvre de responsabilité[55] et complète l'indemnisation due par le propriétaire du navire[56].

Sur le fond, la Convention de 1992 s'intéresse aux déversements d'hydrocarbures en tant que cargaison ou hydrocarbures de soute émanant des navires construits ou adaptés pour le transport des hydrocarbures en vrac en tant que cargaison. Elle s'applique aussi bien aux navires-citernes en charge et dans certaines circonstances, qu'aux navires-citernes à l'état de lège. Cependant, elle ne s'applique pas au dommage imputable aux navires à cargaisons sèches. De même, les dommages causés par les hydrocarbures non persistants n'entrent pas dans le champ de compétence de la Convention de 1992. Il s'agit d'une conception très restrictive du dommage réparable qui, à notre sens, ne semble pas raisonnable, puisqu'il s'agit des substances qui polluent le plus

---

[51]MORIN M., « *Les rapports entre droit international public et droits internes : l'exemple F.I.P.O.L* », DMF, 1997, p.329.

[52] Il s'agit de la situation dans laquelle le propriétaire du navire est exonéré de sa responsabilité grâce à l'existence de l'une des causes d'exonération prévues à l'article 3-2 et 3 de la Convention CLC : l'acte de guerre ; fait d'un tiers ; négligence ou action préjudiciable d'un gouvernement.

[53] On évoque ici la situation dans laquelle ni le propriétaire du navire ni la garantie qui le couvre ne possèdent la capacité financière de remplir leur obligation.

[54]Ce fonds assure une indemnisation complémentaire des dommages subis, au-delà de la limite de responsabilité du propriétaire ou en substitution de celle-ci.

[55]HERBERT M., « *Point sur l'indemnisation* », Actes de la 18eme conférence de l'Atlantique à propos et autour de l'Erika, Brest, 25 mai 2000, pp.34. Il convient ici d'indiquer qu'en aucune façon, le FIPOL ne viendrait créer un mécanisme de responsabilité plus ou moins partagée et supportée par le propriétaire de la cargaison.

[56]THOUILLIN V.B., « *Les contrats de transport de produits pétroliers* », Colloque sur le transport des produits pétroliers par mer, Annales IMTM, 1999, p 41.

fréquemment le milieu marin et les zones côtières au Cameroun[57]. En effet, de nombreux pétroliers côtiers transportent des produits raffinés, tels que l'essence, le diesel, le pétrole ou le kérosène entre la raffinerie de la SONARA à Limbé et le port de Douala ou importés à partir du Nigéria. De plus, un déversement accidentel d'hydrocarbures provenant de la soute d'un navire transportant une cargaison autre que des hydrocarbures lourds ne sera pas couvert par ces systèmes d'indemnisation. Dans ces situations, les demandes d'indemnisation doivent être déposées directement auprès de l'assureur du propriétaire du navire en cause. Les conventions CLC/FIPOL de 1992 ne couvrent pas non plus les problèmes d'indemnisation liés aux déversements d'hydrocarbures résultant d'opérations de production et d'exploration d'hydrocarbures au large, à l'instar des problèmes issus du pipeline Tchad-Cameroun ou des autres plates-formes de forage offshores. Ces problèmes sont couverts par des contrats d'assurance au tiers souscrits par les sociétés pétrolières afin de protéger leurs intérêts.

Le FIPOL adopte des critères restrictifs sur le type de dommages indemnisables et sur les conditions de leur recevabilité[58]. Le dommage réparable ne concerne que le « *dommage par pollution* » de nature accidentelle. Il s'agit « *du préjudice ou le dommage causé à l'extérieur du navire par une contamination survenue à la suite d'une fuite ou d'un rejet d'hydrocarbures du navire* (...) »[59]. Pour qu'une demande en réparation introduite par les victimes camerounaises soit jugée recevable, elle doit correspondre à un préjudice réel, justifiable, quantifiable[60] et en étroite relation avec la pollution dont l'auteur peut rapporter la preuve. Trois types de préjudices sont pris en compte par le FIPOL : les mesures de

---

[57]Voir, PNLDAH, p.16.

[58]NDENDE M., « *La politique d'indemnisation des victimes des marées noires devant le FIPOL* », Revue des droits des transports, n° 2, février 2008, p.28.

[59] Article 1er §.6 de la Convention CLC 1969, modifiée.

[60] Ainsi, le fonds n'accorde une indemnité que pour les dommages dont la quantification est possible. Sont ainsi exclus, les pertes escomptées, les dommages dont la quantification est abstraite et les dommages n'ayant pas de lien de causalité direct avec le fait générateur.

sauvegarde, les dommages causés aux biens[61] et les préjudices consécutifs et économiques purs.

Le dommage indemnisable comprend les mesures de sauvegarde, c'est-à-dire « *toutes mesures raisonnables prises par toute personne après la survenance d'un événement pour prévenir ou limiter la pollution* »[62]. Celles-ci sont limitées au coût des mesures raisonnables de remise en état de l'environnement contaminé qui ont été effectivement prises ou qui le seront[63] après le sinistre pour prévenir ses effets et pour en limiter les conséquences dommageables. Les dépenses supportées au titre de mesures de sauvegarde « *sont recouvrables même si aucun déversement d'hydrocarbures n'est survenu, à condition qu'il y ait une menace grave et imminente de dommage par pollution* »[64]. Il s'agit de l'ensemble des mesures prises, quel que soit le lieu où elles sont prises, pour prévenir ou limiter les dommages de pollution. Dans cette optique, les moyens matériels, humains et financiers mobilisés à la suite du déclenchement de l'alerte dans le cadre du Plan National de Lutte contre les Déversements Accidentels d'Hydrocarbures (PNLDAH) pour circonscrire une menace imminente de pollution au Cameroun sont recevables[65].

---

[61] Il s'agit en réalité des opérations menées afin de lutter contre la pollution.

[62] Article 1er. §.7 de la Convention CLC.

[63]MAURA J., « *Fonds international d'indemnisation de 1992 pour les dommages dus à la pollution par les hydrocarbures* », RCTAM, 2ème année, n° 3, juillet-décembre 2005, p.35.

[64]NDENDE M., op.cit. p. 28.

[65] Avec l'adoption du plan national de lutte contre les déversements accidentels d'hydrocarbures au Cameroun (PNLDAH) et son Manuel d'exécution par le Décret n° 2009/338 du 29 octobre 2009, le Cameroun a mis en place un cadre de prévention et de lutte contre la pollution pétrolière. La mise en œuvre de ce plan est coordonnée par le Comité de Pilotage et de suivi des pipelines (CSPS) en tant qu'organe de liaison permanente entre les administrations publiques et les opérateurs pétroliers intervenant en matière de gestion des pollutions dues aux hydrocarbures. Ce comité est pourvu d'un organe exécutif permanent qui assure une veille pour les questions de pollutions accidentelles par hydrocarbures au niveau de l'Etat camerounais. C'est dans le cadre de ce plan que des mesures de sauvegarde pourraient être prises en cas de pollution ou de menace de déversement d'hydrocarbures au Cameroun., voir, *Manuel d'exécution du PNLDAH*, p.7.

Matériellement, il s'agit de la mobilisation simultanée des cellules de gestion de crise au niveau national et au niveau des opérateurs et la mobilisation et le déploiement des équipements d'intervention sur le terrain. Ceci implique d'une part, des ressources humaines constituées des membres de la cellule de préparation et des cellules de gestion de crise, des équipes d'intervention sur le terrain, des contrôleurs ou observateurs de ces activités et, d'autre part, des ressources matérielles constituées de salles de gestion de crise équipées (téléphone, internet, imprimante, photocopieuse...) des équipements d'intervention à déployer (barrière de confinement, écrémeurs, pompes et réservoirs...), etc. Parfois, les mesures prises au regard de leur ampleur, notamment l'utilisation des moyens de lutte plus nombreux, sophistiqués et inévitablement coûteux, tranchent avec la nature « raisonnable » des mesures indemnisées par le FIPOL[66]. Sont ainsi exclues du champ de la réparation les dépenses effectuées dans le cadre du fonctionnement normal des services de sauvetage. Par exemple, l'acquisition des navires-dépollueurs à la suite de la survenance d'un incident maritime de grande ampleur ne sera pas prise en compte dans le cadre de mesures de sauvegarde, car il s'agirait là des dépenses liées à l'accomplissement des obligations internationales de l'État côtier[67]. La même précaution conduit aussi à distinguer les mesures de sauvegarde prises et les mesures de sauvetage et d'assistance. Dans la mesure où, cette distinction n'est pas clairement opérée par les conventions CLC et FIPOL, seul le « but » ou la destination primaires desdites mesures semble trancher dans ce cas. À titre illustratif l'opération effectuée en vue d'éliminer la menace de pollution présentée par un navire situé dans une zone écologiquement sensible constituerait une mesure de sauvegarde au sens des Conventions CLC-FIPOL[68].

---

[66] Par exemple, dans l'affaire du Tarpenbek, le FIPOL avait rejeté les demandes d'indemnisation présentées par le Royaume-Uni et par les autorités locales comme « frais de pompage, remorquage, et frais des mesures en vue d'éviter un déversement » faute de preuves concluantes.

[67] Voir, art 8 alinéa 4 de la Convention Marpol 73/78 ratifiée par le Cameroun en décembre 2006.

[68] Voir, FIPOL, *Rapport annuel*, 2004, n°14, pp.73-74.

Par ailleurs, les conventions CLC/FIPOL adoptent une conception très rigide des préjudices matériels et économiques. En effet, ceux-ci ne sont pris en compte que du moment où ils sont quantifiables et évaluables en argent. Sont ainsi exclus les préjudices extrapatrimoniaux, notamment, les préjudices corporels et sanitaires, les pertes d'aménités, l'atteinte à l'image de marque, le préjudice écologique pur[69]. En outre, les pertes que pourraient subir les entreprises de pêche industrielles ou artisanales, localisées dans la zone polluée par les hydrocarbures au Cameroun, consécutives à l'immobilisation des bateaux de pêche ou à l'indisponibilité des équipements ou filets souillés ; à l'interdiction de pêcher ou la mévente des produits de la mer ou encore à la fermeture temporaire ou définitive des entreprises sont indemnisables. Dans certains cas, une indemnisation est prévue au titre du manque à gagner subi par des personnes dont aucun bien n'a été pollué à condition qu'il soit consécutif au déversement[70]. C'est le cas des installations touristiques telles que les hôtels installés sur la côte qui pourraient subir une baisse d'occupation due à la pollution par les hydrocarbures dans les environs. Toutefois, lorsque le demandeur est une administration publique, par exemple en cas d'intervention d'une pollution au large de Limbé, il pourrait être difficile aux autorités administratives de cette ville de faire admettre le manque à gagner consécutif à la baisse des activités touristiques. Puisqu'il revient à chaque victime demanderesse d'apporter devant le FIPOL la preuve exacte et chiffrée des préjudices matériels et économiques qu'elle a subis[71]. Or, une telle preuve semble difficile à rapporter, car celui-ci est bien souvent indirect. Quoi qu'il en soit, étant donné que plusieurs activités sont menées simultanément au cours d'une intervention liée à un déversement accidentel d'hydrocarbures, il serait judicieux pour les autorités maritimes camerounaises de conserver des enregistrements exacts et détaillés de toutes les actions qui y sont

---

[69]NDENDE M., *op.cit.* p.29.

[70]Art 1er de la Convention FIPOL.

[71]Sur la notion de dommages pris en charge et l'existence d'un lien de causalité entre le fait générateur et le dommage, voir, CA de Rennes (2émech.com), 25 mai 2004, Navire Erika, DMF, juin 2005, pp.529-535 Notes BONASSIES P ET DELEBECQUE Ph, « *Le droit positif français en 2004* », DMF, 2005, pp.22-23.

associées et des coûts encourus afin que les demandes d'indemnisation puissent être complètement justifiées au moment de l'audit après le déversement.

2/ L'instauration d'un système d'indemnisation cantonné des dommages de pollution

Dans le but de rendre la réparation du dommage plus certaine et de permettre à la victime de pollution de ne pas être lésée, la réparation a été assortie de garanties pour les dommages causés par les hydrocarbures. Ainsi, en cas de déversements accidentels d'hydrocarbures au Cameroun, les réclamations initiales, au titre de la Convention CLC, vont être soumises au propriétaire du pétrolier ou à son assureur. À cet effet, pour bénéficier du droit de limiter la réparation due, le propriétaire « *doit constituer un fonds s'élevant à la limite de sa responsabilité auprès du tribunal ou de toute autorité compétente de l'un quelconque des États contractants* [72] ». Et le propriétaire du navire dispose d'une option, puisque « *le fonds peut être constitué soit par dépôt de la somme, soit par la présentation d'une garantie bancaire ou de toutes autres garanties acceptables admises par le législateur de l'État contractant dans lequel le fonds est constitué…* »[73]. Quoi qu'il en soit, les bâtiments de mer circulant dans les eaux camerounaises doivent avoir une assurance obligatoire au titre de la Convention CLC et suivant les prescriptions de la Loi n° 75/14 du 8 décembre 1975 rendant l'assurance obligatoire au Cameroun. La constitution de ce fonds est un moyen infaillible pour garantir à la victime une réparation certaine de son préjudice. Il s'agit de la contrepartie de la limitation de la réparation : le montant de la réparation

[72] Au Cameroun, conformément aux dispositions de l'article 5 (2) de la Loi n° 2008/003 du 14 avril 2008 sur les dépôts et consignations, la Caisse des Dépôts et consignations pourrait être l'autorité compétente pour recevoir ces fonds. Cette institution n'étant pas encore fonctionnelle, cette consignation devrait se faire au greffe, voir, article 24 du code de procédure civile et commerciale.

[73] Voir, article 5-3 de la Convention CLC. À titre de droit comparé, on peut évoquer l'ordonnance prise le 21 mars 2000 par le tribunal de commerce de Nantes constatant la constitution du fonds par le propriétaire du navire Erika sous forme de lettre de garantie dont le montant a été fixé à 84.247.733,00 francs français.

est certes limité, mais le versement en est assuré. Le propriétaire du navire a ainsi l'obligation de contracter une assurance couvrant les dommages que le navire pourrait occasionner[74]. La Convention FIPOL va même au-delà d'une simple obligation d'assurance puisqu'elle prévoit que toute victime peut demander directement à l'assureur de l'indemniser[75]. En conséquence, le Gouvernement du Cameroun et ses citoyens pourraient former un recours en réparation directement à l'encontre des assureurs des bâtiments de mer à l'origine des dommages par pollution. Il s'agit d'une exception dans la pratique des P & I clubs[76] qui excluent généralement toute action directe des victimes. Cette possibilité est une dérogation du principe selon lequel ne sont remboursées par l'assureur que les sommes réellement déboursées par l'assuré. Elle représente une

---

[74]Art 7-1 de la Convention CLC. Cette obligation d'assurance qui ne concerne que les navires transportant plus de 2 000 tonnes d'hydrocarbures incombe néanmoins aux navires battant le pavillon d'un État qui n'est pas partie à la Convention CLC, lorsqu'ils font escale dans un port d'un État partie. Les Conventions de 1992 reprennent les mêmes méthodes de calcul du montant de la réparation fondées sur la taille du navire. L'unité de compte est le DTS (droit de tirage spécial). Le Protocole de 1992 a limité la responsabilité pour un navire de moins de 5 000 tonneaux, à trois millions de DTS. Cette limitation peut toutefois être augmentée à 420 DTS par tonneau, sans pourtant dépasser 59,7 millions de DTS.

[75] M. Herbert, « *Point sur l'indemnisation* », In Actes de la 18éme Conférence de l'Atlantique, A propos et autour de l'Erika, Brest, 25 mai 2000, p.34.Ce chiffre correspond en réalité à l'addition de l'enveloppe de 671 millions d'euros votée par l'OMI et du plafond du fonds porté à 249 millions d'euros.

[76] Dès lors que le marché traditionnel d'assurances ne prend pas en charge une multitude de dommages, notamment le dommage causé à l'environnement, les armateurs ont dû se garantir contre ces risques en créant des mutuelles d'assurance auprès des P & I clubs. Nés dans le monde anglo-saxon, ces assureurs particuliers garantissent les risques que le marché traditionnel ne garantit pas. Ils ont ainsi activement participé à l'augmentation des plafonds d'indemnisation pour les dommages causés par la pollution par les hydrocarbures, voir à ce sujet, TASSEL Y, « *Risque et responsabilité dans les assurances maritimes* », in Recueil des interventions du colloque Mer et Responsabilité, Paris, Pédone, 2009, pp. 174-175. L'auteur souligne : « Les Clubs P & I font de l'assurance une activité mutualiste dont la seule raison d'être est de maintenir la possibilité d'exercer une activité économique dont l'existence serait incertaine si cette mutualité n'existait pas ». Il existe actuellement 13 clubs P & I, indépendants entre eux, mais faisant partie d'un seul « group ».

réelle garantie pour les victimes qui ont de ce fait la certitude d'être rapidement indemnisées.

Concrètement, si une marée noire se produit au Cameroun, le propriétaire du navire responsable de la pollution doit constituer un fonds auprès du tribunal de grande instance du lieu de cet incident. Le Président de ce tribunal va rendre une ordonnance par laquelle il constatera la constitution du fonds. Le FIPOL en collaboration avec l'assureur de ce propriétaire de navire va ouvrir des bureaux d'indemnisation afin de faciliter le traitement des demandes d'indemnisations. Les victimes de dommage par pollution vont présenter leurs réclamations à un de ces bureaux qui va les transmettre au Secrétariat du fonds de 1992 et à l'assureur P & I du propriétaire du navire. La constitution d'un dossier de demande d'indemnisation étant relativement complexe, des sociétés de conseils vont offrir leurs services aux sinistrés. L'assureur et le fonds de 1992 vont aussi nommer des experts techniques qui fourniront conseils et assistance à la personne responsable de l'opération d'intervention, avec pour but d'obtenir un accord mutuel sur les demandes acceptables. Par conséquent, il est dans l'intérêt du demandeur de travailler en étroite collaboration avec, à la fois, les assureurs et les experts techniques pour s'assurer que toutes actions menées sont raisonnables et, ainsi s'assurer que les coûts associés ne seront pas contestés au moment de la soumission des demandes d'indemnisations. Dans la plupart des cas, un expert de la Fédération Internationale des Propriétaires de Pétroliers (ITOPF) va suivre le déversement pour remplir ce rôle[77]. Celui-ci est souvent impliqué dans l'audit réalisé après le déversement du fait qu'il a trait au processus d'indemnisation. Ces experts vont étudier les demandes d'indemnisations qui leur seront soumises et, si elles répondent aux critères d'admissibilités édictés par le FIPOL, ils vont chiffrer le dommage. Précisons tout de même que la décision finale de prendre en charge une demande

[77]Afin d'aider les victimes, un bureau d'indemnisation peut être mis en place. Il assure la diffusion de l'information relative aux procédures, mais également de réception des demandes d'indemnisation, il n'a « aucun pouvoir décisionnel », et se borne à n'être qu'« une grosse boîte aux lettres », voir, HEBERT M, op.cit., p.36.

d'indemnisation ou de la rejeter dépend entièrement de l'assureur et du fonds. Afin de ne pas imposer aux victimes des délais trop longs, un système de règlement par provision est instauré. Un taux d'indemnisation est alors fixé par le Comité exécutif. Sans ce taux, le FIPOL n'est pas autorisé à effectuer les paiements, ceci même si un montant d'indemnisation a été déterminé et accepté par la victime. En attendant la fixation du taux d'indemnisation, et surtout le versement des premières indemnisations, l'assureur du propriétaire peut procéder lui-même à des paiements[78]». Le demandeur devra bien réfléchir sur la somme qui lui sera proposée, car il a le choix de l'accepter ou de saisir la justice. Si le demandeur accepte cette offre, il devra signer une quittance subrogative cédant ainsi ses droits à l'assureur et au fonds qui pourront, eux, se retourner plus tard contre les véritables responsables de la pollution de l'environnement marin camerounais. Par contre si le demandeur refuse l'offre du FIPOL, il pourra demander qu'une nouvelle évaluation soit faite, en fournissant de nouveaux documents à l'appui de ses prétentions. En cas de désaccord sur le montant ou de refus d'indemniser de la part du FIPOL, le demandeur peut alors intenter une action en responsabilité civile devant les tribunaux camerounais contre le FIPOL, le propriétaire du navire et son assureur.

La décision d'accepter l'indemnisation proposée par le FIPOL est lourde de conséquences, car il a été jugé en France que les accords transactionnels d'indemnisation revêtent un caractère définitif[79]. L'avantage de cette procédure est qu'elle est moins longue pour les sinistrés, dans la mesure où l'indemnisation offerte par le FIPOL peut être disponible dans les trois ans qui suivent le sinistre. Afin de faciliter le choix des sinistrés, la France a mis en place un système d'indemnisation à travers le fonds Polmar qui rembourse aux collectivités locales et aux associations les dépenses exceptionnelles engagées au titre de la pollution. Ce mécanisme s'est révélé très utile lors du naufrage de l'Erika le 19

---

[78] Il n'est en effet pas tenu par la décision du Comité exécutif. Il prend toutefois le risque, si les paiements qu'il a effectués sont supérieurs au taux fixé, de ne pas être remboursé d'une partie des sommes avancées.

[79] Voir, CA Rennes, 9 mai 2006, DMF n° 676, décembre 2006, p.1024.

décembre 1999, le Cameroun devrait donc s'en inspirer. L'indemnisation d'un sinistre se composera ainsi : un premier niveau mis à la charge du propriétaire du navire jusqu'à 165 millions d'euros, un deuxième niveau contenu dans le FIPOL d'un montant de 248 millions d'euros. Le Cameroun faisant partie des cent onze États ayant ratifié le Protocole de 1992 dont les cotisations auprès du FIPOL sont à jour[80], en cas de déversement accidentel d'hydrocarbures au Cameroun, il sera procédé à une répartition des sommes disponibles, suivant le principe de la proportionnalité[81].Il existe désormais un troisième niveau auquel le Cameroun n'a pas encore souscrit constitué d'un fonds complémentaire dont le plafond est fixé à 917 millions d'euros[82]. Il s'agit d'un fonds facultatif et complémentaire destiné à assurer une « *indemnisation additionnelle lorsque les dommages excédent le montant des indemnités disponibles en vertu des Conventions de 1992* ».

La complexité des procédures d'indemnisation du FIPOL ne fait aucun doute, elle semble d'ailleurs de nature à décourager l'action en indemnisation de la victime, ceci d'autant plus qu'elle se conjugue avec le systématique dépassement des limitations des fonds en cas de pollution

---

[80] Voir, FIPOL, Rapport annuel de 2012, p.17.

[81] Voir, l'article 5-4 de la Convention CLC.

[82] Il s'agit d'un fonds facultatif et complémentaire destiné à assurer une « *indemnisation additionnelle lorsque les dommages excédent le montant des indemnités disponibles en vertu des Conventions de 1992* ». Il correspond à un troisième niveau d'indemnisation offrant une réparation pour les dommages, dont les montants sont supérieurs aux limites fixées par le FIPOL. Seuls les pays qui y auront adhéré seront couverts, et pour l'instant, le Cameroun n'a pas encore ratifié ce nouveau protocole. Ce fonds est financé par les contributions versées par toute personne ayant reçu au cours de l'année plus de 150 000 tonnes d'hydrocarbures. Le montant maximum de réparation a été fixé à 750 millions de DTS soit 917 millions d'euros. Ouvert à la signature le 31 juillet 2003, ce nouveau protocole est entré en vigueur 12 mois après sa ratification par 8 États au moins, voir les articles 10-1 et 4-2 de ce Protocole, également Boisson Ph, « *Les travaux en cours à l'OMI* », extrait de la chronique d'actualité du droit maritime international exposée par l'auteur devant l'Association Française du Droit maritime, le 3 avril 2003, loc.cit. P.452.

majeure[83].Nous pouvons donc conclure à ce niveau en relevant que le système international de réparation des dommages dus à la pollution par les hydrocarbures privilégie le caractère pragmatique de la réparation, c'est-à-dire sa disponibilité au lieu d'une réparation parfaite et satisfaisante. Un tel système est nécessairement critiquable, car dans la conception juridique classique, rien ne justifie une réparation qui ne soit pas entière et totale.

II/ L'alternative au système international de responsabilité civile pour dommages dus à la pollution par le déversement accidentel d'hydrocarbures

En matière de pollution pétrolière, le droit camerounais tente de faire preuve d'originalité en sortant du conformisme traditionnel et en adoptant des solutions réformatrices du droit de la responsabilité civile qui soient à la fois compatibles avec les obligations internationales de l'État camerounais et permettraient d'offrir à la victime, l'assurance d'une réparation certaine et satisfaisante du préjudice qu'elle a subi. Dans cette optique, le droit de l'environnement camerounais offre aujourd'hui une solution plus cohérente au problème de responsabilité civile en cas de déversement accidentel d'hydrocarbures dans l'environnement marin camerounais. En effet, la Loi-cadre du 5 août 1996 consacre le principe d'une responsabilité objective illimitée dans son montant (A) dont le paiement semble tout aussi garanti (B).

À/ La consécration d'une responsabilité civile objective illimitée en droit de l'environnement camerounais

Avec les accidents, l'on a assisté à l'apparition et à la multiplication de nouveaux dommages permettant de déceler les insuffisances d'une responsabilité exclusivement fondée sur la faute, et a conduit à l'émergence d'une responsabilité sans faute qui est venue élargir le champ de la responsabilité et adapter le droit à la mutation des nécessités

[83] Pour une étude sur les procédures d'indemnisation, voir NDENDE M., « *Regard sur les procédures d'indemnisation des victimes de la catastrophe de l'Erika* », ADMO, 2003, tome XXL, pp.89-105.

économiques et sociales[84]. De nos jours, des activités à risque viennent provoquer des atteintes à l'environnement et le pollueur doit aussi être le payeur des dommages causés par la pollution, car dès lors qu'on entreprend une activité dangereuse dont on tire profit, il semble équitable qu'on supporte aussi les risques qu'elle entraîne[85]. La réparation correspond à la prestation qui vise à faire disparaître le préjudice ou le dommage[86], permet le rétablissement de l'équilibre détruit par le dommage et ambitionne, sans toutefois y parvenir, de replacer les victimes dans la situation où elles se seraient trouvées si le dommage ne s'était pas produit. Il incombe à celui qui a été désigné responsable de réparer le dommage qu'il a causé. Les règles classiques de l'action en responsabilité civile imposent à la victime de prouver de manière positive :- qu'elle a subi un préjudice personnel, certain, actuel au jour de la demande ; — que la ou les personnes qu'elle assigne ont commis une faute ou un fait susceptible d'engager leur responsabilité ; — qu'un lien de causalité direct existe entre le préjudice subi et la faute ou le fait de la personne. Or, en matière d'atteinte à l'environnement, il est rare que ces trois éléments puissent effectivement être établis de manière certaine, c'est-à-dire prouvés au sens juridique du terme. À cet égard, fonder une action sur la base d'une responsabilité pour faute réduirait considérablement les chances de réparations du préjudice occasionné par un déversement accidentel d'hydrocarbures au Cameroun. Heureusement que la Loi-cadre du 5 août 1996 relative à l'environnement au Cameroun apporte une lueur d'espoir pour les victimes de pollution.

En effet, son article 77 dispose : « [...] *est responsable civilement, sans qu'il soit besoin de prouver la faute, toute personne qui transportant ou utilisant des hydrocarbures ou des substances chimiques, nocives et dangereuses, ou exploitant un établissement classé, a causé un dommage*

---

[84]THIBIERGE C, « *Libre propos sur l'évolution du droit de la responsabilité* », Revue Trimestrielle de Droit Civil, juillet- septembre 1999, p 561.

[85]*OST F., « La responsabilité, fil d'Ariane du droit de l'environnement* », Droit et société, 1995, p.285.

[86] CORNU G.,*Vocabulaire juridique*, PUF, 8eme édition, 2007, p.803.

[...]». Il découle de ce texte que la responsabilité civile existe même en l'absence de faute telle qu'il est affirmé par l'article 1384 du Code civil camerounais. L'objet principal dans ce contexte est la réparation intégrale du préjudice. Il s'agit ici de faire application du principe pollueur-payeur consacré à l'article 9(c) de la Loi-cadre du 05 août 1996 qui impose à toute personne exerçant une activité à risque dont elle tire profit à en supporter entièrement les conséquences dommageables. Le législateur camerounais exprime ici sa volonté d'accorder à la victime une meilleure indemnisation que celle offerte par le système international. Cette volonté est traduite par l'objectivation de la responsabilité de l'auteur du dommage.

Ainsi, en cas de déversement accidentel d'hydrocarbures au Cameroun, les victimes pourraient se fonder sur ce texte pour obtenir une réparation intégrale. L'article 77 susvisé instaure une responsabilité de plein droit en cas de pollution de l'environnement marin au Cameroun. Cette responsabilité est stipulée à l'encontre de toutes les activités susceptibles d'occasionner un déversement accidentel d'hydrocarbures. Ainsi considéré, le texte camerounais adopte une conception extensive du dommage réparable. En effet, il intègre dans sa conception toutes les sources potentielles de déversement accidentel d'hydrocarbures au Cameroun. Ce qui paraît juste, étant donné que l'une des faiblesses des Conventions CLC/FIPOL est qu'elles ne prennent pas en compte l'ensemble des sources de pollution de l'environnement marin. On se souvient que les produits raffinés, tels que l'essence, le diesel et le pétrole, ainsi que les déversements depuis la soute d'un bateau ne transportant pas les hydrocarbures lourds, ne sont pas couverts par ces conventions. Elles ne couvrent pas non plus les indemnisations liées aux déversements d'hydrocarbures résultant des plates-formes de production pétrolière offshore, ni même les problèmes de responsabilité et d'indemnisation liés aux déversements d'hydrocarbures résultant d'opérations de production et d'exploration d'hydrocarbures au large. Ainsi, en cas de déversement accidentel d'hydrocarbures provenant d'une de ces sources, les victimes camerounaises ne peuvent agir en responsabilité civile contre l'auteur du déversement que sur la base des dispositions de la Loi-cadre du 5 août 1996. Il s'agit d'une solution salutaire qui permet de rétablir l'équité juridique en cas d'atteinte à l'environnement marin, car la responsabilité civile mise en cause n'est pas réductive.

Par ailleurs, selon ce régime, toute personne est responsable de plein droit dès lors que le déversement accidentel d'hydrocarbures dans l'environnement marin camerounais résulte de son fait. Selon cette considération, la Loi camerounaise ne semble pas réduire le cercle des personnes dont la responsabilité pourrait être engagée en cas de pollution de l'environnement marin au Cameroun. En effet, l'article 77 précise juste que « toute personne » est responsable. En évitant de désigner expressément le propriétaire du navire, le législateur camerounais adopte, à notre sens, une conception volontairement extensive des personnes civilement responsables. Cette position est renforcée par l'article 62 de la Loi n° 99/013 du 22 décembre 1999 portant Code pétrolier du Cameroun qui établit un régime de responsabilité objective des exploitants pétroliers et de leurs sous-traitants pour les pertes ou les dommages se rattachant directement ou indirectement à l'exercice des opérations pétrolières, aux activités connexes ou aux installations situées à l'intérieur ou à l'extérieur du périmètre contractuel. Ce régime, qui couvre aussi bien le dommage corporel, matériel et environnemental, a pour effet en ce qui concerne les dommages de pollution par hydrocarbures d'obtenir sans qu'il soit besoin d'établir une faute de l'auteur du dommage, la réparation des préjudices occasionnés. Il peut alors s'agir du propriétaire, de l'armateur ou même de l'affréteur ou encore de l'exploitant du navire. Ceux-ci sont objectivement responsables, c'est-à-dire même en l'absence d'une faute, des dommages causés à l'environnement marin au Cameroun.

La survenance de la pollution les rend automatiquement responsables, les victimes n'ont qu'à prouver le lien de causalité entre le dommage et l'évènement. Elles devraient à cet effet démontrer l'existence d'un lien de connexité entre le fait de la chose, en l'occurrence sa structure, et le dommage. Il s'agit de prouver que « *la chose a été en quelque manière, l'instrument du dommage* »[87], c'est-à-dire qu'elle a joué un rôle actif dans la réalisation du dommage[88]. La jurisprudence actuelle se dirige vers un renforcement de la présomption de causalité aux choses inertes en cas de contact entre ces dernières et le siège du dommage[89]. La tempête ou même le mauvais état du navire sont certes à l'origine de l'accident, mais seule la nature particulière de la cargaison transportée confère à l'évènement de mer sa qualité de catastrophe écologique, dans la mesure où l'importance des dommages aurait été relativement minimisée si la cargaison avait été des conteneurs, du vin ou même des véhicules. Or, il semble nécessaire de préciser que, lorsqu'on est en présence d'un dommage écologique, il convient de procéder par équivalence, ce qui permet de retenir « *tous les faits qui ont contribué à un titre ou à un autre à la réalisation du dommage* »[90].

Cette solution est favorable à l'application du principe de précaution consacré par l'article 9 de la Loi-cadre du 5 août 1996 qui permet d'élargir la notion de responsabilité en s'imposant aux professionnels qui, dans l'exercice de leur activité, pourraient exposer des tiers ou l'environnement à certains risques[91]. Le Professeur Martin[92] suggère justement qu'il faudrait admettre que le principe de précaution puisse s'appliquer à toutes les activités à risque[93]. Le défaut de précaution, conçu

---

[87] 2e chambre civile de la Cour de cassation, 5 mai 1993, Bulletin des arrêts de la Cour de cassation II, n° 168.

[88]LE TOURNEAU Ph. et CADIET L., *Droit de la responsabilité*, Paris, Dalloz action, 1998, n° 3637 et suiv.

[89] Une personne se blesse en heurtant une boîte aux lettres qui débordait sur un trottoir. La 2e chambre civile de la Cour de cassation retient « *que la boîte aux lettres avait été, de par sa position, l'instrument du dommage* ». Cass. civ. 2e ch. 25 octobre 2001, Dalloz, n° 18, 2002, Jurisprudence, pp 1450-1453.

[90] G. Martin, « *La responsabilité civile du fait des déchets en droit français* », *RIDC*, 1992, p 70.

[91] Rapport au premier ministre présenté par KOURILSK P et VINEY G., « *Le principe de précaution* », 15 octobre 1999, p 137. Disponible à l'adresse Internet suivante : http ://adlp.free.fr/kourilsky.pdf.

[92]MARTIN G., « *Apparition et définition du principe de précaution* », Petites Affiches 30 novembre 2000, p 9.

[93] Pour d'autres, parce que les catastrophes pétrolières relèvent davantage du risque avéré que leurs causes et effets soient souvent connus, c'est de prévention qu'il faut parler,

comme une faute de sécurité, devrait pouvoir justifier l'engagement de responsabilité de celui qui, connaissant ou pouvant connaître un danger, n'aura pas pris les mesures qui s'imposaient pour le prévenir. C'est dans cette optique que le Tribunal de grande instance de Senlis[94] a mis à la charge d'un industriel pollueur le coût de remise en état du site endommagé sur le fondement de l'article 1382 du Code civil. Dans cette affaire, le juge a précisé que l'industriel « *aurait dû s'imposer* » un certain type de comportement, on se rapproche ici plus d'un jugement moral que d'une norme juridique impérative. Ainsi, l'industriel aurait dû prendre les précautions afin d'éviter l'occurrence du dommage. Cette solution permet d'identifier à la fois celui qui exerce une activité polluante, donc à risque, à l'instar d'un exploitant d'une plateforme pétrolière, et celui à qui profite la chose « dangereuse », par exemple, le propriétaire d'une cargaison d'hydrocarbures. Tous deux devraient répondre des conséquences dommageables occasionnées par leur activité. Le recours à la notion de création d'un risque pourrait faciliter l'établissement de la preuve du lien causal entre une activité dangereuse et des dommages survenus au contact ou à proximité de cette activité. C'est ainsi que certains tribunaux étrangers considèrent que lorsqu'une personne, volontairement ou par imprudence, crée une situation dangereuse, sa responsabilité puisse être engagée sur le fondement de la notion de « *probabilité* » ou de « *prévisibilité* » objective pour suppléer la preuve du lien de causalité[95]. Le législateur camerounais va à l'encontre des exigences du monde maritime et surtout des justifications avancées pour le maintien de la limitation de responsabilité et offre aux victimes une garantie de réparation.

---

voir, LECOUVIOUR K., « *Responsabilités pour pollutions majeures résultant du transport maritime d'hydrocarbures …* », JCP- La Semaine Juridique, Edition générale, n°51-52, 18 décembre 2002, p 2274.

[94] Tribunal de grande instance Senlis, 11 juin 1991, ANRED c/ Société Rodanet, CPEN, n° 465, p 2369.

[95] VINEY G et JOURDAIN P., *Les conditions de la responsabilité,* 2e édition *LGDJ* 1998, n° 369 ; MARTIN G.., « *Apparition et définition du principe de précaution* », *Petites Affiches*, 30 novembre 2000, p 9.

B/ La consécration d'un droit de réparation garanti en droit camerounais en cas de déversement accidentel d'hydrocarbures

En règle générale, la réparation consiste à établir l'équilibre qui a été rompu par l'auteur du dommage entre son patrimoine et celui de la victime. La principale forme de réparation qui est généralement admise en droit de la responsabilité civile est l'indemnisation pécuniaire octroyée aux victimes dont la finalité est de replacer la victime dans la situation où elle se serait trouvée si l'acte dommageable ne s'était pas produit. Ainsi, la réparation devrait être suffisante et juste pour assurer une certaine sécurité à la victime. Rien en effet ne peut justifier que la réparation des dommages de pollution soit limitée à un plafond difficilement franchissable qui priverait la victime du bénéficie d'une réparation intégrale. À cet égard, la limitation de responsabilité consacrée par les conventions CLC/FIPOL dilue la portée réelle du principe d'une réparation intégrale qui répond à la nécessité de préserver la confiance du corps social dans la capacité de la collectivité à protéger les individus contre les risques que le législateur déclare prioritaires[96].

Dans le transport maritime des hydrocarbures, il est de tous connu que la responsabilité du propriétaire du navire est une responsabilité limitée à un certain plafond. Ainsi, dans le cas où les dommages subis par les victimes camerounaises sont inférieurs au plafond légal arrêté, ceux-ci seront totalement réparés. *A contrario*, si ces dommages sont supérieurs au plafond de réparation, les victimes ne pourront percevoir qu'une indemnité dont est calculé en fonction du dommage subi, dans la limite des fonds disponibles[97]. Lorsque le montant des dommages causés dépasse le maximum disponible, le partage de l'indemnisation entre toutes les victimes camerounaises pourrait se faire selon la règle du traitement équitable. Cela signifie que chaque victime va recevoir une indemnité partielle calculée au prorata du dommage qu'elle a subi, en

---

[96] PIERRONNET F.X, *Responsabilité civile et passagers maritimes*, t1, PUAM, 2004, p. 593.

[97] À l'origine ce montant était de 60 millions de DTS par événement. Ce plafond avait été porté à 135 millions de DTS par le Protocole de 1992, depuis le 1er novembre 2003, il est fixé à 203 millions de DTS.

fonction du nombre de victimes potentielles et au total de l'indemnisation due. L'indemnisation est par la suite complétée dans la limite du plafond disponible, c'est-à-dire jusqu'à épuisement. Les fonds versés par le propriétaire du navire, au titre de l'indemnisation due, viennent en déduction du plafond disponible dans le fonds FIPOL[98]. C'est donc un système favorable à la chaîne des transporteurs et des assureurs maritimes.

Or, le législateur camerounais adopte une position sensiblement favorable aux victimes de pollution. Puisque la Loi-cadre du 5 août 1996 relative à l'environnement instaure une responsabilité objective à la charge de l'auteur d'un déversement accidentel d'hydrocarbures au Cameroun dont le montant ne semble pas *a priori* plafonné. Cette responsabilité de plein droit ne souffre d'aucune limitation et veut que l'auteur soit responsable automatiquement, c'est-à-dire en dehors de la preuve de l'existence d'une faute, dès lors qu'il est à l'origine d'un déversement accidentel d'hydrocarbures dans l'environnement marin camerounais. Il est ainsi imposé au pollueur une responsabilité illimitée de remise en état des sites pollués qui, contrairement aux prescriptions des Conventions CLC/FIPOL, n'a pas besoin d'être précisément chiffrée, il suffit que l'auteur d'une pollution de l'environnement marin soit identifié. En effet, face au coût social d'une catastrophe écologique majeure, le principe de limitation de responsabilité, issu du droit maritime forgé aux temps où la navigation se faisait uniquement par voile, apparaît en totale opposition avec l'évolution actuelle du droit de l'environnement au Cameroun.

Le droit camerounais va encore plus loin dans son élan de protection en faveur des victimes. En effet, il impose aux opérateurs pétroliers la

---

[98] Le fonds est alimenté par les contributions des entreprises recevant du pétrole par voie maritime, indépendamment de leur implication dans le sinistre. C'est l'organe gestionnaire du fonds qui détermine le montant des sommes à collecter pour l'indemnisation des victimes, ainsi que la répartition de celles-ci entre les industriels du pétrole des différents États parties à la Convention. Il s'agit des industries pétrolières qui importent plus de 150 000 tonnes d'hydrocarbures par an. La collecte se réalise après chaque sinistre.

souscription d'une assurance obligatoire préalable à tout exercice d'une activité au Cameroun. Ainsi, l'article 118 du Décret d'application n° 2000/465 du Code pétrolier du Cameroun prescrit aux opérateurs pétroliers la souscription de polices d'assurances qui couvrent tous les risques liés aux activités pétrolières pour lesquels l'exploitant et ses sous-traitants ou l'État seraient tenus responsables. Il s'agit des pertes ou dommages causés aux installations, équipements et autres éléments utilisés aux fins des opérations pétrolières ; des dommages à l'environnement causés sur le périmètre contractuel pendant la réalisation des opérations pétrolières[99]. La législation camerounaise prévoit également tout comme son homologue sénégalais[100] une obligation impérative d'assurance pour tout capitaine ou exploitant de bâtiment de mer transportant une cargaison importante d'hydrocarbures ou autres matières polluantes de justifier d'un certificat d'assurance ou d'une garantie financière équivalente avant son accès dans les eaux maritimes et les ports camerounais.

Cette obligation est prescrite par la Loi n° 75/14 du 8 décembre 1975 portant assurance obligatoire des marchandises ou facultés à l'importation au Cameroun[101]. L'obligation d'assurance instituée par l'article 1er de cette dernière ne s'applique qu'aux marchandises ou facultés dont la valeur FOB excède 500. 000 francs CFA. C'est généralement le cas des cargaisons pétrolières, cela signifie que tous les pétroliers pénétrant dans l'environnement marin camerounais sont tenus d'avoir une assurance suffisante pour couvrir leurs responsabilités en cas de pollution par les hydrocarbures. Ainsi, le droit camerounais prend à

[99] Des blessures, pertes et dommages subis par les tiers, les membres de son personnel ou les agents mandatés de l'Etat, commis dans le cadre de la surveillance administrative et technique desdites opérations pendant leur réalisation ; des coûts d'abandon des structures et installations offshore endommagées suite à un sinistre intervenu pendant la période de validité du contrat pétrolier.

[100] Voir les dispositions de l'article L 72 de la Loi N° 2001-01 du 15 janvier 2001 portant code de l'environnement au Sénégal.

[101] Voir, article 1er de ce texte et l'article 1er du Décret n°76/334 du 6 août 1976 portant application de la loi n° 75/14 du 8 décembre 1975 rendant obligatoire l'assurance des marchandises ou facultés à l'importation au Cameroun.

contrepied toutes les justifications[102] avancées pour légitimer l'institution de la limitation de responsabilité en matière maritime, notamment la plus vigoureuse et la plus actuelle fondée sur l'assurabilité c'est-à-dire la limitation des valeurs assurées par l'intérêt général[103]. Dans la réalité, la limitation de responsabilité reflète la puissante influence du shipping dans les négociations internationales et est garante de la viabilité des armements. La condition matérielle de cette limitation repose sur la constitution d'un fonds qui améliore sans conteste le sort des victimes même s'il accroît en même temps le fardeau des activités maritimes sur l'environnement marin. La limitation de responsabilité est qualifiée d'anachronique, car elle va à l'encontre du principe de *restitutio integrum* qui condamne toute personne à l'origine d'un dommage à le réparer intégralement[104]. Quoi qu'il en soit, cette limitation de responsabilité semble préjudiciable aux victimes camerounaises, nous pensons qu'elle devrait par conséquent être d'application restreinte. En effet, si la limitation de responsabilité semble bénéfique pour la communauté maritime solidairement associée aux risques générés par des périls de mer, elle l'est moins pour les victimes terrestres d'une pollution marine ou même pour l'environnement côtier souillé par cette pollution, puissent participer à cette communauté encore moins bénéficier d'une quelconque limitation de sa responsabilité.

Pour conclure, les régimes de responsabilité mis en place par le droit international présentent de nombreuses défaillances au Cameroun que le droit interne tente de corriger pour répondre efficacement à un impératif de réparation des dommages issus d'un déversement accidentel

---

[102] Au départ, elle se justifiait par la fortune de mer, c'est-à-dire les valeurs mises en risque, voir, RODIERE R., *Traité général de droit maritime, Introduction et armement*, Dalloz, 1976, n° 462. Puis par la communauté maritime, c'est-à-dire la solidarité des gens de mer décrite par le Doyen RIPERT, par le fait que « la victime, qui souffre de cette limitation, en profitera peut-être un jour. Tous ici peuvent être auteurs ou victimes des mêmes sortes de dommages ... », in RIPERT R., *Traité*, t2, n° 1236.

[103]STEEL D., « *Ships are differents : the case for limitation of liability* », LMCLQ, 1995, p.77.

[104]GOTTHAR G., « *Limitation liability in maritime law : an anachronism ?* », *Marine policy*, vol.19, n° 1, 1995, pp.65-74.

d'hydrocarbures dans l'environnement marin. Toutefois, même si le positionnement du législateur camerounais doit être salué, il n'est pas superfétatoire de penser qu'à l'avenir la responsabilité civile notamment dans le domaine des pollutions marines accidentelles devra subir de nouvelles métamorphoses. En effet, l'œuvre du législateur devrait être renforcée par la création d'un fonds spécial de garantie qui permettrait de réparer les dommages qui ne pourraient l'être du fait de leur ampleur, de l'insolvabilité ou de la non-identification des responsables de pollution de l'environnement marin au Cameroun. Mais une telle évolution ne pourrait être juste que si elle est inspirée par des considérations morales. À une heure où l'universalisation des problèmes environnementaux représente un défi capital de ce siècle, le respect des principes d'irréversibilité, de précaution et de prévention, lentement consacré en droit de l'environnement depuis la Conférence de Stockholm de 1972 appellent à une responsabilisation de tous les acteurs sociaux et ont vocation à guider sans réserve, le comportement de tous ceux qui exercent une activité à risque.

B.

DROIT PUBLIC

LA CEEAC ET LA CRISE CENTRAFRICAINE

Emmanuel MOUBITANG[1]

RÉSUME

République centrafricaine - 10 décembre 2012 - La rébellion regroupée au sein de la Coalition SELEKA lance l'offensive en direction de la capitale Bangui - Intervention rapide de la CEEAC - 11 janvier 2013, signature de l'Accord de paix de Libreville entre le Gouvernement centrafricain et les rebelles - 24 mars 2013, violation de l'Accord de paix, coup d'État de la Coalition SELEKA - Renversement anticonstitutionnel du régime de François BOZIZE - Vide institutionnel et sécuritaire - Anarchie totale - 15 mai 2013, proposition onusienne de déploiement d'une « force de sécurité neutre » en mesure de « contenir l'état actuel d'anarchie » et d'obliger les éléments rebelles à se conformer au cadre de sécurité prévu par l'Accord de paix de Libreville - Défaillance de l'architecture de paix et de sécurité de la CEEAC.

INTRODUCTION

Depuis la fin de la guerre froide, les problèmes de la guerre et de la paix ne se présentent plus dans les termes comparables à ceux qui existaient dans les années 1950[2]. D'importantes transformations sont intervenues, dont la plus significative est que les pays développés ne font plus la guerre ; par conséquent, les conflits qui subsistent sont presque exclusivement des guerres civiles dans des pays dont les institutions publiques ne sont pas encore stabilisées[3]. Dans ce contexte, l'Afrique est

---

[1] Chargé de Cours, Faculté des Sciences Juridiques et Politiques, Université de Yaoundé II

[2] Voir M. Bertrand : « Les organisations internationales et l'ordre mondial », Cahiers français, n°302, La crise des organisations internationales, La documentation française, 2001, p.3.

[3] Ibid.

l'un des continents les plus affectés par ces conflits opposants majoritairement au sein d'un État, l'armée régulière à des milices. La spécificité de ces conflits tient à une imbrication de facteurs internes et externes qui, même circonscrits au sein d'un État, peuvent comporter des risques d'extension internationale. Cette situation a poussé les États de la sous-région à se regrouper au sein de la Communauté Économique des États de l'Afrique Centrale (CEEAC)[4], une organisation internationale dont la mission principale consiste à assurer la sécurité collective de ses membres. Ainsi, en vertu des dispositions pertinentes des textes organiques de ladite organisation[5], un État au sein duquel se développerait une situation de nature à troubler la sécurité du groupe verrait s'exercer sur son territoire la compétence de la Communauté dont il est membre.

Lors de sa création, la CEEAC avait pour objectif de « *promouvoir et renforcer une coopération harmonieuse et un développement équilibré et autonome entretenus dans les domaines de l'activité économique et sociale [...] en vue de réaliser l'autonomie collective, d'élever le niveau de vie des populations, d'accroître et de maintenir la stabilité économique, de renforcer les étroites relations pacifiques entre ses membres et de contribuer au progrès du continent africain* ». Le Traité de la CEEAC, entré en vigueur le 18 décembre 1984 et fonctionnel depuis 1985, a d'abord constitué pour les États membres un cadre approprié pour promouvoir l'intégration économique et le renforcement de la confiance entre eux. C'est bien plus tard que la CEEAC a élargi sa vision de l'intégration pour y inclure la promotion de la paix, de la sécurité et de la stabilité dans la sous-région. Restée inactive entre 1992 et 1997, alors que sept de ses États membres sur onze étaient confrontés à des crises internes, le Sommet de Libreville de 1998 a permis à la CEEAC, alors inopérante, de sortir de sa léthargie

[4] La CEEAC regroupe l'Angola, le Burundi, le Cameroun, la Centrafrique, le Congo Brazzaville, la République démocratique du Congo, le Gabon, la Guinée Équatoriale, Sao Tomé-et-Principe et le Tchad.

[5] À propos, voir le Protocole relatif à l'établissement du COPAX, signé le 24 février 2000, entré en vigueur en janvier 2004 et le Pacte d'assistance mutuelle du 24 février 2000.

et de reprendre de l'activité[6]. L'Organisation a par la même occasion étendu ses objectifs traditionnels à la promotion de la paix, de la sécurité et de la stabilité, faisant du développement des capacités sous-régionales une priorité. Le Sommet de Malabo de 1999 a ainsi identifié des domaines prioritaires consistant à développer des capacités de maintien de la paix, de la sécurité et de la stabilité en tant que préalables pour le développement économique et social de la sous-région ; à développer l'intégration économique et monétaire et à établir un mécanisme de financement autonome pour la CEEAC. L'Afrique centrale constitue l'une des sous-régions les plus riches d'Afrique et où l'on trouve pourtant le plus grand nombre d'États se situant aux niveaux les plus bas de pratiquement tous les indices du développement humanitaire (conflits armés, crises de gouvernance, proliférations des armes légères, fragilité des secteurs sécuritaires, mouvements massifs de réfugiés, pauvreté généralisée et faiblesse des institutions) et connaissant des problèmes régionaux de sécurité qui nécessitent d'être abordés dans une approche régionale.

L'organisation de la CEEAC fait partie intégrante de l'Architecture Africaine de Paix et de Sécurité (AAPS-APSA)[7], structure continentale fondée sur les dispositions du Protocole créant le Conseil de Paix et de Sécurité (CPS) de l'Union africaine (UA). Elle a été précisée dans le Protocole d'accord sur la coopération pour la paix et la sécurité signé en janvier 2008 entre l'UA et les communautés économiques régionales (CER) et régissant les rapports entre l'UA et les mécanismes régionaux de prévention, de gestion et de résolution des conflits. En conséquence, la mise en place des instruments et le développement des politiques de la CEEAC en matière de paix et de sécurité s'inscrivent dans les orientations de l'Organisation continentale.

L'architecture de paix de la CEEAC s'articule autour d'un mécanisme visant la promotion de la paix, de la sécurité et de la stabilité : le Conseil

---

[6] Voir CEEAC : Fiche d'information de l'organisation (http ://www.operationspaix.net/3-fiche-d-information-de-l-organisation-ceeac.html).

[7] *L'Architecture Africaine de Paix et de Sécurité (http ://www.operationspaix.net/10-lexique-architecture-africaine-de-paix-et-de-securite.html)*

de Paix et de Sécurité de l'Afrique Centrale (COPAX), créé par un Protocole du 24 février 2000. Les dispositions de ce Protocole ont été précisées dans le cadre du mémorandum entre l'Union africaine (UA) et les Communautés régionales et harmonisées avec les instruments juridiques de l'UA[8]. Le COPAX est l'organe de concertation politique et sécuritaire des États membres. Entré en vigueur en janvier 2004, il est compétent pour traiter tant des conflits interétatiques que des crises internes.

La notion de « *crise* » se définit comme une période difficile, une situation tendue, mais passagère[9]. À ce titre, la crise qui secoue la République centrafricaine n'est certainement pas la première qu'ait connue ce pays[10]. Cependant, notre étude se focalise essentiellement sur

---

[8] Voir Protocole d'accord de coopération dans le domaine de la paix et de la sécurité entre l'Union africaine, les Communautés Économiques Régionales et les mécanismes de coopération des Brigades régionales en attente de l'Afrique de l'Est et de l'Afrique du Nord, juin 2008.

[9] Voir Dictionnaire Larousse, Collection poche, édition 2002, p.121.

[10] Lorsqu'on parcourt l'histoire des 40 dernières années de la République Centrafricaine, on est frappé par la prévalence de la rébellion comme facteur endogène structurant des changements de régimes, de gouvernements ou des Chefs d'État. De Barthélémy BOGANDA assassiné à François BOZIZE aujourd'hui renversé par la rébellion de la « SELEKA », on peut ainsi tracer la courbe des crises qui ont secoué ce pays depuis son entrée dans la vie internationale comme État souverain et indépendant, miné par des rebellions, les unes plus hardies que les autres. Pour mettre fin aux années de guerres civiles et de rebellions, la Communauté Économique et Monétaire de l'Afrique Centrale (CEMAC) va mettre en place la Force Multinationale en Centrafrique (FOMUC), le 02/10/2002. C'était une force composée de 350 soldats du Congo, du Gabon, de la Centrafrique et du Tchad qui a remplacé la mission européenne EUFOR dont le mandat a pris fin le 31/12/2000. La mission initiale de la FOMUC était de protéger le Président Ange Félix PATASSE, restructurer les forces armées et surveiller le travail des patrouilles mixtes le long de la frontière avec le Tchad. Le mandat de la FOMUC sera adapté et prorogé après l'éviction du pouvoir de M. PATASSE par le Général BOZIZE, à la tête d'une rébellion qui a refusé les négociations, soutenue qu'elle était par le Tchad. Malgré l'intervention des troupes de M. Jean Pierre BEMBA, M. PATASSE, acculé par les rebelles de BOZIZE, quittera le pouvoir en mars 2003. À cause des exactions réelles ou supposées commises par les troupes venues en renfort de PATASSE, M. BEMBA a été arrêté et inculpé de « crime de guerre et crime contre l'humanité » devant la Cour Pénale Internationale de la Haye. Malgré le fait qu'il ait signé pour la Centrafrique, le

le conflit qui éclate en décembre 2012 entre le Gouvernement centrafricain et la rébellion regroupée au sein de la Coalition SELEKA[11].

La SELEKA commence son offensive le 10 décembre 2012. Après avoir pris cinq villes depuis le début de l'offensive, le 18 décembre 2012, la coalition prend la ville minière de Bria, tuant 15 soldats gouvernementaux. Elle prend également la ville de Kabo. Le Président centrafricain en appelle à son homologue tchadien afin de recevoir son aide militaire. Le Tchad accepte d'envoyer des troupes (150 hommes environ et une vingtaine de véhicules) précisant qu'elles se cantonneraient à un rôle d'interposition. Le 20 décembre 2012, les rebelles chassent les forces gouvernementales de la ville de Batangafo, mais ces dernières parviennent à reprendre Kabo, prise deux jours avant par les rebelles. Ceux-ci démentent la contre-attaque de l'armée, mais acceptent de suspendre leurs opérations à la veille d'une rencontre de la CEEAC. Le 23 décembre 2012, la Coalition prend la ville de Bambari, la troisième ville du pays. Le 25 décembre 2012, elle prend le contrôle de la ville de Kaga-Bandoro tandis que le Président BOZIZE reçoit ses conseillers militaires dans la capitale, Bangui. Le 26 décembre 2012, des centaines de protestataires pro-BOZIZE s'en prennent à l'Ambassade de

---

Pacte d'assistance mutuelle de Malabo du 24/02/2000, M. PATASSE partira quand même. Dès la prise de pouvoir du Général BOZIZE, les rebelles vont se régénérer et commencer une nouvelle marche sur Bangui. Pour repousser leurs assauts, l'armée française interviendra en 2006. Par la Résolution 1778 du Conseil de sécurité, les Nations Unies vont ordonner le 25/09/2007, la Mission des Nations Unies en République Centrafricaine et au Tchad (MINURCAT). Cette mission s'inscrivait dans le cadre d'une opération multidimensionnelle destinée à restaurer les conditions nécessaires au retour volontaire et durable des réfugiés et des personnes déplacées par les conflits dans cette région des trois frontières à cheval entre la RCA, le Tchad et le Soudan. La MINURCAT a terminé sa mission le 31/10/2010, pour laisser la place à nouveau à la CEEAC.

[11] La « *SELEKA* » a été créée en août 2012 par des factions dissidentes qui remettent en cause les accords de paix signés par l'Union des Forces Démocratiques pour le Rassemblement (UDFR) et la Convention des Patriotes pour la Justice et la Paix (CPJP), dernière grande rébellion active en Centrafrique. L'accord global de paix, conclu en 2008 à Libreville par la plupart des mouvements rebelles (à l'exception de la CPJP), prévoyait la démobilisation, le désarmement et la réinsertion des combattants.

France, accusant Paris de ne pas les soutenir contre la rébellion. Plusieurs dizaines de soldats français ont empêché les manifestants d'entrer dans le bâtiment, où une cinquantaine de ressortissants français ont pu trouver refuge. La compagnie Air France décide de suspendre ses liaisons quotidiennes Paris-Bangui, et fait faire demi-tour à un avion. Washington et l'ONU annoncent le retrait de leurs employés non indispensables. Le ministre de l'Intérieur centrafricain, Josué BINOUA, remercie la condamnation des rebelles par la France et fait appel à Paris pour aider le Gouvernement à trouver une issue au conflit. Plus tard dans la journée, des sources militaires et humanitaires font état d'une présence rebelle dans la ville de Damara, signifiant que la coalition a pu passer à Sibut sans que les troupes tchadiennes cantonnées dans la ville n'interviennent. Le 27 décembre 2012, le Président BOZIZE demande l'aide de la France et des États-Unis. Le Président François Hollande affirme son désir de ne pas s'impliquer dans le conflit, mentionnant que les troupes françaises ne sont présentes que pour protéger les ressortissants français, et non pour intervenir dans un conflit interne au pays ou protéger un régime. Il appelle au dialogue pour mettre fin à la crise. Alors que le général Jean-Félix AKAGA, commandant de la force de la MICOPAX de la CEEAC, annonce que Bangui est complètement sécurisée par ses troupes, le Gabon et le Cameroun, deux pays participants à la mission de la MICOPAX précisent qu'aucune décision n'a été prise concernant le rôle de la mission dans le conflit. Le soir du 27 décembre 2012, les États-Unis décident de fermer leur Ambassade et d'évacuer leur Ambassadeur. Le vendredi 28 décembre 2012, les forces régulières lancent une contre-offensive sur la ville de Bambari. Les soldats centrafricains sont mis en déroute et se replient, laissant les rebelles du SELEKA s'emparer des lieux. Dans la nuit du vendredi 28 au samedi 29 décembre 2012, le ministère français de la Défense annonce le déploiement de 150 militaires français dans une base à Libreville, appartenant à une compagnie d'infanterie de parachutistes, alors que la France a déjà 250 soldats dans la base M'Poko, située près de l'aéroport de Bangui, dans le cadre de la mission Boali. Cependant, le ministre français de la Défense affirme qu'il s'agit d'une « *mesure de précaution* » pour « *la protection des ressortissants français et européens* », marquant la volonté de ne pas s'ingérer dans les affaires internes de la République centrafricaine. Le même jour, les forces de la SELEKA avancent un peu plus, en prenant cette fois la ville de Sibut, située à environ cent soixante kilomètres de Bangui. La prise de cette ville se fait sans aucun combat. L'armée centrafricaine soutenue militairement par le Tchad envoie des troupes à Damara (dernière « *ville-verrou* ») pour sauver Bangui. Malgré cette avancée, les rebelles se disent prêts à « *négocier sans condition* » avec le Gouvernement centrafricain. Le vendredi 11 janvier 2013, le Gouvernement annonce officiellement la signature d'un accord entre les forces gouvernementales et les rebelles. Cet accord stipule que le Président en fonction, François BOZIZE, restera à la tête du pays jusqu'en 2016, date où sont prévues les prochaines élections présidentielles. Le samedi 12 janvier 2013, le Premier ministre Faustin-Archange TOUADERA est démis de ses fonctions, conformément à l'Accord passé entre le Gouvernement et la SELEKA. Le texte stipule qu'un « *nouveau Premier ministre issu de l'opposition* » devra être nommé par le Chef de l'État, et ne sera pas révocable. Également, une dissolution de l'Assemblée nationale devrait avoir lieu, afin d'organiser des élections législatives dans les douze mois à venir. « *Le Premier ministre ainsi que les autres membres du Gouvernement ne peuvent être candidats à la prochaine présidentielle* » de 2016, signale ledit accord, alors qu'un « *retrait de toutes les forces militaires étrangères* » est prévu, excepté la FOMAC (Force Multinationale de l'Afrique Centrale). Le dimanche 24 mars 2013, les rebelles de la SELEKA annoncent la prise du palais présidentiel. Le Président déchu, François BOZIZE, se réfugie au Cameroun. Plus de 3000 Centrafricains se réfugient dans la province de l'Équateur, en République Démocratique du Congo[12].

La principale pierre d'achoppement dans l'étude juridique de la crise centrafricaine est qu'elle se présente comme un conflit interne ou une guerre civile, si l'on tient compte des diverses définitions existantes sur le concept de guerre civile.

---

[12] Voir WIKIPEDIA, « Carte de l'avance des rebelles et des combats en République Centrafricaine », informations générales, 10 décembre 2012-24 mars 2013.

En effet, parmi les tentatives de définition de la notion de guerre civile, figure en bonne place celle des conventions de Genève de 1949 et leurs protocoles additionnels de 1977. Si les conventions de Genève de 1949 restent très vagues sur la notion de guerre civile qu'elles nomment « *conflits non internationaux* »[13], elles les appréhendent néanmoins comme des conflits armés ne présentant pas un caractère international et surgissant sur le territoire de l'une des hautes parties contractantes[14]. L'éclairage vient du Protocole II additionnel de 1977 relatif aux conflits armés non internationaux qui dispose que : « *les conflits armés non internationaux sont ceux qui se déroulent sur le territoire d'une partie contractante entre ses forces armées et des forces dissidentes ou des groupes armés organisés qui, sous la conduite d'un commandement responsable, exercent sur une partie du territoire un contrôle leur permettant de mener des opérations militaires continues et concertées et d'appliquer le présent protocole* »[15]. Plus tard, dans sa résolution de Wiesbaden de 1975, l'Institut du Droit International des Nations Unies définit la guerre civile comme : « *les conflits armés de caractère non interétatique, conflits qui surgissent sur le territoire d'un État et qui mettent aux prises : a) le gouvernement établi avec un ou plusieurs mouvements insurrectionnels qui visent, soit à la sécession ou à l'autonomie d'une partie de cet État ; b) deux ou plusieurs groupes qui en l'absence de tout gouvernement établi se disputent le pouvoir de l'État* »[16]. L'intérêt de cette définition est qu'elle permet d'établir le lien entre le terme « *guerre civile* » et conflits internes ou non internationaux et de savoir qu'ils ont presque le même contenu.

Cette étude a pour but d'être une approche critique du système collectif de sécurité, en prenant la situation de la République centrafricaine pour illustration.

---

[13] Voir l'article 3 commun aux conventions de Genève de 1949.

[14] Ibid.

[15] Voir l'article premier du protocole II additionnel aux conventions de Genève de 1949 sur les conflits armés non internationaux, CICR.

[16] Voir l'article 1 de la résolution de l'Institut de droit international, session de Wiesbaden, 1975, p.1.

Le choix pour ce conflit se justifie non seulement parce que la crise centrafricaine affecte un État avec lequel, notre pays, le Cameroun partage une longue frontière terrestre, d'où le risque réel de contamination ; mais aussi parce que, par ce cas, la CEEAC cherche à sortir de la torpeur dans laquelle elle avait sombré dans le passé. En outre, ce choix est dicté par le fait que la crise centrafricaine est d'actualité. Cette étude présente également un double intérêt : d'abord, la nécessité de définir les mécanismes de règlement des conflits internes tel que prévu par la CEEAC ; ensuite, l'obligation d'évaluer les conséquences de cette crise, d'établir les responsabilités des belligérants en vue de prendre les sanctions qui s'imposent. Notre approche du sujet est d'abord exégétique dans la mesure où il faut analyser et comprendre les normes et les textes juridiques en rapport avec la crise centrafricaine. À ce sujet, des instruments tels que le nouvel Accord de Libreville du 11 janvier 2013 méritent une attention particulière. Ensuite, cette entreprise nous impose une approche fonctionnelle dans l'optique de mieux comprendre le fonctionnement de la Communauté Économique des États de l'Afrique Centrale (CEEAC). Enfin, une approche comparative nous permettra d'étudier l'intervention de la CEEAC dans la crise centrafricaine par rapport aux situations similaires en Afrique et dans le monde.

Concrètement, étudier la CEEAC et la crise centrafricaine nous amène à nous poser la question suivante : quelle est la portée de l'intervention de la Communauté Économique des États de l'Afrique Centrale dans la crise centrafricaine ?

En guise d'hypothèse, il convient de souligner que la crise centrafricaine se caractérise par une forte emprise de la CEEAC qui ne ménage aucun effort pour trouver une solution négociée entre les différents protagonistes de ce conflit (**I**) dont la persistance met à nu les faiblesses de l'architecture de paix et de sécurité de l'Organisation sous-régionale (**II**).

I)- L'intervention de la CEEAC dans la crise centrafricaine : Une action salutaire

Le déclenchement du conflit centrafricain a suscité une intervention assez rapide des plus hautes instances de la CEEAC. Si cette action semble assez louable dans ses objectifs, il convient de s'interroger, dans un premier temps, sur sa conformité au droit international à travers l'examen de ses fondements juridiques (**A**). Dans un deuxième temps, nous analysons les accords politiques conclus grâce à cette intervention (**B**).

À)- Les fondements juridiques de cette intervention

L'intervention de la CEEAC dans le conflit centrafricain se fonde non seulement sur le Chapitre VIII de la Charte des Nations Unies (**1**), mais aussi sur le Protocole relatif à l'établissement du Conseil de Paix et de Sécurité de l'Afrique Centrale (COPAX) (**2**).

1)- L'intervention de la CEEAC sur la base du Chapitre VIII de la Charte des Nations Unies

L'article 52.1 de la Charte des Nations Unies autorise « *l'existence d'accords ou d'organismes régionaux destinés à régler les affaires qui, touchant au maintien de la paix et de la sécurité internationale, se prêtent à une action de caractère régional, pourvu que ces accords ou ces organismes et leur activité soient compatibles avec les buts et les principes des Nations Unies* ». Aussi, « *les membres des Nations Unies qui concluent ces accords ou constituent ces organismes doivent faire tous leurs efforts pour régler d'une manière pacifique, par le moyen desdits accords ou organismes, les différends d'ordre local, avant de les soumettre au Conseil de sécurité* » (article 52.2). Si cet article de la Charte pose de nombreux problèmes dans son application, du fait qu'il ne propose aucun critère précis permettant de déterminer ce qu'est un accord ou un organisme régional[17], une

[17] On se souvient que la Cour Internationale de Justice (CIJ) dans l'affaire du Nicaragua a refusé l'application du Chapitre VIII aux groupes de Contadora (groupe réunissant les Chefs d'États et de gouvernements de l'Amérique centrale) alors que le Secrétaire général de l'ONU et le Conseil de sécurité dans ses résolutions avaient accepté de

interprétation assez extensive tirée de l'agenda pour la paix permet d'attribuer le qualificatif d'accord et d'organisme régional[18] non seulement à des organisations dont la création repose sur un traité, à des organisations de sécurité et de défense mutuelle ou à des organisations destinées à assurer le développement régional, mais aussi à des groupes d'États *ad hoc*, susceptibles d'intervenir pour régler une question qui se prête à une action de caractère régional et de contribuer ainsi au maintien de la paix[19]. À ce titre, la CEEAC est bien une organisation régionale puisqu'elle tire son fondement dans les accords passés entre les États de la région concernée, avec pour objet entre autres, le maintien de la paix.

2)- L'intervention de la CEEAC sur la base du Protocole relatif au Conseil de Paix et de Sécurité de l'Afrique Centrale (COPAX)

Dans son optique de développement des capacités sous-régionales de paix et de sécurité, la Conférence des Chefs d'État et de gouvernement de la CEEAC, réunie à Yaoundé au Cameroun, le 25 février 1999, a décidé de créer un mécanisme de promotion de la paix, de la sécurité et de la stabilité en Afrique centrale dénommé « *COPAX* ». Il convient d'examiner ses objectifs (**a**) et ses organes techniques (**b**).

---

reconnaître la qualité d'accord régional à ce groupe. Il en va de même dans l'affaire de la délimitation de la frontière terrestre et maritime entre le Cameroun et le Nigéria où la CIJ a refusé le statut d'accord régional à la Commission du bassin du Lac Tchad, estimant que celle-ci n' « a pas pour fin de régler au niveau régional des affaires qui touchent au maintien de la paix et de la sécurité internationale ». Sur la question, voir, Y. Petit, Droit international du maintien de la paix, L.G.D.J, 2000, p.71 ; CIJ, Mesures conservatoires, ordonnance du 10 mai 1984, Nicaragua c/États Unis, Rec. 1998, p.307, Paragraphe 67 ; aussi, CIJ, exceptions préliminaires, 11 juin 1998, Cameroun c/ Nigéria, Rec. 1998, p.307, Paragraphe 67.

[18] Pour approfondir, voir Maurice KAMTO « Le rôle des accords et organismes régionaux en matière de maintien de la paix et de la sécurité internationales à la lumière de la Charte des Nations Unies et de la pratique internationale », RGDIP, n° 4, octobre-décembre 2007, Paris, Pedone, 2007, pp.771 à 802.

[19] À propos de cette définition, voir Y. Petit, Droit international du maintien de la paix, op.cit., p.72.

a)- Les objectifs du COPAX

Aux termes de l'article 4 de sa charte constitutive, sans préjudice des attributions du Conseil de sécurité de l'ONU et de celles de l'Organe central du mécanisme de l'Union africaine pour la prévention, la gestion et le règlement des conflits en Afrique, le COPAX a pour objectifs : « *prévenir, gérer et régler les conflits ; entreprendre des actions de promotion, de maintien et de consolidation de la paix et de la sécurité dans la sous-région ; œuvrer au renforcement de la paix et de la sécurité sous-régionales ; réduire les foyers de tensions et prévenir l'éclatement des conflits armés ; développer des mesures de confiance entre les États membres ; promouvoir des politiques de règlement pacifique des différends ; mettre en œuvre les dispositions pertinentes relatives à la non-agression, et à l'assistance mutuelle en matière de défense ; développer et intensifier la coopération sous-régionale en matière de défense et de sécurité ; faciliter les efforts de médiation lors des crises et des conflits au sein et entre les États membres de la sous-région ou avec un État tiers ; définir les grandes orientations dans les domaines de l'établissement, du maintien et de la consolidation de la paix à l'échelon sous-régional ; coordonner l'action des pays membres dans leur lutte contre le phénomène de l'immigration clandestine ; assurer une gestion concertée du problème des personnes déplacées, des ex-combattants et des réfugiés, conformément aux dispositions des instruments juridiques internationaux en vigueur ; proposer des mesures qui tiennent compte de l'organisation et de la coordination de l'assistance humanitaire et mettre en place des instruments conséquents* ».

Par ailleurs, le COPAX est le cadre de préparation et d'exécution des décisions des Chefs d'État en matière de prévention, de gestion et de règlement des conflits. À ce titre, il dispose d'une certaine capacité opérationnelle.

b)- Les organes techniques du COPAX

Les règlements relatifs aux organes techniques sur lesquels s'appuie le COPAX pour la réalisation de ses objectifs ont été adoptés lors de la 10e Conférence des chefs d'État et de gouvernement de la CEEAC, réunie à Malabo le 17 juin 2002. Ces organes techniques sont les suivants :

- **La Commission de Défense et de Sécurité (CDS)**

Elle rassemble les Chefs d'état-major des forces de police et de gendarmerie des différents États membres. Structure de préparation des décisions, elle est chargée de planifier, d'organiser et de donner des conseils aux instances décisionnaires de l'Organisation dans le domaine des opérations militaires ;

- **Le Mécanisme d'Alerte Rapide de l'Afrique Centrale (MARAC)**

Il est chargé d'informer et d'alerter les instances décisionnelles sur les risques de crise ; permettant à ces dernières de disposer d'un outil d'aide à la décision, aux fins de la prévention, de la gestion et de la résolution des crises. Il met en œuvre le système d'alerte précoce de la sous-région par la collecte et l'analyse des données relatives aux causes et aux risques de conflit à court ou long terme. Le MARAC fait partie intégrante du système continental d'alerte précoce avec lequel il interagit ;

- **La Force Multinationale de l'Afrique Centrale (FOMAC)**

- *De la FOMAC à la Brigade en attente de l'Afrique centrale*

En application du Protocole relatif au COPAX, du Règlement de la Force Multinationale de la CEEAC, et en conformité avec les recommandations de l'Union Africaine (UA) pour la constitution d'une Force Africaine en Attente (FAA) ; une réunion des Chefs d'état-major tenue à Brazzaville en octobre 2003 a abouti à la création d'une Brigade régionale de maintien de la paix. La FOMAC s'inscrit donc dans le cadre de cette FAA dont elle constitue l'une des cinq brigades prévues par les feuilles de route de l'UA. Ainsi, ses objectifs qualitatifs et quantitatifs, ainsi que ses procédures et doctrines sont définis dans le cadre déterminé par l'UA pour des opérations multinationales et multidimensionnelles de maintien de la paix au sein de la CEEAC ou ailleurs sur le continent.

- *Fonctionnement et attributions de la FOMAC*

Il s'agit d'une force multinationale multidimensionnelle en attente d'environ 2400 hommes, constituée par des contingents et du matériel provenant des États membres et comportant des éléments de gendarmerie et de protection civile, en vue d'actions civilo-militaires. Elle est appelée à mettre en place et à assurer, dans le cadre des recommandations de l'UA, des missions de maintien, d'imposition ou de restauration de la paix, de sécurité ainsi que les actions d'aide humanitaire de la CEEAC. Elle a vocation à intervenir en cas d'agression, de conflit entre États membres ou de conflit ou menace de conflit dans un État membre, de renversement ou tentative de renversement des institutions constitutionnelles d'un État membre. Elle est dirigée par un état-major régional ayant vocation à : « *s'occuper de la planification stratégique des opérations de maintien et/ou de la consolidation de la paix et de la lutte contre la grande criminalité ; déterminer les contingents, modules et matériels pour la brigade régionale en attente qu'il sera chargé de diriger ; établir un concept de mobilisation et d'entraînement préalable au déploiement afin d'assurer la préparation des missions* ».

- **La Direction des Affaires Politiques et Diplomatiques (DAPD)**

Son rôle est de mettre en œuvre toutes mesures de diplomatie préventive décidée par les instances dirigeantes du COPAX.

Le Pacte d'assistance mutuelle du 24 février 2000[20], signé en même temps que le Protocole relatif au COPAX constitue, avec ce dernier, un instrument juridique unique sur lequel repose l'architecture de paix de la CEEAC.

[20] Le Pacte d'assistance mutuelle fut signé le 24/02/2000 à Malabo par les 10 États membres de la CEEAC. La CEEAC, par respect de la parole donnée des États, devait donc intervenir parce que la République Centrafricaine est agressée au sens de l'article 1(1) du Pacte, c'est-à-dire « *l'emploi de la force armée contre sa souveraineté, son intégrité territoriale et son indépendance* ». Les conditions de l'alinéa 2 du même article sont également remplies, c'est-à-dire un « *conflit à l'intérieur d'un État partie et constituant une menace grave à la paix et à la sécurité ou une rupture de la paix et de la sécurité dans la sous-région et qualifiée comme telle par la Conférence des Chefs d'États et de Gouvernements* ».

B)- Les accords politiques issus de cette intervention

Les accords de paix[21] conclus à Libreville en ce début d'année par les différents protagonistes sont et demeurent le noyau central des arrangements politiques pour une sortie de crise en République centrafricaine (**1**). Le suivi de l'application desdits accords est assuré par la Mission de Consolidation de la Paix du Conseil de Paix et de Sécurité de l'Afrique Centrale en République centrafricaine (MICOPAX1) (**2**).

1)- Les accords en question

Vendredi le 11 janvier 2013, les parties concernées par la crise centrafricaine ont signé, à Libreville au Gabon, sous la supervision de la CEEAC, un accord de cessez-le-feu (**a**) ainsi qu'un nouvel accord politique de sortie de crise (**b**). Il nous semble opportun d'analyser le contenu des arrangements dont il s'agit.

a)- L'accord de cessez-le-feu entre le Gouvernement et la Coalition SELEKA (UFDR, CPJP, CPSK, UFR)

Les médiateurs de la crise centrafricaine (les Présidents gabonais, Ali BONGO, et congolais, Denis SASSOU NGUESSO) ont arraché un cessez-le-feu aux protagonistes afin de permettre aux populations civiles, déplacées par les combats, de regagner leurs villes et villages. Aux termes de l'article premier de cet accord, le cessez-le-feu implique : « *L'arrêt immédiat et l'abstention de toutes campagnes médiatiques de nature à nuire aux efforts visant à faire valoir l'esprit de fraternité et de concorde nationale ; la cessation de tous les actes de violence contre les populations civiles et le respect et la protection des droits humains. Ces actes de violence incluent les exécutions sommaires, la torture, le harcèlement, la détention et l'exécution des civils sur la base de l'origine ethnique ainsi que le recrutement et l'utilisation des enfants soldats, la violence sexuelle, l'armement des civils, la détention et l'exécution des prisonniers* ». En outre, les Parties s'engagent : à libérer les prisonniers politiques et de guerre ; à garantir la présence

[21] Pour approfondir, voir J.L ATANGANA AMOUGOU : « Les accords de paix dans l'ordre juridique interne en Afrique », Revue de la Recherche Juridique, n°XXXIII – 123, PUAM, 2008-3 pp.1723-1745.

effective du Comité International de la Croix-Rouge (CICR)/Croissant-Rouge (CR) lors de leur remise en liberté, et à lui permettre d'évacuer les blessés et d'inhumer les morts (article 2) ; à retirer toutes les armes de guerre ainsi que toute unité militaire ou faction armée non démobilisée (article 3). Aussi, les troupes de la Coalition SELEKA doivent être cantonnées dans les localités à convenir de commun accord sous la supervision de la MICOPAX (article 4).

L'accord sur *« le retrait de toutes les troupes étrangères non communautaires »*[22] concerne environ 200 militaires sud-africains, arrivés en décembre 2012 à la rescousse du Président François BOZIZE, et répond à une exigence du SELEKA. La CEEAC était aussi très mécontente de l'« *intrusion* » de soldats d'une autre sous-région d'Afrique, selon une source diplomatique.

b)- Le nouvel accord de paix du 11 janvier 2013

Le 11 janvier 2013, un nouvel accord de paix a été conclu à Libreville, suite à la crise politico-sécuritaire qu'a connue le pays entre décembre 2012 et janvier 2013 et qui n'est pas encore tout à fait terminée. Cet arrangement a été précédé par l'Accord de Paix Global (APG) de Libreville, signé le 21 juin 2008[23].

---

[22] Article 18 de l'Accord de Libreville du 11 janvier 2013.

[23] L'Accord de Paix Global (APG) de Libreville a été signé le 21 juin 2008 sous la médiation du Président gabonais agissant en tant que Président du «*Comité Ad Hoc dans l'espace CEMAC sur les questions centrafricaines* ». Les signataires de cet accord de paix étaient les suivants : le Gouvernement de la République Centrafricaine d'une part, et les mouvements politico-militaires APRD et UFDR, d'autre part. L'APG prévoyait : la promulgation d'une loi d'amnistie, la réhabilitation dans leurs droits des militaires centrafricains radiés pour des faits liés à la rébellion et le rétablissement des fonctionnaires civils liés aux mouvements signataires dans leur formation et corps d'origine, le cantonnement des troupes des mouvements signataires suivi du DDR, la libération des combattants des mouvements signataires dès la promulgation de la loi d'amnistie, ceux-ci devant être placés sous la protection de la FOMUC et des FACA, le principe de la participation des représentants des mouvements politico-militaires signataires « *dans un esprit de réconciliation nationale* ».

Le nouvel accord de Libreville dispose en son article 1er : « *Le Président de la République demeure en fonction jusqu'au terme de son mandat en 2016. Il ne peut se présenter pour un autre mandat* ». L'article 24 de la Constitution de la République centrafricaine de 2004 fixe à 5 ans la durée du mandat présidentiel et précise qu'il est renouvelable une seule fois. Cette disposition est confortée par l'article 108 du même texte qui dispose que sont notamment exclus de la révision de la Constitution « *le nombre et la durée des mandats présidentiels* ». Ce qui signifie que l'on ne peut pas réduire la durée de ces mandats, sauf cas exceptionnels prévus par la Constitution (destitution, condamnation à une peine afflictive ou infamante, empêchement définitif d'exercer ses fonctions conformément aux devoirs de sa charge) (article.34). Ainsi, la prise de pouvoir par la force est interdite par la Constitution « *l'usurpation de la souveraineté par coup d'État ou par tout moyen constitue un crime imprescriptible contre le peuple centrafricain. Toute personne ou tout État qui accomplit de tels actes aura déclaré la guerre au peuple centrafricain* » (article19).

L'Accord de 2013 institue un « *Gouvernement d'Union Nationale inclusif d'une durée de 12 mois, éventuellement renouvelable* » (article 2). En ce qui concerne les diverses composantes de ce gouvernement, outre les Parties signataires à l'Accord, la société civile est représentée. Le Premier ministre et les ministres du Gouvernement d'union nationale ne peuvent être destitués durant la période de transition ; en contrepartie, ils ne peuvent être candidats à la prochaine élection présidentielle (article 6). La période de la transition est d'un an, de 2013 à 2014, année des nouvelles élections législatives. L'Accord prévoit que cette période de 12 mois est éventuellement renouvelable (article 2). Ainsi, le Gouvernement d'Union Nationale devrait normalement cesser ses fonctions en janvier 2014. Le Président de la transition pourra donc, à l'issu des élections législatives, mettre en place un nouveau gouvernement, à moins que d'accord parti, la période du gouvernement de transition soit prolongée. Cette échéance laisse entrevoir quelques difficultés à l'issu de la période de transition. L'imprécision, qui résulte dans le fait que le mandat est

« *éventuellement renouvelable* », concernant un gouvernement de crise, risque d'être elle-même source de difficultés[24].

L'Accord prévoit en son article 7 que l'Assemblée nationale est maintenue dans ses prérogatives jusqu'aux prochaines élections législatives anticipées, sans toutefois fixer une échéance pour la dissolution de ladite institution. La seule chose qui est sûre et qui découle logiquement de l'Accord, c'est que ces élections anticipées doivent normalement intervenir avant l'expiration ou a l'issu de la période de transition de 12 mois, puisque le Premier ministre de transition a en charge de les organiser. Dans le même article, l'Accord prévoit qu'afin d'éviter les blocages de l'action gouvernementale, les projets de loi adoptés par le gouvernement doivent être votés en l'état par l'Assemblée nationale, c'est ce que l'on appelle « *le vote bloqué* »[25]. Cette possibilité n'est pas prévue par la Constitution de la République centrafricaine de 2004. Il s'agit donc là d'une dérogation créée par l'Accord de Paix du 11 janvier 2013.

En outre, la garantie de la bonne foi des parties est assurée par le Président du Comité de Suivi, appuyé par les chefs d'État de la CEEAC et la communauté internationale (article 12). Le principe de bonne foi est couramment mentionné dans les accords internationaux ; il signifie qu'il ne suffit pas de signer un accord, encore faut-il l'appliquer, en lui donnant tout son sens, et ne pas mettre des obstacles volontaires à sa bonne application. Cette bonne foi qui doit se manifester tout au long de la période de transition repose sur des dispositions qui doivent être prises par les acteurs et qui sont listées par l'Accord.

---

[24] Voir Danièle DARLAN « *Analyse juridique de l'Accord politique de Libreville du 11 janvier 2013* », Bangui, le 23 janvier 2013 (http ://centrafrique-presse.over-blog.com/article-analyse-juridique-de-l-accord-politique-de-libreville-du-11-janvier-2013-par-daniele-darlan-114802907.html).

[25] Le vote bloqué est une procédure qui permet au gouvernement d'obliger l'Assemblée à se prononcer par un seul vote sur tout ou partie du texte en discussion, en ne retenant que les amendements proposés par lui. Cela correspond donc à une limitation du droit d'amendement des parlementaires et permet à l'exécutif de faire approuver ses projets de loi dans leur intégralité.

En somme, il est curieux de constater que certaines précisions n'aient pas été portées dans l'Accord du 11 janvier 2013, notamment on se serait attendu à plus de précisions au niveau des délais et du calendrier des actions. Il faut également souligner qu'il n'est pas fait mention de l'adoption d'une loi d'amnistie, mention tout à fait courante dans les accords de paix et souvent présentée comme étant « *un mal nécessaire pour favoriser le rétablissement et le maintien de la paix* »[26].

2)- Le mandat de suivi de l'application desdits accords

Une mission de suivi de l'application du cessez-le-feu et des décisions de l'accord politique de Libreville du 11 janvier 2013 vient d'être rendue publique. Elle concerne spécifiquement la Mission de Consolidation de la Paix en Afrique Centrale (MICOPAX I). La mission en question couvre la période de transition politique en République centrafricaine, sur la base d'un mandat initial de 12 mois renouvelable. La décision[27] de mise en route de cette mission de suivi par la MICOPAX a été prise lors des assises extraordinaires des Chefs d'État de la Communauté Économique des États de l'Afrique Centrale (CEEAC) sur la crise centrafricaine tenues à Libreville au Gabon.

Les principales missions et tâches de la MICOPAX I portent entre autres, sur l'appui à la cessation des hostilités et au rétablissement de la sécurité et de l'ordre public, l'appui aux opérations humanitaires, la protection des civils et des institutions internationales[28].

En ce qui concerne la composition de la force d'interposition, la MICOPAX I déploiera une force multinationale d'environ 900 personnes. Celle-ci sera composée des Unités de police constituées de

---

[26] Voir Danièle DARLAN « *Analyse juridique de l'Accord de Libreville* », op.cit.

[27] Il s'agit de la Décision n° 02/CEEAC/CCEG/13 portant mandat de suivi de l'application du cessez-le-feu et des décisions de l'Accord politique de Libreville par la Mission du Conseil de Paix et Sécurité de l'Afrique Centrale en République Centrafricaine (MICOPAX1) du 11 janvier 2013.

[28] Ibid., article 7.

type 125 ; des Unités militaires de maintien de la paix ; un détachement des observateurs militaires, des policiers et gendarmes[29].

La présente mission de la MICOPAX I reste couverte, au plan juridique, par l'accord sur le statut de la mission signé à Bangui le 18 décembre 2008[30]. Le financement de la mission est assuré sur la base d'une contribution spéciale des États membres de la CEEAC[31].

À propos de ses modalités d'action, la MICOPAX1 est autorisée, en cas de nécessité opérationnelle, notamment lorsqu'elle ne peut accomplir autrement sa mission ou pour protéger des vies humaines sous la menace imminente d'une agression physique ou d'une attaque armée, de faire usage de la force minimale conformément aux règles d'engagement annexées à la présente décision. Aussi, elle est autorisée à prendre toutes les mesures nécessaires, dans la limite de ses capacités, pour s'acquitter de toutes ses tâches, en étroite coopération avec les autres missions internationales déployées en RCA[32].

Malgré tout, l'exécutif de la CEEAC n'a pas manqué de demander à la communauté internationale, notamment aux Nations Unies, à l'Union africaine, à l'Union européenne, à l'Organisation Internationale de la Francophonie et à toutes les bonnes volontés d'apporter leur soutien politique et leur appui financier et matériel aux initiatives prises pour ramener la paix en République centrafricaine[33]. Une reconnaissance implicite des limites de son action.

II)- La persistance de la crise centrafricaine malgré l'intervention de la CEEAC : Une action limitée

Sur invitation du Président en exercice de la Communauté Economique des États de l'Afrique Centrale, Son Excellence Idriss DEBY

[29] Ibid., article 3.
[30] Ibid., article 4.
[31] Ibid., article 5.
[32] Ibid., article 6.
[33] Voir le communiqué final du 4ème sommet extraordinaire des Chefs d'État et de Gouvernement de la CEEAC et les partenaires sur la situation sécuritaire en République Centrafricaine (RCA), tenu le 18 avril 2013, à N'Djamena.

ITNO, un Sommet extraordinaire s'est tenu à N'Djamena, le 18 avril 2013, à l'effet d'examiner la situation qui prévaut en République centrafricaine. Ouvrant la séance, le Président DEBY a rappelé les multiples efforts consentis par la CEEAC en particulier et la communauté internationale en général en faveur de la paix dans ce pays, à l'instar du nouvel Accord de Libreville du 11 janvier 2013. Il a déploré la violation de cet Accord par les principaux acteurs politiques centrafricains, violation qui a conduit au changement de pouvoir par la force (**A**). Faisant semblant de condamner le coup d'État de la SELEKA, le Président DEBY qui est passé par le même chemin pour accéder au pouvoir a plutôt invité la communauté internationale à cautionner cette barbarie, en implorant « *la solidarité et l'assistance* »[34] en faveur des putschistes ; une manière subtile de masquer les faiblesses de l'architecture de paix et de sécurité de la CEEAC (**B**).

À)- Un manquement aux dispositions de l'Acte constitutif de l'Union africaine concernant les changements anticonstitutionnels de gouvernement

Les changements anticonstitutionnels de gouvernement sont à juste titre considérés comme « *l'une des principales causes d'insécurité, d'instabilité et des conflits violents en Afrique* »[35]. Leur prohibition générale (**1**) semble donc être salutaire pour le continent. Dès lors, il est difficile de comprendre les raisons de la légitimation implicite du coup d'État de la SELEKA par la CEEAC (**2**).

1)- La prohibition des changements anticonstitutionnels de gouvernement dans l'ordre juridique africain

Il convient d'examiner les fondements juridiques (**a**) et le contenu structurant de ladite interdiction (**b**).

---

[34] Voir Quatrième Sommet extraordinaire des Chefs d'État et de Gouvernement de la Communauté Economique des États de l'Afrique Centrale, Communiqué final, N'Djamena, 18 avril 2013.

[35] Voir J.C. TCHEUWA : « L'Union africaine et les changements anticonstitutionnels de gouvernement », Revue de la Recherche Juridique, n° 127, PUAM, 2009-2, pp.995 à 1022, pour approfondir.

a)- Les fondements juridiques de cette interdiction

Le rejet des changements anticonstitutionnels de gouvernement est formellement établi par la Charte constitutive de l'Union africaine. Même si sa devancière (l'OUA) l'avait déjà intégré dans son agenda, il reste que ce rejet n'avait pas la stature de norme constitutionnelle, car elle était contenue dans une déclaration dépourvue de force contraignante. Cette norme constitue l'un des principes fondamentaux de l'Union. Sa fondamentalité découle de ce qu'il s'agit de l'un des seuls engagements de l'acte constitutif auquel une sanction est attachée et techniquement organisée en cas de non-respect[36]. Dès lors le traité présente cet engagement comme une limitation au principe général de la souveraineté nationale et à celui de non-ingérence.

L'importance et la portée de l'interdiction des changements anticonstitutionnels de gouvernement apparaissent très clairement à travers les considérations contenues dans le préambule du traité créant l'Union africaine. On y relève une réelle prise de conscience, par les signataires du traité créant l'Union, de ce que « *le fléau des conflits en Afrique constitue un obstacle majeur de développement socio-économique du continent* », et qu'il y a dès lors nécessité de promouvoir la paix, la sécurité et la stabilité comme condition préalable à la mise en œuvre de son agenda pour le développement et l'intégration. Théoriquement, le préambule de la Charte constitutive d'une organisation internationale[37] répond à une volonté délibérée de montrer la finalité du texte et d'en orienter la compréhension. Par la formulation des objectifs à travers le préambule, « *les fondateurs de l'Union entendaient compléter le message conventionnel par un message politique. Ils recherchaient en réalité un effet d'affichage ou d'annonce, en vue d'orienter l'action de la communauté des*

---

[36] Article 30 de l'Acte constitutif de l'Union africaine et article 37 du règlement intérieur de la Conférence de l'Union africaine.

[37] Pour approfondir, voir Brusil Miranda METOU : « Le préambule des actes constitutifs des organisations internationales » Revue Hellénique de Droit International, 63ème année, 2010/2, pp.635 à 666.

États relat… …nt aux changements anticonstitutionnels de gouvernem…

Le pr… du traité sur l'Union revient à plusieurs reprises sur la … …lle apparaît d'abord à travers les objectifs de l'organisation … avant d'être consolidée par les principes posés par l'article 4. …n savant dosage entre le droit d'intervention, le respect des …démocratiques et de l'État de droit, et le respect du caractère …t de la vie humaine, l'article 4 parvient à une condamnation …ivoque des changements anticonstitutionnels de gouvernement[39]. …onner corps à cette interdiction, le traité sur l'Union l'a assortie … une sanction conséquente, mais discutable dans la pratique. Il pose en effet que « *les gouvernements qui accèdent au pouvoir par des moyens anticonstitutionnels ne sont pas admis à participer aux activités de l'Union* »[40]. Cette sanction est discutable pour au moins deux raisons : « *elle l'est d'abord au regard du contenu théorique de la notion de changement anticonstitutionnel ; elle l'est ensuite au regard des moyens de contournement savamment trouvés par les États en cause* »[41].

b)- Le contenu structurant de ladite interdiction

D'après le Professeur Jean Claude TCHEUWA, « *en condamnant formellement les changements anticonstitutionnels de gouvernement, l'Union africaine tend à mettre fin aux tensions à la faveur du droit à la participation et à valider le rôle constitutif de la volonté du peuple dans la mise en place d'un gouvernement légitime* »[42].

---

38 J. C. TCHEUWA « L'Union africaine et les changements anticonstitutionnels de gouvernement » Op.cit. p.1004.

39 Voir article 4 (m ; p) du traité du 13 juillet 2000 créant l'Union africaine.

40 Ibid. article 30. Ce débat à d'ailleurs surgit à l'occasion du 11ème sommet de l'Union africaine tenu à Charm El-Cheikh, les 30 juin et 1er juillet 2008.

41 J.C TCHEUWA « L'Union africaine et les changements anticonstitutionnels de gouvernement » Op.cit., p.1005.

42 Ibid., p.1009.

L'État de droit est un concept qui se situe au cœur de struction des États modernes. Sa mise en place par le constituant récupération par l'ordre juridique international s'expliq méfiance de principe vis-à-vis des États dont on recherche à et sa puissance pour qu'elle ne devienne oppressive[44]. Il exprime l'id laquelle la souveraineté serait arbitraire si elle n'était pas limitée. C cette base que la doctrine a mis en avant la thèse de l'autolimitatio l'État par le droit[45]. La démarche retenue par l'ordre juridique afric colle à la réalité de l'État de droit tel que défini par la doctrine allemande. Cette dernière est partie d'une analyse des dispositions de la loi fondamentale de 1949 pour conclure que l'État de droit comporte à la fois des exigences formelles, de sécurité juridique en particulier, et des exigences matérielles, celles de la justice avant tout. L'État de droit se voit ainsi intégré dans le principe démocratique et l'objectif de l'État social[46]. Il tend à assurer la protection des droits des citoyens. Ces derniers jouissent en effet des droits de la première génération encadrés par l'ordre

---

43 Sur le pouvoir constituant dans un contexte de transition, voir l'excellente contribution du Professeur Luc SINDJOUN, « Le gouvernement de transition : Éléments pour une théorie politico-constitutionnelle de l'État en crise ou en reconstruction », Mélanges en l'honneur de Slobodan MILACIC, Bruylant, Bruxelles, 2007, p.995.

44 En ce sens, voir J.CHEVALIER, L'État de droit, 4ème édition, 2003. Du même auteur, « L'État de droit », RDP, 1998, p.365 ; G.CONAC, « La modernisation des droits en Afrique, du droit de l'État à l'État de droit » in Un passeur entre les mondes, Mélanges à l'honneur de Michel ALLIOT, Publication de la Sorbonne, Paris, 2000, pp.281 et ss ; L.HAMON, « L'État de droit et son essence », RFDC, n° 2, 1990, pp.923-106 ; M.TROPER (dir.), L'État de droit, Cahiers de philosophie politique et juridique, Presses Universitaires de Caen, n°24, 1994, pp.13 et ss.

45 Voir CARRE DE MALBERG, Contribution à la théorie générale de l'État, Sirey, Paris, 1920, rééd. CNRS, 1962, 2 vol., t. 2.

46 Voir C.GREWE et H.RUIZ FABRI, Droits constitutionnels européens, PUF, 1ère édition, 1995, pp.28-29 ; Sur l'ensemble de la question, voir G.JELLINEK, L'État moderne et son droit, Giard & Brière, Paris, 1913 ; M.FROMONT, « L'État de droit », RDP, 1984, pp.1203-1226 ; A.BLECKMANN, « L'État de droit dans la Constitution de la République fédérale d'Allemagne », Pouvoirs, n° 22, 1982, pp.5-27.

juridique interne et international[47]. Tel est en réalité le sens vers lequel semble s'orienter l'ordre juridique de l'Union africaine, si l'on s'en tient à la lecture et à l'analyse de ce qu'il est convenu d'appeler « *son réseau normatif* »[48].

L'ordre juridique prohibitif des changements anticonstitutionnels de gouvernement mis en place en Afrique contient une vertu première, celle de revaloriser la volonté librement exprimée du peuple. Cette revalorisation repose sur deux éléments fondamentaux du régime représentatif, l'électorat fonction et le mandat représentatif. Ils se traduisent notamment à travers la lecture combinée des articles 2 et 3 de la Charte africaine de la démocratie, des élections et de la gouvernance[49]. Matériellement, cette revalorisation passe par l'affirmation d'une certaine souveraineté démocratique fondée sur la suprématie de la Constitution et de l'ordre constitutionnel. Il en découle un lien très étroit entre droits politiques et autres droits de l'homme. Cette imbrication avait déjà été relevée par le Comité des droits de l'homme des Nations Unies à travers l'observation générale n° 25 de 1996. En effet, se référant au droit de participer à la direction des affaires publiques, le Comité affirmait que « *cette participation est favorisée en garantissant le droit à la liberté d'expression, de réunion et d'association* »[50]. De manière plus décisive, le Comité relevait également l'importance capitale que revêt le respect de ces trois libertés dans le processus électoral en ces termes : « *le droit à la liberté d'expression, de réunion et d'association est une condition essentielle à*

---

[47] Sur l'ensemble de la question, voir L. FAVOREU et al., Droit constitutionnel, Dalloz, 3ème édition, 2000,pp.43-45.
[48] Voir P. PACTET et F. MELIN-SOUCRAMANIEN, Droit constitutionnel, 26ème édition, juillet 2007, p.120.
[49] Article 2 al.3 et article 3 al.2, 3 et 4. Pour approfondir, voir B. CHANTEBOUT, Droit constitutionnel, 24ème édition, Sirey, 2007, pp.83 et ss ; P. PACTET et F. MELIN-SOUCRAMANIEN, Droit constitutionnel, Op.cit., pp.83 et ss ; J.P. JACQUE, Droit constitutionnel et institutions politiques, Op.cit., pp.18-22.
[50] Voir Observation générale n° 25 (7), dans le rapport du Comité des droits de l'homme, AGDO, 57ème session, suppl. n° 40 (A/51/40), 1996, annexe V, parag. 8.

l'exercice effectif du droit de vote et doit être pleinement protégé »[51]. Mais bien avant, dans les années 1990, la Commission africaine des droits de l'homme et des peuples avait interprété de manière extensive les articles 12 et 20 de la Charte africaine sur la participation au processus politique en ce qui concerne les deux formes de changements anticonstitutionnels de gouvernement survenu en Gambie et au Nigéria[52]. La Déclaration de l'OUA et la Charte de la démocratie, des élections et de la gouvernance[53] s'en sont d'ailleurs largement inspirées pour asseoir le contenu de la prohibition des changements anticonstitutionnels de gouvernement.

Ce réseau normatif assez dissuasif a été habilement contourné par la CEEAC qui, en prenant acte de la mise en place d'un Conseil National de Transition (CNT), et surtout de la désignation de M. DJOTODIA AM NONDOKORO Michel en qualité de « *Chef de l'État de transition* » par cet organe, a implicitement légitimé le coup d'État de la SELEKA, sous le nez et la barbe de la communauté internationale.

2)- La légitimation implicite du coup d'État de la SELEKA par la CEEAC

Au cours du Sommet extraordinaire tenu le 18 avril 2013 dans la capitale tchadienne, les chefs d'État et de gouvernement de la CEEAC ont validé l'élection de Michel DJOTODIA, l'auteur du coup d'État du 24 mars 2013, à la tête du Conseil National de Transition (CNT)[54] (**a**). Aussi, ils ont adopté une feuille de route de la transition (**b**).

---

[51] Ibid., parag. 26. Sur l'ensemble de la question, voir L.A. SICILIANOS, L'ONU et la démocratisation de l'État : Systèmes régionaux et ordre juridique universel, Pedone, Paris, 2000, pp.132-135.

[52] Voir Communication n°102/93, *Constitutionnal Right project and civil liberties organization c/Nigeria*, 2000, AHRLR, 191, 198, parag. 50-53.

[53] Voir partie III et IV de la Déclaration de l'OUA et l'article 3 al.11 de la Charte africaine de la démocratie, des élections et de la gouvernance.

[54] A cette occasion, ils sont revenus sur l'Accord du 11 janvier 2013 issu du sommet de Libreville, en précisant que le Président autoproclamé, Michel DJOTODIA, ne bénéficie pas des titres de « *Président de la République* », et de « *Chef du gouvernement* ».

a)- La validation de l'élection du « *Chef de l'État de transition* »

C'est la leçon qu'on peut tirer des conclusions du 4e Sommet extraordinaire des chefs d'État et de gouvernement de la CEEAC et des partenaires sur la situation sécuritaire en République centrafricaine, tenu le 18 avril 2013, à N'Djamena[55].

Selon le Communiqué final lu par le Secrétaire général de la CEEAC NGUELENDOUKSIA OUEDDO à la fin des travaux, la situation sécuritaire et humanitaire qui prévaut dans la capitale et à l'intérieur du pays se dégrade. Le Sommet a exprimé sa vive préoccupation face à cette dégradation et interpelle les autorités de la transition sur les cas de violation des droits de l'homme, du recrutement des enfants dans les groupes armés, les pillages. Les Chefs d'État et de gouvernement, pour restaurer la sécurité dans le pays, poursuit le Secrétaire général, ont convenu de doter la Force Multinationale de l'Afrique Centrale (FOMAC) d'un effectif total de 2000 hommes et d'un mandat adéquat en vue d'accompagner les efforts du gouvernement de transition tant dans le maintien de la sécurité que dans la restructuration des forces de défense et de sécurité.

Il a été désigné « *Chef de l'État de transition* ». Le Chef du Gouvernement étant le Premier Ministre, Nicolas TIANGAYE, investit, lui, des pleins pouvoirs.

[55] Ont pris part à ce Sommet : outre les Chefs d'État de la CEEAC, notamment, Idriss DEBY ITNO du Tchad, Denis SASSOU NGUESSO du Congo et Ali BONGO ODIMBA du Gabon, l'on a également noté la présence du Président d'Afrique du Sud, Jacob ZUMA. Le Sommet a vu la participation de plusieurs délégations des pays membres de la CEEAC. Il s'agit de : Amadou Ali, Vice-Premier Ministre, Ministre Délégué à la Présidence de la République, Chargé des Relations avec les Assemblées du Cameroun, Raymond TASSI MBANDA, Ministre des affaires étrangères, de la coopération internationale et de la francophonie de la République Démocratique du Congo (RDC), AKAPI TOMBA MOKOUE, Ministre des affaires étrangères de la Guinée Equatoriale, ISSOUFOU KOKI NDOURO, Ministre d'État en charge des affaires présidentielles du Bénin, Sébastien Fernandez, Ambassadeur d'Angola au Tchad, Me Nicolas TIANGAYE, Premier Ministre de la RCA, ainsi que NGUELENDOUKSIA OUEDDO, Secrétaire général de la CEEAC. Le Sommet s'est tenu également en présence des représentants du Secrétaire général des Nations Unies, de la Présidente de la Commission de l'UA, de l'UE, du Secrétaire général de l'Organisation Internationale de la Francophonie (OIF), des États-Unis et de la France.

En attendant, note le document, « *l'Accord de Libreville du 11 janvier 2013 est et demeure le noyau central des arrangements politiques durant la transition* » ; à cet effet, « *les Chefs d'État et de gouvernement ont pris acte de la mise en œuvre d'un Conseil National de Transition (CNT) et noté la désignation d'un Chef d'État par cet organe* ». Ils ont décidé de la réactivation du Comité de suivi de cet Accord de Libreville et de la création d'un groupe de contact international chargé de mobiliser les appuis nécessaires à la réussite de la transition. Le sommet a rappelé que le rétablissement de la paix et de la sécurité, la relance de l'administration sur l'ensemble du territoire et des activités économiques et sociales, la préparation des élections constituent les domaines prioritaires de l'action gouvernementale durant la période de transition. Le Sommet donne 18 mois aux organes de transition, période au cours de laquelle des élections libres, démocratiques, transparentes et régulières seront organisées sur la base d'un ordonnancement juridique et d'un calendrier consensuel en vue du retour à un ordre constitutionnel incontesté, a souligné la « *Déclaration dite de N'Djamena* » qui précise que le chef de l'État, le Premier ministre (PM) et les ministres, membres du gouvernement de transition ainsi que le Président et les membres du bureau de la CNT ne participeront pas à ces élections ; « *le PM dispose d'un pouvoir étendu ; il ne peut-être révoqué par le chef de l'État pendant la durée de transition* », complète le Sommet qui recommande au Chef de gouvernement de procéder à la formation d'une nouvelle équipe de transition à travers de large concertation et sur la base de l'esprit de l'Accord de Libreville.

Ces précautions n'empêchent pas le leader de la SELEKA de demeurer au centre du jeu, même s'il a laissé entendre qu'il ne se présenterait pas à la présidentielle qui suivrait la période de transition.

b)- L'adoption de la feuille de route de la transition

Les Chefs d'État de la CEEAC et certains pays amis de la République centrafricaine ont adopté, le 3 mai 2013, à Brazzaville au Congo, la feuille de route de 18 mois de la transition en Centrafrique. Ce document précise la composition et le fonctionnement du CNT.

À propos de la composition du CNT, il est recommandé que : « le nombre des sièges au sein du CNT soit porté à un total de 135 ; les nouveaux 30 sièges soient attribués aux régions du pays, aux formations politiques y compris l'ancienne majorité présidentielle, qui sont présentement sous-représentées, aux groupes politico-militaires qui n'ont pas encore renoncé à la lutte armée, ainsi qu'a la société civile et aux femmes »[56].

Étant donné la nécessité d'assurer la stabilité du fonctionnement de cet organe, « *les Commissions Parlementaires devant élaborer les projets de constitution et les autres textes structurants de la transition et de la sortie de crise doivent être composées dans un strict équilibre des sensibilités politiques et sociales afin qu'aucun groupe en particulier ne puisse avoir une influence déterminante dans la prise de décision* »[57]. En outre, « *L'adoption par consensus doit être considérée comme la règle. Après l'épuisement des efforts visant à réaliser un consensus, les décisions doivent être prises à la majorité qualifiée des deux tiers (2/3) des membres* »[58].

Compte tenu du tapis rouge déroulé aux putschistes et de l'absence des ressources pour assurer la mise en œuvre des décisions prises, la CEEAC aura fort à faire pour imposer sa volonté à un Conseil National de Transition (CNT) dont la formation et la mise en place ont été opérées « *sans sa participation et sa contribution* »[59].

B)- Un manque de moyens pour la mise en œuvre des mesures prises

L'argent, « *le nerf de la guerre* » faisant défaut (**1**) et en l'absence de sanctions pour la violation des engagements souscrits (**2**), il sera difficile pour la CEEAC de faire respecter le calendrier de la transition aux protagonistes de la crise centrafricaine.

---

[56] Voir Feuille de route relative à la composition et au fonctionnement du Conseil National de Transition adoptée à N'Djamena, le 18 avril 2013, Point n° 3.

[57] Ibid., Point n° 4.

[58] Ibid.

[59] Ibid., Point n° 1.

1)- L'absence des moyens financiers

Le vendredi 3 mai 2013, le Groupe de Contact International Inclusif, mis en place lors du Sommet de la CEEAC tenu à N'Djamena le 18 avril 2013 s'est réuni, pour la première fois dans la capitale congolaise, sous le patronage du Président Denis SASSOU NGUESSO, qui dirige le Comité de suivi du nouvel Accord de Libreville, signé le 11 janvier 2013 par toutes les parties impliquées dans la crise centrafricaine.

Selon la Déclaration adoptée par le Sommet du 18 avril 2013, à N'Djamena, le Groupe de Contact International comprend les organisations régionales et internationales dont la République centrafricaine est membre, ainsi que les partenaires bilatéraux et multilatéraux. Ce groupe est chargé de mobiliser les appuis politiques et les ressources financières nécessaires à la réussite de la transition en Centrafrique et d'assurer un accompagnement stratégique à ce pays durant la période de transition.

Seul deux Chefs d'État ont assisté aux discussions, le Président SASSOU NGUESSO, et son homologue sud-africain Jacob ZUMA, alors que les autres pays membres de la Communauté Économique des États de l'Afrique Centrale ont dépêché des ministres[60] pour cette réunion de suivi du sommet de N'Djamena du 18 avril 2013.

Il s'agissait pour ce Sommet de Brazzaville d'adopter un plan en vue d'accompagner la transition menée par Michel DJOTODIA. La situation sur place devient problématique pour plusieurs raisons parmi lesquelles, l'insécurité omniprésente et le manque de moyens qui ne permet pas le paiement des salaires des fonctionnaires. Le président congolais, Denis SASSOU NGUESSO a pour sa part lancé un message à la communauté internationale. Il a demandé une mobilisation financière et matérielle face à ce qu'il considère comme étant une situation d'urgence.

---

[60] Il s'agit des Ministres des Affaires étrangères du Tchad, du Gabon, du Rwanda et du Ministre de l'Intérieur de la République Démocratique du Congo.

2)- L'absence de sanctions pour la violation des engagements souscrits

Les belligérants de la crise centrafricaine se sont engagés à observer un cessez-le-feu immédiat et cesser toute hostilité dans un délai de 72 heures après la signature de l'Accord de cessez-le-feu. Les parties signataires ont mi en place une Commission de Suivi de l'application dudit accord[61]. Le cessez-le-feu implique : « *L'arrêt immédiat et l'abstention de toutes campagnes médiatiques de nature à nuire aux efforts visant à faire valoir l'esprit de fraternité et de concorde nationale ; la cessation de tous les actes de violence contre les populations civiles et le respect et la protection des droits humains. Ces actes de violence incluent les exécutions sommaires, la torture, le harcèlement, la détention et l'exécution des civils sur la base de l'origine ethnique ainsi que le recrutement et l'utilisation des enfants soldats, la violence sexuelle, l'armement des civils, la détention et l'exécution des prisonniers* » (article 1).

Quatre mois après l'entrée en vigueur de cet accord, on a le droit de s'interroger sur l'effectivité de ces mesures. En effet, il est difficile de concevoir que des personnes coupables de tels actes continuent de circuler et d'agir librement en République centrafricaine, même si l'accord n'a prévu aucune sanction à leur encontre. Le principe 18 des « *Principes des Nations Unies sur la prévention et la répression effective des exécutions extrajudiciaires, arbitraires ou sommaires* » précise que la prévention et la répression des exécutions extrajudiciaires, arbitraires ou sommaires doit être effective quels que soient et où que soient les auteurs du crime ou les victimes, quel que soit leur nationalité et quel que soit le lieu où le crime a été commis. Le principe 19 prévoit qu'« *en aucun cas, y compris en état de guerre, état de siège ou autre état d'urgence, une immunité*

---

[61] La Commission de Suivi de l'application de l'Accord de cessez-le-feu est composée comme suit : « Pour le Gouvernement : trois (03) représentants ; pour la Société Civile : un (01) représentant ; pour la Coalition SELEKA : trois (03) représentants ; pour l'opposition démocratique : un (01) représentant ; pour le Bureau Intégré des Nations Unies en Centrafrique (BINUCA) : un (01) représentant ; pour le Bureau de l'Union Africaine en Centrafrique : un (01) représentant ; pour le Bureau de la Médiation : un (01) représentant ; pour la CEEAC : deux (02) représentants (article 6).

générale ne pourra exempter de poursuites, toute personne présumée impliquée dans des exécutions extrajudiciaires, arbitraires ou sommaires »[62].

L'Institut du droit international des Nations Unies a tenu à préciser que « *toutes les parties aux conflits armés auxquels prennent part des entités non étatiques, indépendamment de leur statut juridique, de même que les Nations Unies et les organisations régionales et autres organisations internationales compétentes ont l'obligation de respecter le droit international humanitaire de même que les droits fondamentaux de l'Homme* ». Il renchérit en disant qu'« *en cas de violations graves du droit international humanitaire ou des droits fondamentaux de l'Homme, les Nations Unies et les organisations régionales et autres organisations internationales compétentes ont le droit d'adopter des mesures appropriées conformément au droit international* »[63].

Étant donné qu'il existe désormais une obligation de respecter les droits de l'homme dont le fondement est coutumier et qui s'impose à l'universalité des États, la sanction véritable des éventuelles violations passe par l'arrestation de tous ceux qui en ont été reconnus responsables par le Comité créé par le Conseil, leur jugement et leur condamnation conformément à la législation en vigueur. C'est du moins l'avis de l'ONG internationale « *Human Right Watch* » qui, dans ses rapports relève que mettre fin à l'impunité est indispensable pour résoudre les crises et qu'il faut pour cela, « *établir les responsabilités dans les graves crimes contre les droits humains* »[64]. *L'International Crisis Group*, dans son rapport du 17 mai 2006, recommande au Conseil de sécurité d'« *appliquer sans attendre de nouvelles violences, les sanctions individuelles prévues par la résolution 1572 à toutes les personnes responsables de*

[62] Sur ces principes, voir Résolution 1989/65 du 24 mai 1989 de l'ECOSOC et Résolution 44/159 du 15 décembre 1989 de l'Assemblée générale de l'ONU.

[63] Institut du droit international, Session de Berlin, 1999.

[64] Le Directeur de la division Afrique à *Human Right Watch,* Monsieur Peter TAKIRAMBUDDE, déclarait à propos de la crise ivoirienne : « *Il est indispensable que le Conseil de sécurité augmente substantiellement le contingent de l'ONU et active les sanctions prévues par les résolutions du Conseil de sécurité contre les responsables de violations des droits de l'homme* ».

violations graves des droits de l'homme et de crimes de guerre ou d'incitation à la violation visant à paralyser le processus de paix »[65].

L'intervention de la CEEAC accuse beaucoup de retard en ce qui concerne la répression effective des violations des droits de l'homme perpétrées en République centrafricaine. Ce retard est préjudiciable pour ce pays puisque les violations des droits de l'homme et du droit international humanitaire continuent d'y être perpétrées. À ce sujet, la Représentante spéciale du Secrétaire général et chef du Bureau Intégré des Nations Unies pour la Consolidation de la paix en République centrafricaine (BINUCA), Mme Margaret ADERINSOLA VOGT, a affirmé devant le Conseil de sécurité que le pays, livré à des actes de vengeance commis contre la population par des éléments de la SELEKA, avait sombré dans un état d'« *anarchie* » où règne un « *mépris total du droit international* »[66]. De son côté, le Premier ministre de la République centrafricaine, M. Nicolas TIANGAYE, a, notamment, demandé à la France, qui, selon lui, « *bénéficie d'un mandat clair des Nations Unies d'intervenir en recourant à la force pour désarmer les éléments de la SELEKA* »[67]. « *Le peuple centrafricain qui souffre en ce moment des exactions de la SELEKA en a grandement besoin* »[68], a-t-il déclaré. Pour Mme VOGT, qui présentait le rapport du Secrétaire général de l'ONU, M. BAN KI-MOON, sur la situation en République centrafricaine, « *il y a un besoin urgent d'aider à restaurer la stabilité et la sécurité en République centrafricaine* ». Elle a ainsi proposé le déploiement d'une « *force de sécurité neutre* » en mesure de « *contenir l'état actuel d'anarchie* » et d'obliger les éléments rebelles à se conformer au cadre de sécurité prévu à Libreville. « *Il est essentiel que le Conseil se prononce sans équivoque sur la nécessité d'arrêter maintenant ces abus et de faire en sorte que leurs auteurs soient tenus individuellement responsables de leurs actes* », a-t-elle lancé. « *Le moment est venu pour le Conseil de sécurité d'envisager d'imposer des*

---

[65] Rapport Afrique de *l'International Crisis Group*, n° 109, 17 mai 2006

[66] Déclaration de la Représentante spéciale du Secrétaire général de l'ONU, Conseil de sécurité, 6967ème séance : « La République Centrafricaine a sombré dans l'anarchie, 15 mai 2013, http ://www.un.org/News/fr-press/docs/2013/CS11010.doc.htm.

[67] Ibid.

[68] Ibid.

sanctions individuelles contre les personnes qui ont planifié et commis ces violations flagrantes »[69].

Ces déclarations de la Représentante spéciale du Secrétaire général et Chef du Bureau Intégré des Nations Unies pour la Consolidation de la paix en République centrafricaine (BINUCA) sont la preuve de la défaillance de l'architecture de paix et de sécurité de la CEEAC.

CONCLUSION

L'étude de l'intervention de la CEEAC dans la crise centrafricaine nous permet de constater que cette action s'inscrit dans une dynamique à la fois régionale et universelle. En effet, depuis les indépendances des années 1960, l'Afrique a connu plus d'un conflit armé et les pertes subies sous l'effet de ces conflits armés sont énormes. Heureusement, les États et les gouvernements africains sont conscients du fait que ces conflits armés constituent un obstacle majeur à la promotion de la paix, la sécurité et la stabilité régionale. Pour ce faire, ils ont mis en place une structure opérationnelle pour la mise en œuvre effective des décisions prises dans les domaines de la prévention des conflits, du rétablissement de la paix, des opérations d'appui à la paix et de l'intervention qu'est le Conseil de Paix et de Sécurité de l'Union africaine. Ainsi, dans le préambule du Protocole portant création de cette structure, les chefs d'État et de gouvernement des pays membres ont résolu de renforcer leur capacité de faire face au fléau des conflits sur le continent. C'est certainement la raison pour laquelle la communauté internationale, notamment l'Union africaine, l'Organisation Internationale de la Francophonie et le Conseil de sécurité ont fermement déclaré leur soutien à l'action de la CEEAC, en demandant au Gouvernement centrafricain et aux rebelles de la SELEKA de coopérer sous les auspices de l'organisation sous-régionale, afin de parvenir à une solution politique.

Néanmoins, pour la Représentante spéciale du Secrétaire général et Chef du Bureau Intégré des Nations Unies pour la consolidation de la

[69] Ibid.

paix en République centrafricaine (BINUCA), Mme Margaret ADERINSOLA VOGT, « *il y a un besoin urgent d'aider à restaurer la stabilité et la sécurité en République centrafricaine* ». Elle propose le déploiement d'une « *force de sécurité neutre* » en mesure de « *contenir l'état actuel d'anarchie* » et d'obliger les éléments rebelles à se conformer au cadre de sécurité prévu par le nouvel accord de Libreville du 11 janvier 2013. Cette suggestion est une reconnaissance officielle de la défaillance de l'action de la CEEAC en République centrafricaine.

Aujourd'hui, avec les innovations apportées par l'Union africaine et son Conseil de Paix et sécurité, les Communautés sous-régionales en général, et la CEEAC en particulier, à travers son architecture de paix et de sécurité devrait faire un effort pour que les principes contenus dans l'Acte constitutif de l'organisation continentale soient respectés et appliqués. En réalité, on ne peut désapprouver et condamner les changements anticonstitutionnels de gouvernement, et négocier avec leurs auteurs. Cela contribue à rendre caduc et inefficient le droit que l'on veut appliquer et à encourager la pratique des coups d'État en Afrique Centrale.

QUELQUES PISTES POUR UNE PROTECTION EFFICACE DE L'ENVIRONNEMENT EN AFRIQUE

Théophile ZOGNOU[1]

Depuis son apparition, l'homme transforme le monde qui l'entoure ne serait-ce qu'en prélevant des ressources pour assurer sa subsistance. Transformation discrète dans un premier temps, mais qui deviendra bientôt massive et conquérante jusqu'à générer une nouvelle forme de criminalité : la délinquance écologique. Pourtant, à l'origine de la longue histoire d'*anthropo*, la vie humaine dépendait exclusivement de la cueillette, de la chasse et de la pêche, de sorte que l'homme vivait en profonde harmonie avec la nature et sans lui porter réellement atteinte.

Avec les débuts de l'ère agricole, l'homme apprend peu à peu à apprivoiser la Terre et, en contrepartie, à peser sur les écosystèmes. Apparaissent les premiers comportements anti-écologiques sans pour autant que l'harmonie avec la nature soit rompue. L'avènement de l'ère industrielle bouleverse cependant définitivement cet équilibre. L'homme s'érige progressivement en possesseur de la nature et les changements qu'entraîne la révolution industrielle ont une influence décisive sur les relations qui unissent les êtres humains à leur environnement. Cette transformation liée à l'industrialisation des rapports entre l'homme et son environnement naturel aboutit, en définitive, à une augmentation et à une diversification des manifestations de la délinquance écologique, si bien que la protection de l'environnement est devenue aujourd'hui une préoccupation majeure.

En Afrique, la prise de conscience des préoccupations environnementales est perceptible dès l'accession de la plupart des États du continent à l'indépendance. Elle se manifeste soit par l'adhésion des États en question à des conventions antérieures en matière de protection

---

[1] Docteur Ph. D en Droit international de l'environnement, Enseignant associé à l'Université de Limoges

de l'environnement, soit par l'adoption de nouvelles conventions en la matière dont la plus importante est incontestablement la Convention d'Alger de 1968 sur la conservation de la nature et des ressources naturelles (Convention révisée à Maputo en 2003). Cette Convention est aussi un témoignage de l'intérêt que l'Organisation de l'Unité Africaine (OUA) porte, dès cette époque, à la protection de la nature, puisqu'elle a été élaborée à son initiative et conclue sous son égide. Le mouvement écologique touche cependant l'Afrique bien plus tardivement, après la Conférence de Stockholm de 1972 et surtout à l'approche de la Conférence de Rio de 1992. Le Programme des Nations Unies pour l'Environnement (PNUE) y a contribué de façon déterminante, d'une part à travers la mise en place des programmes des mers régionales à partir de 1976 et la réflexion sur les questions écologiques majeures pour le continent telle la désertification, d'autre part grâce à l'appui technique et financier apporté aux États africains dans le cadre du processus préparatoire de la Conférence des Nations Unies sur l'Environnement et le Développement (CNUED).

Mais si l'Afrique se mobilise pour la protection de son environnement et surtout la gestion durable de ses ressources, son approche reste problématique. Les instruments en vigueur sur le continent relèvent encore du ‘’mimétisme’’ juridique. Ils résultent très souvent de la transposition d'autres législations, qui se révèlent inadaptées. Face à ce constat, les acteurs contemporains ne se trouvent pas, pour autant, déchargés de toute responsabilité : ils restent comptables de leur gestion respective et des possibilités toujours offertes de faire évoluer le cadre juridique existant. Le caractère opérationnel de la protection juridique de l'environnement dépend, en réalité, de la conjonction de plusieurs facteurs, tels que le contenu des textes, les compétences des personnes qui en assurent l'application et la qualité des partenariats qui sont établis (I) et l'implication concrète de la société civile (II).

I : La mise en cohérence des instruments juridiques et des institutions

La dégradation continue de l'environnement en Afrique avec des problèmes et des besoins émergents qu'elle engendre commande aujourd'hui une approche spécifique et adaptée de la protection de l'environnement. La plupart des instruments qui revêtent encore les oripeaux des décrets coloniaux doivent aujourd'hui se réinventer. Cette nouvelle dynamique passe par l'adoption d'une législation appropriée intégrant les logiques sociétales dans leur processus d'élaboration (A). Les arrangements institutionnels devront également être envisagés afin d'éviter les rivalités institutionnelles et créer une synergie favorable pour la protection des écosystèmes et des ressources (B).

À : L'adoption d'une législation qui répond aux besoins de la société

Toute législation cherche, en principe, à satisfaire les besoins exprimés par la société. Néanmoins, la protection de l'environnement implique souvent d'aller au-delà de la demande sociale immédiate : des choix culturels, politiques et économiques pas toujours partagés doivent également être pris en compte. L'exemple des aires protégées est, à cet égard, significatif. Dans les grandes villes côtières africaines, les gestionnaires des parcs et réserves rencontrent, en effet, des difficultés croissantes à assurer la conservation de ces aires. Face à la pression urbaine et aux besoins sociaux, les populations jugent aberrante l'interdiction de ponctions de ressources dans ces espaces protégés.

Évidemment, le législateur doit veiller à répondre, autant que possible, à la demande sociale. Il doit cependant se positionner dans une perspective plus globale : son action doit être dictée, pour l'essentiel, par les impératifs de préservation durable des écosystèmes et de leurs ressources, même lorsque celle-ci ne rencontre pas l'adhésion du plus grand nombre. Dans ces conditions, la reconnaissance sociale et l'utilité des aires protégées, ainsi que leurs fonctions récréatives, éducatives, et nourricières sont des aspects que le gestionnaire doit appréhender avec souplesse, à mi-chemin entre la posture du médiateur social et celle du fonctionnaire scrupuleux.

1 : Une législation réaliste

Trop de textes pêchent par des ambitions démesurées dont on sait, à l'avance, qu'elles s'avèreront inapplicables. Le réalisme est la condition de l'applicabilité d'un texte (ou d'un projet de texte) : ce qui figure dans le texte doit correspondre à des choses qu'il est effectivement possible de mettre en œuvre ou, au moins, qu'il est envisageable de mettre en œuvre dans un délai raisonnable. Ainsi, l'application des mesures de protection de l'environnement implique, au minimum, le respect des conditions suivantes.

a : Une diffusion de l'information a priori et a posteriori sur les mesures de protection

Le principe dix de la Déclaration de Rio sur l'environnement et le développement indiquait que chaque citoyen devait avoir accès aux informations relatives à l'environnement que détiennent les autorités publiques de façon à permettre au public de participer efficacement à la prise de décisions. En 1998, la Commission économique des Nations Unies pour l'Europe adopte la Convention sur l'accès à l'information, la participation du public au processus décisionnel et l'accès à la justice en matière d'environnement[2], qui constitue un accord d'un nouveau genre à l'intérieur du droit international de l'environnement. En effet, ce traité ne porte pas sur des milieux, des substances ou des espèces, mais reconnaît et affirme des droits qui peuvent être directement invoqués par tous devant les tribunaux. Cette convention dépasse donc le cadre de l'environnement pour toucher aussi des questions de démocratie et d'exercice partagé du pouvoir entre l'État, les décideurs économiques et les citoyens, condition essentielle du développement durable et de la nouvelle gouvernance qu'il implique.

Depuis Rio, de nombreux autres instruments juridiques, nationaux comme internationaux, ont réitéré l'importance de l'accès à l'information

[2] Convention sur l'accès à l'information, la participation du public au processus décisionnel et l'accès à la justice en matière d'environnement. Aarhus (Danemark), 25 juin 1998. En vigueur depuis 30 octobre 2001.

en matière d'environnement et on peut affirmer que l'information est aujourd'hui reconnue internationalement comme un des éléments indispensables pour la protection et l'évaluation de l'environnement[3]. De plus, ce droit procédural est une condition de réalisation du droit à un environnement sain et de qualité[4].

Quant au droit général d'accès à l'information, il s'agit, là aussi, d'un droit tout récent pour les citoyens, mais qui se répand rapidement sur la planète. En 1966, le Congrès américain vote le Freedom Of Information Act, législation qui consacre le droit d'obtenir de l'État des documents jusque-là préservés du regard des simples citoyens[5]. Autre évolution majeure des vingt dernières années, le droit d'accès à l'information est de plus en plus considéré comme un droit humain fondamental, nécessaire à la réalisation de tout autre droit humain[6].

L'environnement est l'un des domaines où l'information est particulièrement importante. Le développement de l'accès à l'information sur les écosystèmes et les ressources contribue en principe à prévenir les problèmes écologiques auxquels ils sont confrontés. C'est par exemple la raison pour laquelle la Convention d'Abidjan relative à la coopération en matière de protection et de mise en valeur du milieu marin et des zones côtières de l'Afrique de l'Ouest et du Centre et son Protocole relatif à la coopération en matière de lutte contre la pollution en cas de situation critique adoptée le 23 mars 1981 ont tenu à faire de la diffusion de l'information une règle incontournable. Mais pour que cette information porte ses fruits, elle doit être véhiculée par des moyens appropriés.

---

[3] P. A. LEME MACHADO, Information and Environment : The Evolution of Environmental Law, *Envtl. Pol. and Law*, 37/2-3, 2007, p. 198.

[4] A. KISS, J.-P. BEURIER, Droit international de l'environnement, 3e éd., Paris, A. Pedone, 2004, 502 p.

[5] P.A. COMEAU, Accès à l'information : perspectives internationales, *Le droit à l'information : le droit de savoir!*, 251, 2006, p. 33.

[6] T. MENDEL, Freedom *of Information ; À Comparative Legal Survey*, Paris, UNESCO (2008)
http ://portal.unesco.org/ci/en/files/26159/12054862803freedom_information_en.pdf/freedom_information_en.pdf consulté le 09/01/2013.

b : L'accès à l'information à travers les moyens traditionnels et modernes

Afin de disposer des informations précises concernant la protection et la mise en valeur de l'environnement, les pouvoirs publics africains devraient allouer des crédits à la recherche scientifique sur l'environnement. Les résultats de ces recherches devraient ensuite être mis à la disposition du public[7] : chercheurs, universitaires, politiques, collectivités locales, touristes, etc. De cette manière, ces pays disposeront de données scientifiques fiables qui devront servir à différentes autres disciplines dont la science juridique. Ces données permettront enfin de mettre au point les instruments juridiques qui protègent ces milieux, compte tenu des spécificités écologiques de la région.

Sur le plan strictement juridique, les textes (conventionnels, législatifs et réglementaires) devraient faire l'objet de publications dans des recueils mis à la disposition du public, qu'il soit universitaire ou professionnel intervenant en matière environnementale. À l'ère des nouvelles technologies de l'information et de la communication, le développement et la vulgarisation de l'accès à l'internet dans ces pays devraient figurer parmi les principaux moyens de diffusion de l'information sur l'environnement. Dans certains pays comme le Cameroun, le Gabon, la Guinée, l'Angola, la Côte d'Ivoire, le Nigeria, le Bénin, le Congo des sites internet consacrés aux ministères de l'Environnement et leurs directions techniques ont été créés. L'exploitation de ces sites permet de prendre connaissance de quelques textes législatifs et réglementaires relatifs à l'environnement qui y sont publiés et disponibles. Il conviendrait par ailleurs que soient publiés quotidiennement sur le site internet officiel les textes tant anciens que nouveaux que ce soit en matière d'environnement ou autres disciplines du droit qui figurent dans le journal officiel. Les informations aussi bien scientifiques que juridiques devraient être périodiquement mises à jour. En d'autres termes, tout

---

[7] La mise à disposition des résultats des recherches scientifiques consiste à les publier sous diverses formes tant orale qu'écrite (en versions papier et électronique). Les chercheurs devraient pouvoir accéder à ces données scientifiques dans les bibliothèques universitaires et publiques.

élément nouveau devrait être porté à la connaissance du public, meilleure manière d'intégrer les évolutions de la science en matière d'environnement.

Sur le plan traditionnel, les moyens de diffusion de l'information dont disposaient les différentes communautés, qui ont presque disparu dans les agglomérations urbaines de ces pays, doivent être encouragés. Il s'agit notamment de la méthode du crieur public qui fait usage d'instruments de musique. Le crieur public est au service des chefs de quartier ou de village selon le ressort territorial. Grâce au retentissement de son instrument, le crieur public arrive à faire passer l'information qu'elle soit d'ordre environnemental ou autre. Les populations locales sont généralement très attachées et attentives à ce mode de communication. À l'ouest du Cameroun par exemple comme dans d'autres pays d'Afrique centrale et de l'Ouest, le même rôle est exécuté par le griot du village, qui avec son tam-tam ou sa flûte informe les populations à la tombée de la nuit des grandes décisions prises par le chef et ses notables. De telles pratiques orales doivent être encouragées au regard du fort taux d'analphabètes sur le continent. Ce moyen de communication devrait favoriser la participation des populations à la protection et à la mise en valeur de l'environnement.

c : Les moyens susceptibles d'encourager la participation du public

De longue date, la participation du public a toujours posé problème dans le fonctionnement de la société africaine moderne. Depuis l'émergence des nombreuses préoccupations d'ordre environnemental, il est apparu nécessaire d'impliquer davantage tous les acteurs intervenant en matière d'environnement à toutes les étapes de la protection et de la gestion de l'environnement. Sur le plan juridique, malgré les difficultés rencontrées à appliquer ce principe dans les pays européens, compte tenu des règles établies par le droit administratif qui étaient tout à l'opposé de l'obligation de faire participer les citoyens, la matière a connu une sensible évolution au point de devenir un principe juridique fondamental.

Dans les pays africains en général, le processus a été long à s'imposer. Finalement, au fil des années, le concept s'est ancré dans les habitudes de certains pays, même si d'autres continuent d'être réticents à l'égard de la participation du public. La quasi-totalité des pays africains a compris l'importance du principe de participation en matière d'environnement et l'a intégré dans des textes juridiques environnementaux. Seulement, prévoir des dispositions concernant la participation ne suffit toujours pas. Quelques-uns de ces pays ont été plus précis sur les modalités de mise en œuvre de la participation du public. Les procédures de l'enquête et de l'audience publiques entrent dans cette catégorie.

Désormais, il devient crucial pour ces États, surtout pour ceux qui font encore preuve de négligence à l'égard de l'obligation de faire participer les citoyens (cas du Cameroun, de la République centre africaine et du Gabon par exemple), de mettre en place des mécanismes appropriés en vue de rendre ce principe effectif. Les procédures d'enquête et d'audience publique doivent être effectivement organisées dans le cadre du démarrage de projets pour lesquels une étude d'impact sur l'environnement est requise. Les autorités dans ces pays doivent se montrer très vigilantes lorsqu'elles délivrent des autorisations pour le démarrage de projets présentant un danger certain ou potentiel pour le milieu naturel et les populations avoisinantes dont l'avis est assez important.

La participation du public est très active dans les communautés rurales. La méthode qui est en cours ici c'est celle que nous qualifierons de traditionnelle et qui est toujours en vigueur dans les milieux ruraux. Le chef de village convoque les notables pour décider de mesures urgentes à prendre face à une situation nécessitant l'avis de la population. Les notables à leur tour consultent les chefs de quartiers qui représentent les populations et sont habilités à s'exprimer en leur nom à la cour du chef du village. Par la suite, les chefs de quartiers après avoir recueilli les divers avis et points de vue des populations, assistent aux débats et défendent les intérêts des populations de leurs quartiers respectifs qu'ils représentent, dans la prise des décisions publiques les concernant de près ou de loin. La population peut directement être appelée à participer et à s'exprimer au cours des débats publics ou par l'intermédiaire de leurs représentants qui sont les chefs de quartiers.

Ce mode d'organisation assez bien structurée de la participation du public dans les sociétés traditionnelles africaines doit être étendu aux petites villes, car l'on constate qu'au sein de ces communautés villageoises, autant les informations sont diffusées, autant les populations autochtones sont activement associées à la prise de décisions qui, pour la plupart des cas, les concernent. De telles pratiques ne seront possibles dans les grandes villes que si le processus de décentralisation est effectif. La décentralisation et la participation sont des moyens d'associer de plus vastes segments d'une population donnée aux processus décisionnels publics - dans un rôle d'information et/ou de contrôle de ces processus. Comme Crook et Manor l'affirment, rapprocher le gouvernement des citoyens accroît l'efficacité[8]. De ce point de vue les États africains gagneront à associer leurs populations respectives dans le processus décisionnel, même lorsqu'il sera question de l'utilisation d'outils modernes de protection.

Tenant compte des contextes historiques, géographiques et des problématiques qui en découlent, il devient impératif de concilier modernité et tradition pour une protection efficace de l'environnement dans la région *« L'Afrique de demain ne réalisera sa destinée nationale qu'en sauvegardant et en restaurant son originalité culturelle, mais aussi en s'assimilant la pensée scientifique moderne, qui a valeur universelle et à laquelle elle a précisément son apport original à fournir »*[9].

2 : Une stratégie de préservation et de mise en valeur adaptée

Les stratégies de préservation et de mise en valeur sont indissociables des décisions de désignation des aires à protéger. Elles doivent tenir compte des réalités locales et du patrimoine culturel immatériel.

---

[8] R.C. CROOK, et J. MANOR, Democracy and decentralization in South-East Asia and West Africa : participation, accountability and performance. Cambridge University Press, Cambridge, Royaume-Uni, 1998.

[9] J. SURET-CANALE, Afrique Noire, Editions sociales, Paris, 1961.

a : La prise en compte des réalités socio-économiques

Située loin des contingences locales, la régulation juridique posée par l'État exprime une fiction que les populations ne peuvent légitimer dans leur comportement d'autant plus que c'est souvent son aspect répressif et coercitif qui se présente en premier lieu dans la conscience collective. Le fait social qualifié de juridique s'exprime souvent dans le cadre d'habitus[10] et de modèles de comportements où les règles et les normes sont rarement d'origine écrite. La prise en compte des réalités locales peut être décisive et contribuer à l'efficacité des mesures prises.

L'élaboration du droit positif de l'environnement africain repose sur une représentation du droit écrit où les États y voient une condition de l'unité nationale et l'expression d'une formulation nécessaire au développement économique. Mais les législateurs s'accrochent aux fondements et aux logiques du droit occidental en procédant à un mimétisme de la pensée juridique étrangère vue par eux comme un genre de modèle universel. Non seulement le droit pour eux se limite à la loi, mais en plus cette loi-là n'est souvent que l'objet d'un "copier-coller" de la norme occidentale considérée comme moderne. Les codes de l'environnement adoptés par les pays d'Afrique en sont une parfaite illustration ; ils recèlent encore la logique du décret colonial.

La recherche en anthropologie juridique permet de dépasser une analyse technicienne du droit où les lois et règlements sont présentés hors du contexte social où ils sont destinés à s'appliquer. La construction d'un droit de l'environnement qui soit véritablement plus effectif qu'apparent nécessite la prise en compte des réalités socio-économiques et des types de rapports société/nature propres à chaque région. Ainsi l'objectif d'un droit de l'environnement applicable en Afrique nécessite des innovations

---

[10] L'habitus, comme « fondement objectif de conduites régulières » se définit par « un système de dispositions permanentes, établi comme principe générateur et organisateur des pratiques, des représentations, des modes d'agir et de penser, que l'individu a acquis tout au long de son histoire dans une interrelation active, dans une médiation, entre les structures internes de sa subjectivité et les structures sociales externes » P. BOURDIEU, « Habitus, code et codification » (1986), Actes de la Recherche en sciences sociales, n°64, p.40.

pour à la fois répondre aux contraintes d'une politique publique environnementale influencée par les institutions internationales et les bailleurs de fonds, et la légitimation par les acteurs locaux d'une légalité nationale. Cette logique est valable pour toute action de développement en direction de l'Afrique. Les Programmes d'Ajustement Structurel introduits en Afrique au début des années 1980 ont sans doute échoué parce que les réalités africaines n'ont pas été prises en compte[11].

En matière de protection de l'environnement, les législations doivent tenir compte des réalités socio-économiques des populations locales. Aussi, le classement d'un parc en aire protégée doit être suivi de mesures alternatives, ce qui n'a pas été le cas au Ghana avec le MOLE National Parc dont l'expropriation avait entraîné le déplacement des populations sans aucune mesure de substitution alors même que ces dernières vivaient essentiellement des ressources du parc[12]. Les populations résidentes furent évincées manu militari et privées d'accès à leurs terres et à leurs espaces ancestraux d'existence sans consultation préalable ni volonté affichée par l'État de considérer l'usage multiple de la réserve planifiée. La résultante de telles entreprises est une violation profonde des droits coutumiers, de la culture et de la vie même de ces populations. Plusieurs initiatives de conservation de ce genre ont malheureusement été réalisées à travers l'Afrique noire et il s'est globalement avéré que les populations, privées arbitrairement de leurs droits, ont eu par la suite tendance à ne

---

[11] Il y a bien sûr une responsabilité importante des classes dirigeantes dans la détérioration de la situation économique de l'Afrique. Mais cette cause n'est pas unique. La Banque mondiale elle-même insiste parfois sur ce qu'elle nomme *les chocs extérieurs* non économiques, comme l'explosion démographique ou encore les causes naturelles telles que les variations climatiques. Ainsi, lorsqu'elle dit que la plupart des pays sahéliens ont des climats instables qui les font passer de périodes de prospérité à des cycles de sécheresse et de famine, il s'agit d'une constatation indéniable. Mais on ne peut changer de climat. Cette instabilité est une donnée des situations africaines et il est évident qu'il faut établir, pour ces régions, des politiques de développement qui tiennent compte de ces aléas climatiques. Ce que malheureusement les Programmes d'Ajustement ne font pas.

[12] C.VERMEULEN et B. POTTIER, « Le Mole National Park (Ghana). Une expérience réussie d'écotourisme pédestre », Écotourisme pédestre, *Parcs et réserves*, vol. 58, n° 1, Janv-Mars 2003, pp. 15-25.

pas respecter les règles mises en place. Ces populations se trouvent donc criminalisées et marginalisées dans le processus qui s'ensuit et, en fin de compte, l'aire protégée ne fonctionnera pas comme envisagé au départ.

Si par exemple, une communauté décidait d'abandonner son droit coutumier de coupe de bois de chauffe dans les mangroves, la nécessité de remplacer cette source d'énergie par une autre– par exemple le butane– et l'engagement d'une agence de l'État à faciliter ce remplacement, deviendraient des points de consensus possibles. L'État pourrait s'engager, par exemple, à mettre en œuvre un programme d'approvisionnement en butane ménager en régime détaxé. Pour ce faire, un nombre d'actions pratiques et législatives devrait être mis en œuvre. Celles-ci pourraient faire partie d'un paquet avec le plan de gestion qui prévoit l'arrêt de l'exploitation de la mangrove - l'ensemble constituant l'accord de cogestion désiré.

Finalement, il est important d'insister sur le fait que dans les situations où des populations résidentes autochtones et traditionnelles sont associées au site– tels les Imraguen du Banc d'Arguin en Mauritanie– des modes de gestion traditionnels de certaines ressources naturelles souvent existent (ou existaient) déjà, et produisent (ou produisaient) des résultats valables depuis des générations. Dans ces cas, il est important de porter un intérêt particulier aux compétences, aux connaissances et aux savoir-faire traditionnels. La mise en œuvre d'un plan de gestion négocié représente une opportunité réelle pour rattraper les incompréhensions et les erreurs qui auraient pu se passer et revaloriser des systèmes traditionnels qui ont fait leurs preuves. Ceci n'implique nullement que ces systèmes ne peuvent, ou ne devraient pas, être modernisés, mais il est important de partir de l'existant et de l'acquis.

Il est donc indispensable que les pouvoirs publics prennent en compte dans leurs actions de développement les réalités locales des populations, lesquelles sont souvent visibles dans leurs coutumes.

b : L'indispensable prise en compte du patrimoine juridique traditionnel

La problématique actuelle de la protection de l'environnement en Afrique noire, s'explique par la mise à l'écart du patrimoine juridique qui est constitué des "*cultures juridiques non occidentales*"[13]. Ce patrimoine juridique avait été négativement apprécié en considérant que les traditions juridiques « *n'avaient pas la précision, la simplicité, l'unité, la transparence et la publicité de nos lois écrites...on leur reprochait d'être imprécis, multiples, oraux, souvent secrets, irrationnels, coutumiers, collectifs et englués dans la morale, la religion et les convenances elles-mêmes confondues* »[14]. Or, cette attitude est tout à fait injuste, car les droits traditionnels, aussi divers qu'ils soient, sont rationnels et ont permis aux sociétés africaines de maintenir une cohérence dans leur fonctionnement. Aussi est-il nécessaire aujourd'hui de revitaliser ce patrimoine qui a longtemps permis aux peuples d'Afrique de vivre en harmonie avec la nature et qui fait partie du patrimoine culturel immatériel.

b-1 : La reconnaissance du patrimoine culturel immatériel : une étape vers la résolution des défis à la gestion durable des ressources

Le patrimoine immatériel est constitué d'éléments qui relèvent de la culture de chaque peuple, laquelle se traduit par des manières de faire, de dire, d'être et de penser, de répéter symboliquement des faits historiques ou de se fixer des règles morales ou éthiques. Sont susceptibles d'être protégés au titre du patrimoine immatériel les éléments qui relèvent d'abord de connaissances et de compétences opératoires. Une

---

[13] Pour le Professeur M. CHIBA, l'expression " droit non occidental" peut désigner le droit des pays non occidentaux, le droit étatique des pays non occidentaux, le droit non officiel des sociétés non-occidentales dans les pays capitalistes et socialistes, la coexistence du droit étatique avec le droit non officiel dans les pays non occidentaux, ou bien, encore, la culture juridique des pays non occidentaux. Cité dans, W. CAPPELLER, T. KITAMURA, une introduction aux cultures juridiques non occidentales, autour de M. CHIBA, Bruylant, Bruxelles, 1998, p. 37.

[14] M. ALLIOT, Ce que repenser les droits africains veut dire, in C. KUYU, A la recherche du droit africain du XXIème siècle, op.cit, p. 26.

particularité du patrimoine immatériel est essentielle à sa compréhension : il s'agit d'un patrimoine vivant. Il se compose de phénomènes collectifs en voie de disparition et d'autres en train de naître. Chaque culture adapte à son profit des influences diverses dans de constantes adaptations et inventions. De plus, les générations successives s'approprient l'héritage à la manière des musiciens qui réinterprètent le répertoire traditionnel avec le souci de créer une musique nouvelle. En Afrique, ce phénomène est plus particulièrement présent du fait de la primordialité de l'oralité et de la permanence de la tradition orale. Ce ne sont donc pas, en matière de patrimoine immatériel, des formes fixes qu'il faut conserver, mais une certaine permanence qui reflète l'esprit de la tradition. L'essentiel est que ce patrimoine immatériel témoigne de l'identité d'un peuple et de son génie propre, identité qui traverse le temps dans un monde qui se renouvelle sans cesse.

Le continent africain, à travers l'OUA, a très vite compris la nécessité de promouvoir les cultures locales dans un souci de contribuer au développement des jeunes États. La convention africaine sur la conservation de la nature et des ressources naturelles (Alger 1968) a privilégié le patrimoine naturel et n'a pris en compte que de façon marginale le patrimoine culturel. Ceci s'explique aussi par le lien qui existe entre cette convention et celle de Londres de 1933. Pour le Professeur Ali MEKOUAR, « *la convention de Londres de 1933 avait été laconique eu égard au patrimoine culturel. Celle d'Alger qui en est l'héritière sur ce point précis, n'a guère innové en la matière. Si bien que ni l'un ni l'autre n'a institué un régime particulier pour le patrimoine culturel* »[15].

Néanmoins, la convention révisée de Maputo (2003), a tenu compte des dimensions culturelles, notamment le patrimoine immatériel dans la section consacrée au principe de précaution en souhaitant que « *les parties prennent et mettent en œuvre toutes les mesures nécessaires pour réaliser les*

---

[15] A. MEKOUAR, Le patrimoine naturel et culturel dans la convention africaine sur la conservation de la nature et des ressources naturelles, in le patrimoine culturel et naturel, colloque organisé dans le cadre du master de droit de l'environnement et de l'Aménagement des espaces de la Faculté des Sciences, Juridiques, Politiques et Sociales de Tunis, 2009, p. 58.

objectifs de la présente Convention, notamment par des mesures de prévention et l'application du principe de précaution, et en tenant compte des valeurs éthiques et traditionnelles ainsi que des connaissances scientifiques dans l'intérêt des générations présentes et futures »[16]. On peut noter aussi que cette convention tient beaucoup à la valorisation des savoirs traditionnels locaux en s'appuyant sur une « *tradition judicieuse* »[17]. En outre, les parties à la convention feront en sorte que « *l'accès aux connaissances traditionnelles et leur utilisation soient subordonnés au consentement préalable, en toute connaissance de cause, des communautés concernées ainsi qu'aux réglementations spécifiques reconnaissant les droits de ces communautés à ces connaissances et leur véritable valeur économique* »[18].

L'UNESCO s'est également préoccupée de ce patrimoine. Cette préoccupation s'est traduite par la Convention pour la sauvegarde du patrimoine culturel immatériel adoptée à Paris lors de la Conférence de l'UNESCO, réunie à Paris du 29 septembre au 17 octobre 2003 en sa 32e session. Les buts de cette convention sont énumérés dès le premier article et visent entre autres, la sauvegarde du patrimoine culturel immatériel ; le respect du patrimoine culturel immatériel des communautés, des groupes et des individus concernés ; la sensibilisation aux niveaux local, national et international à l'importance du patrimoine culturel immatériel et de son appréciation mutuelle ; la coopération et l'assistance internationales. La convention de Paris a donné une définition du patrimoine culturel immatériel qui renferme « *les pratiques, représentations, expressions, connaissances et savoir-faire - ainsi que les instruments, objets, artefacts et espaces culturels qui leur sont associés - que les communautés, les groupes et, le cas échéant, les individus reconnaissent comme faisant partie de leur patrimoine culturel. Ce patrimoine culturel immatériel, transmis de génération en génération, est recréé en permanence par les communautés et groupes en fonction de leur milieu, de leur interaction avec la nature et de leur histoire, et leur procure un sentiment d'identité et de continuité, contribuant ainsi à promouvoir le respect de la*

[16] Article IV de la convention de Maputo, 2003.
[17] Article VIII.1 de la convention de Maputo.
[18] Article XVII.2 de la convention de Maputo.

diversité culturelle et la créativité humaine »[19]. En tenant compte du fait que le patrimoine immatériel peut se manifester à travers les connaissances et pratiques concernant la nature et l'univers, nous estimons que les cultures juridiques des peuples d'Afrique, notamment dans le domaine de la gestion et de la protection des ressources, font partie des éléments du patrimoine culturel immatériel. Dans cette optique, la sauvegarde du patrimoine culturel immatériel revient en grande partie à chaque pays qui doit prendre les mesures nécessaires notamment l'identification des objets à protéger, et ce avec la participation active des communautés locales, des groupes et des organisations non gouvernementales.

b-2 : La nécessaire valorisation du patrimoine immatériel de protection des écosystèmes et des ressources

Le droit coutumier, les techniques traditionnelles de gestion et de protection des écosystèmes et des ressources font partie du patrimoine culturel immatériel des pays africains. La coutume peut être définie comme « *l'ensemble des manières de faire, considérées comme indispensables à la reproduction des relations sociales et à la survie des groupes lorsque ces groupes ne font pas appel à une instance extérieure ou supérieure (tels Dieu ou l'État) pour les réguler* »[20]. Nous pouvons constater que les sociétés africaines ont su développer à travers des siècles des logiques locales de protection de l'environnement et de gestion des ressources. Ceci garantissait non seulement un accès à tous, selon ses besoins, aux ressources naturelles, mais aussi leur protection dans une perspective de durabilité. Ces instruments locaux ont été systématiquement écartés durant la période coloniale et même postcoloniale et remplacés par des logiques importées, complètement en déphasage avec les réalités locales. Nous convenons avec Sitack Beni Yombatina que « *la protection de la nature et le souci de préserver l'équilibre du milieu sont une préoccupation*

---

[19] Article 2.1 de la convention de Paris sur la sauvegarde du patrimoine culturel immatériel de 2003.

[20] B. S. YOMBATINA, Droit de l'environnement à l'épreuve des représentations culturelles africaines : une gestion à réinventer ? In C. KUYU, A la recherche du droit africain du XXIème siècle, p. 161.

constante de la plupart des sociétés africaines traditionnelles dans la mesure où l'homme y vit généralement en harmonie avec la nature dont il se conçoit comme un des éléments. Il n'est rien sans la nature. C'est elle sa survie »[21].

En Afrique, les techniques traditionnelles de gestion des ressources sont nombreuses[22]. Il est surtout question ici de leur valorisation. La valorisation du patrimoine immatériel, qu'il soit juridique ou technique répondra à des enjeux aussi bien continentaux que régionaux et nationaux. En effet, la prise en compte des spécificités culturelles des populations sur la gestion des ressources et leur implication dans les différents processus de développement contribuera à la réussite des objectifs de gestion durable desdites ressources.

Au niveau national, la prise en compte des disparités locales et des savoirs traditionnels permettra à l'État de définir une politique de protection des écosystèmes et de conservation de la biodiversité adaptée aux réalités et qui aura plus de chance de réussite. La question qui se pose est celle de savoir comment valoriser ces savoirs, qui font partie du patrimoine culturel immatériel. La convention de Paris sur la sauvegarde du patrimoine culturel immatériel de 2003 renvoie aux États la responsabilité d'identification des valeurs locales. Ainsi, *« il appartient à chaque État partie de prendre les mesures nécessaires pour assurer la sauvegarde du patrimoine culturel immatériel présent sur son territoire. Parmi les mesures de sauvegarde visées à l'article 2, paragraphe 3, d'identifier et de définir les différents éléments du patrimoine culturel immatériel présents sur son territoire, avec la participation des communautés, des groupes et des organisations non gouvernementales pertinentes »*[23]. Il revient donc aux États africains de dresser chacun dans son champ géographique un inventaire des savoirs et des normes locales de gestion des ressources en

---

[21] *Ibid.*

[22] Voir Théophile ZOGNOU : La protection de l'environnement marin et côtier dans la région du Golfe de Guinée, Thèse de Doctorat en droit public, Université de Limoges, sous la direction conjointe des Prof. Bernard DROBENKO et Jessica MACOWIAK, 2012, pp. 43-55.

[23] Article 11.a.b de la convention sur la protection du patrimoine culturel immatériel.

fournissant des informations pertinentes au comité[24] issu de la convention en vue de leur enregistrement. Les autres mesures de sauvegarde détaillées à l'article 13 de la convention concernent l'adoption d'une politique nationale de sauvegarde du patrimoine immatériel, sa diffusion, la création de centres de documentation, la réalisation d'études scientifiques, etc. La collecte de toutes ces mesures suppose la mobilisation de toutes les communautés autochtones, leur information et leur participation effective au projet. En ce sens, il serait important de faciliter l'accès à l'information et la participation à travers des moyens aussi bien modernes que traditionnels.

3 : Une législation opérationnelle

Les lois de protection de l'environnement prévoient parfois expressément la création de postes, la mise en place de structures spécialisées ou la constitution de commissions particulières, en charge de missions déterminées. Ce n'est toutefois pas toujours le cas : le plus souvent, la loi ne fixe que le cadre général ; des textes précisant les conditions de la mise en application de la loi sur le terrain s'avèrent donc nécessaires au niveau national ou local (échelon municipal, par exemple). Ainsi, la plupart du temps, un décret est pris en application de la loi ; ce décret est lui-même complété par des arrêtés.

L'application effective de ces textes dépend, d'une part, du réalisme dont ils font preuve à l'occasion de leur préparation et, d'autre part, de leur degré de précision (répartition des responsabilités, désignation des postes à créer, fixation de l'origine et de l'ampleur des financements…). Les conflits de compétence constituent également un élément déterminant de l'efficacité des instruments juridiques de protection de l'environnement. Ceux-ci peuvent se situer à plusieurs niveaux. Les conflits interinstitutionnels : dans un même ministère, des services distincts peuvent détenir, chacun, une parcelle de pouvoir concernant une même aire protégée. L'unicité de la tutelle rend cependant cette difficulté assez facilement surmontable. Parfois, ce sont les compétences

[24] Conformément à l'article 29 de la convention sur la protection du patrimoine culturel immatériel.

de ministères différents qui peuvent interférer. C'est le cas par exemple au Cameroun où plusieurs ministères interviennent dans la protection de l'environnement (ministère de l'Environnement, ministère des forêts, ministère de l'Eau et de l'Énergie...). Ces situations qui peuvent se révéler handicapantes pour la gestion des écosystèmes et des ressources peuvent néanmoins être résolues par la solidarité gouvernementale (arbitrages ponctuels ou redéfinition des missions). Les conflits liés à la décentralisation des actions sont également à craindre. Ces conflits sont les plus complexes et les plus dommageables à la préservation des zones côtières. En effet, lorsqu'il n'existe pas de contrôle a priori des actes locaux, des élus peuvent donner des autorisations d'occupation des terrains côtiers sans disposer de la qualification adéquate et sans assurer le suivi nécessaire. Surtout, il arrive fréquemment que des élus développent des partenariats (sur le format de la coopération décentralisée) sans réelle coordination avec les services en charge de gestion de l'environnement. Toute l'expertise nécessaire n'étant pas rassemblée, les résultats de ces actions peuvent être catastrophiques (déversements d'eaux usées, pollutions...). Il est à regretter que certains partenaires au développement continuent d'intervenir sans la consultation préalable, l'autorisation et le contrôle des autorités compétentes.

Un autre volet indispensable à la réussite des objectifs de protection cohérente de l'environnement en Afrique est celui de la gouvernance institutionnelle.

B : Refonder la gouvernance de la coordination institutionnelle pour plus d'efficacité dans la protection de l'environnement

Mieux coordonner l'action des différents acteurs de la coopération intervenant en Afrique est un gage d'efficacité et de succès. Il s'agit certes d'un problème de méthode ; mais il est important. En effet, la liste des acteurs de la coopération intervenant dans l'environnement est impressionnante : ministères de l'Environnement, ministères de la Culture, ministères de l'Administration territoriale, ministère des forêts... les différentes institutions continentales, régionales et sous régionales du domaine de l'environnement, les différents organismes internationaux, les ONG, etc. Cette abondance d'intervenants peut amoindrir l'efficacité des actions de coopération régionale, car elle peut être source d'actions redondantes ou contradictoires. Il est donc primordial de renforcer la coordination en matière de coopération régionale.

La mise en place et le renforcement des cadres de concertation et de coordination aux différents niveaux sont indispensables en vue de mieux coordonner les actions ayant un lien direct ou indirect avec la gestion de l'environnement, mais également d'harmoniser les interventions et rechercher une synergie entre tous les intervenants. Dans cet esprit, des rencontres régulières regroupant tous ces acteurs peuvent permettre de pleinement intégrer les intérêts des uns et des autres et surtout aboutir à des solutions efficaces pour la gestion des ressources partagées sur le continent. Les arrangements institutionnels doivent être en permanence modifiés et réajustés pour répondre à l'évolution de la situation et aux nouveaux besoins. Mais il faudrait aller plus loin dans la coordination, ne serait-ce qu'au niveau de chacune des zones géographiques (Afrique de l'Ouest et Afrique Centrale par exemple). La décentralisation est pour ainsi dire indispensable. La décentralisation administrative qui est un processus lent, mais nécessaire à la gestion intégrée des ressources naturelles n'est qu'à son début sur le continent et a besoin d'un soutien actif de la part des acteurs continentaux. La mise en place des collectivités territoriales devrait permettre notamment d'éviter les doubles emplois, en favorisant la recherche de complémentarité et en orientant les interventions en fonction des objectifs définis ; d'harmoniser les interventions et les méthodes d'approche ; d'optimiser la mobilisation des ressources humaines, techniques et financières.

D'un autre point de vue, et afin d'améliorer les arrangements institutionnels et la collaboration au niveau des différentes conventions de protection de l'environnement en Afrique, les Parties contractantes devraient accorder aux différentes commissions régionales et sous régionaux le statut spécial de conseiller aux Secrétariats de ces Conventions dans le cadre de leurs travaux et inviter ces Secrétariats à consulter ces commissions et d'autres institutions nationales et régionales appropriées qui mènent des projets ou des programmes sur l'environnement continental afin de développer des cadres de coopération pour renforcer les liens de collaboration, l'élaboration des programmes conjoints, la mobilisation des ressources et la coordination. Par ailleurs, les commissions régionales et d'autres institutions nationales et régionales dans les zones d'application des différentes conventions devraient utiliser les instruments juridiques auxquels elles sont parties comme une plateforme régionale et un cadre juridique pour leur travail dans le domaine de l'environnement. La désignation des fonctionnaires de haut niveau comme point focal national pour des conventions continentales serait également un pas décisif en vue d'éviter la duplication, de réduire les coûts et d'harmoniser les programmes, au niveau régional et local.

Soulignons enfin que les États africains et les élus locaux doivent susciter cette collaboration pour concevoir une démarche participative qui fonde une gouvernance transfrontalière nouvelle. Les Conseils économiques, sociaux et environnementaux régionaux pourraient jouer un rôle de facilitateur avec les sociétés civiles voisines dans le cas des écosystèmes et ressources partagés par exemple. De même, la mise en place d'un dialogue social territorial transfrontalier, dont les modalités restent à préciser, conforterait cette démarche. Les médias pourraient jouer un rôle important dans la construction de cette identité africaine et dans l'émergence d'un sentiment d'appartenance au même territoire. Certes, ils permettent de faire connaître les projets et les politiques transfrontalières locales, mais ils intéressent tout particulièrement le citoyen lorsqu'ils évoquent des initiatives qui ont un impact direct sur sa vie de tous les jours. Les expériences menées montrent que l'intérêt de la population pour les questions transfrontalières est une réalité et qu'elle est renforcée lorsqu'une expression libre et des échanges directs entre les citoyens de l'espace transfrontalier sont organisés ; le rôle de la société civile devient par conséquent un atout qu'il convient d'encadrer.

II : Vers un rôle accru de la société civile dans la protection de l'environnement en Afrique

Depuis la Conférence de Stockholm, mais surtout depuis Rio, on assiste à une véritable explosion de nouveaux acteurs dans le droit international de l'environnement. Longtemps resté l'apanage de la communauté internationale composée des États et des organisations internationales, ce droit reconnaît désormais l'importance d'associer les femmes[25], les jeunes[26], les communautés autochtones et les collectivités locales[27], les ONG[28]. Parmi les acquis potentiels ou nouveautés de Rio, on note également la reconnaissance de l'importance de droits économiques et sociaux, comme le droit à l'éducation ; l'indication du renforcement de la participation de la société civile[29].

Une telle reconnaissance traduit assurément le souci de rompre le tête-à-tête entre les États, de faire céder *« les cloisons des bureaux et le huis clos des savants*[30] » par l'intégration de tous, notamment de l'ensemble de la société civile[31], dans le processus de protection de l'environnement. D'ailleurs, il faut dire que les gouvernements et les entreprises n'ont vraiment pris au sérieux l'environnement que sous la pression des catastrophes écologiques et de l'opinion publique[32].

Cependant, il ne s'agit pas dans cet article d'étudier l'ensemble de la société civile ou des acteurs exprimant l'opinion publique. Nous analyserons surtout l'apport des ONG (A), puis nous verrons comment

[25] Principe 20, Déclaration de Rio

[26] Principe 21.

[27] Principe 22.

[28] Ci-après dénommées ONG.

[29] Voir document final Rio+ 20 intitulé : The future we want (L'avenir que nous voulons).

[30] J. MORAND-DEVILLER, op. cit., p. 123.

[31] Sur la définition de l'expression « société civile », voir Société civile et réduction de la pauvreté, CLE, Yaoundé 1999, p. 13- M. KAMTO : « Les rapports Etat-Société civile en Afrique », RJPIC, 1994, n°3, pp. 285-286.

[32] M. PRIEUR, « Démocratie et droit de l'environnement et du développement », RJE, 1/1997. pp. 877-886.

l'éducation environnementale peut être décisive dans la protection de la nature et de ses ressources (B).

À : Le rôle déterminant des ONG

On entend par ONG tout groupement, association ou mouvement constitués de façon durable (sur la base d'un acte juridique généralement appelé statut) par des individus ou des personnes morales appartenant à un même État ou à des États différents, en vue de la poursuite de buts non lucratifs[33].

Les premières ONG apparaissent vers la fin du XIXe siècle. Ce sont des ONG humanitaires ou charitables. Nées, quant à elles, en réaction à l'État et aux activités néfastes de certaines grandes entreprises industrielles sur la nature et la santé humaine, les premières ONG de l'environnement sont des organisations militantes, très actives et très présentes sur le terrain. Elles sont généralement intransigeantes et refusent toute collaboration avec l'État. Aujourd'hui les ONG vertes œuvrent dans bien des cas de concert avec les pouvoirs publics dont elles prolongent ou complètent les actions sur le terrain. Les plus importantes sont devenues des structures puissantes comparables aux organisations intergouvernementales, et font preuve d'assez de souplesse et de diplomatie dans leurs rapports avec les États dont elles sollicitent fréquemment les concours financiers et l'appui pour faire triompher leurs vues ou leurs projets de textes dans le cadre de la diplomatie multilatérale. Néanmoins, elles s'efforcent de préserver leur indépendance.

Les grandes conférences mondiales sur l'environnement, celle de Stockholm en 1972, celle de Rio en 1992, celle de Johannesburg de 2002, mais aussi celle de Rio+20 en 2012 ont vu affluer des milliers de représentants d'ONG.

---

[33] Voir à ce sujet M. BETTATI et P. M. DUPUY (sous la dir. de), Les ONG et le droit international, Paris, Economica 1979, M. MERLE, Sociologie de relations internationales, Paris, Dalloz, 3e éd. 1982, p. 362.

L'influence des ONG s'est fait progressivement sentir au cours de l'élaboration et dans l'application d'instruments internationaux protégeant l'environnement. De plus en plus souvent, les ONG participent activement à l'élaboration de textes internationaux, soit en soumettant aux réunions officielles des projets et des propositions, soit en assistant aux négociations à titre d'observateurs ou même parfois en tant que membres de délégations nationales, soit, enfin, en surveillant l'exécution par les États des engagements qu'ils ont pris.

Une des missions principales qui incombent aux organisations non gouvernementales est de jouer le rôle de gardien de la nature. Elles doivent en ce sens assurer la surveillance continue de l'état de santé de l'environnement, mais également veiller au respect des engagements internationaux pris par les gouvernements de créer les aires protégées.

Ainsi, l'organisation non gouvernementale Reef Check a développé, depuis 1997, le plus important programme international de « *surveillance volontaire* » des récifs coralliens dans le monde : 70 pays parmi les 101 qui comptent des récifs coralliens sur leur littoral participent à cette action d'une ampleur considérable, à tel point que le programme « Reef check » a été reconnu comme programme officiel des Nations Unies sur le thème de *« la surveillance des récifs coralliens basés sur la participation des communautés »*. Les objectifs principaux sont d'éduquer et d'informer les populations sur la fragilité des écosystèmes coralliens, de créer un réseau mondial de bénévoles qui récoltent des données grâce à une méthode standard et simple, d'encourager les collaborations entre tous les acteurs concernés et de proposer des solutions aux populations locales afin de gérer au mieux leurs richesses.

Concernant le soutien à la création d'aires marines protégées, l'Organisation WWF a œuvré activement en faveur de la protection du milieu marin et des zones côtières depuis le début des années 70, entreprenant de grands projets dans plusieurs pays. Elle a su combiner le travail sur le terrain et le lobbying obtenant ainsi de nombreux résultats positifs. Elle participe également au côté d'autres organisations de défense de l'environnement, au programme « Defying Ocean's End » qui a été élaboré lors d'une conférence au Mexique en juin 2003. Le programme se fixe des échéances à un an, trois ans et dix ans, vise à la création de 20 grands écosystèmes marins et 400 aires marines protégées, à des degrés divers de protection. Pour ce faire, la campagne préconise l'établissement d'un Fonds Mondial pour l'Océan, qui opérerait sous une structure comme l'ONU.

L'UICN, dans son action, est plus soucieuse d'une approche équilibrée entre durabilité environnementale, durabilité économique et durabilité sociale. Créée depuis 1948, elle travaille pour la protection des ressources naturelles de la planète. Sa mission est d'influencer, encourager et assister les sociétés du monde entier à conserver l'intégrité et la diversité de la nature et d'assurer que toute utilisation de ressources naturelles soit équitable et écologiquement durable. Ainsi, en réponse à la nécessité de conserver les ressources marines et côtières, elle a créé, en 1985, un Programme Marin International qui vise à promouvoir et influencer l'utilisation durable et le partage équitable des ressources biologiques ainsi qu'à protéger les écosystèmes marins et côtiers. Depuis sa création, ce programme est intervenu en Asie du Sud-est, au Proche-Orient, en Afrique, en Méditerranée et en Amérique centrale et du sud. Il couvre de nombreuses thématiques telles que la gestion côtière et marine intégrée, la pêche, les aires marines protégées, les grands écosystèmes marins.

Parmi les activités de l'UICN, il convient d'accorder une place de choix à la Stratégie mondiale de la conservation, publiée en mars 1980 et sa liste rouge des espèces menacées. Les objectifs sont essentiellement le maintien des processus écologiques essentiels et des systèmes entretenant la vie ; la préservation de la diversité génétique et l'utilisation durable des espèces et des écosystèmes. Ces objectifs louables sont toutefois différemment appréciés dans la sous-région surtout par rapport à leurs mises en œuvre.

En Afrique, plusieurs ONG militent pour la protection de l'environnement. On y trouve aussi bien les ONG internationales que les ONG locales ; cependant, leurs actions sont encore loin d'être efficaces. Leurs capacités d'autofinancement sont limitées dans la sous-région, d'où une dépendance poussée à l'égard des financements extérieurs. À cette difficulté financière s'ajoute le problème de ressources humaines. Le personnel qualifié fait encore défaut dans la région. L'une des conséquences directes de la mauvaise connaissance des problèmes environnementaux par certaines ONG est que leur personnel, surtout en ce qui concerne les ONG locales, recherche bien souvent leurs intérêts propres au détriment de la cause environnementale[34].

De plus les ONG nationales sont très peu impliquées et consultées lors des activités de gestion de l'environnement. Elles ne sont considérées comme partenaires efficaces ni par l'État et les bailleurs de fonds ni par les ONG internationales. Le secrétaire d'État américain Colin Powell l'avait déjà fait savoir lors du sommet de Johannesburg sur le développement durable en 2002 : « *Aucune ONG locale n'a été associée à cette importante réunion. Cette marginalisation cache les intentions inavouées et nous inquiète au plus haut point* »[35]. Tous ces obstacles contribuent à limiter la portée des actions des ONG sur le terrain. Pourtant une mutualisation des efforts et des compétences pourrait être décisive pour la protection de l'environnement continental. Les ONG locales doivent par conséquent travailler de concert avec les ONG internationales. Il s'agirait de créer un cadre d'échange d'expériences, de concertations adéquates par la multiplication des programmes de formation, d'information, de recyclage, et de perfectionnement des personnels des ONG et la promotion de rencontres périodiques. Il serait en tout cas dommage que faute de coordination de leurs activités, les ONG agissent avec lenteurs et incohérences, facteurs d'inefficacité généralement à la charge des administrations africaines.

La collaboration entre ONG de protection de l'environnement doit se tisser et se renforcer au plan interne comme au plan international[36]. Les initiatives amorcées par les conférences mondiales des ONG de Paris

---

[34] P. BIGOMBE LOGO : Les élites et la gestion décentralisée des forêts au Cameroun. Essai d'analyse politiste de la gestion néo patrimoniale de la rente forestière en contexte de décentralisation CERAD-GEPAC-GRAPS 2007, p. 18.

[35] Brainforest (ONG gabonaise), 2002.

[36] M. KAMTO, Droit de l'environnement en Afrique, EDICEF/AUPEF, Paris, 1996, p.387.

(1991) et de Londres (1993) doivent se poursuivre. Elles doivent collaborer en privilégiant l'environnement et mettre fin à la concurrence et aux suspicions qui nuisent à l'environnement qu'elles ne le préservent. À cet égard, il se pose comme pour les ONG internationales, la question de déontologie des ONG nationales dans leurs rapports avec l'extérieur, mais aussi celle de la démocratie dans leur fonctionnement interne et celle de leur indépendance vis-à-vis de l'État et des pouvoirs d'argent[37]. Il y va de leur crédibilité et de leur efficacité

D'un autre point de vue et plus spécifiquement s'agissant de l'UICN qui est la seule organisation à susciter la prise en compte de la conservation et de la gestion des ressources naturelles souvent laissées de côté par les acteurs de développement en Afrique, elle doit encore tenir compte de la dynamique et des particularités plurielles de la région pour rendre son action efficace et légitime. En effet, face aux problèmes qui entravent la protection des écosystèmes ainsi que la gestion durable des ressources, l'UICN, pour définir son programme, doit préciser le type d'objectifs et programmes qui lui est propre et la caractérise. Dans la continuité de son expérience et en tenant compte des compétences dont elle dispose sur le continent, l'UICN doit aussi reconnaître que le contexte institutionnel et environnemental a évolué et que de nouvelles compétences sont nées dans la région, compétences qui prennent le relais des programmes qu'elle conduit.

Par ailleurs, tenant compte de ses forces et des réalités nationales voire locales[38] et en fonction de son objectif de préserver l'intégrité et la productivité des écosystèmes notamment en Afrique centrale et de l'Ouest, l'UICN doit mettre en place un réseau régional d'observation de la zone littorale afin de prévenir et de lutter contre la dégradation des ressources. De même, l'UICN doit renforcer les moyens d'étude et d'observation du littoral et du milieu marin afin d'améliorer la protection

---

[37] Cf. M. PRIEUR, Démocratie et droit de l'environnement et du développement. RJE 1/1993 p. 24.

[38] L'intervention de l'UICN comme celle de toutes les autres organisations doit se faire par des mécanismes qui tiennent compte des réalités socioculturelles de la région afin de lui donner une certaine légitimité.

de la biodiversité et optimiser l'utilisation des ressources côtières et marines, promouvoir la réduction du gaspillage et la dégradation des écosystèmes marins et côtiers par l'utilisation des techniques de pêche respectueuses de l'environnement ainsi que par la transformation industrielle des produits à faible valeur commerciale. Elle doit enfin promouvoir la gestion conjointe des ressources partagées et la participation des communautés locales à la gestion des ressources. Ce travail doit se faire nécessairement dans le respect des logiques sociétales de la région et en collaboration avec les ONG locales, les pouvoirs publics et les populations concernées.

Il paraît cependant essentiel de préciser que toutes les mesures de protection nationales et internationales (mesures scientifiques et juridiques) ne sont pas pleinement efficaces sans une prise de conscience urgente de l'opinion publique internationale, mais également des populations locales. Un changement de comportement radical des utilisateurs des écosystèmes et des ressources, qu'ils soient touristes, industriels ou pêcheurs, s'avère nécessaire ; l'éducation environnementale devient donc impérative pour la sauvegarde de cet environnement gravement menacé.

B : L'indispensable éducation environnementale des citoyens

La prise de conscience des problèmes d'environnement à l'échelle planétaire (limitation des ressources, atteintes aux paysages, disparition d'espèces végétales et animales, pollutions, nuisances) a d'abord conduit à la mise en œuvre de politiques de protection. Mais les solutions techniques seules montrent des limites : elles ne sont pas forcément acceptées par tous (l'environnement est souvent au centre d'intérêts divergents), elles sont souvent partielles et incapables de prendre en compte la dimension éthique liée aux questions d'environnement. C'est pourquoi elles doivent être relayées par une éducation de l'homme à son milieu.

En 1977, la Conférence de Tbilissi a proposé une définition de l'éducation à l'environnement : c'est une éducation civique qui a pour but « *d'amener les individus et les collectivités à saisir la complexité de l'environnement tant naturel que créé par l'homme, complexité due par l'interactivité de ses aspects biologiques, physiques, sociaux, économiques et culturels* »[39]. Ce modèle d'éducation à l'environnement doit permettre "*d'acquérir les connaissances, les valeurs, les comportements et les compétences pratiques nécessaires pour participer de façon responsable et efficace à la présentation et à la solution des problèmes de l'environnement et à la gestion de la qualité de l'environnement*"[40]. C'est dès le milieu des années 1970 que l'UNESCO a proposé l'éducation comme moyen efficace de lutter contre les multiples dégradations de l'environnement. Cette éducation, les États de l'Afrique atlantique l'avaient classée parmi les mesures d'appui à la réalisation de tout plan d'action[41].

La qualité de notre environnement n'est pas de la seule responsabilité des gouvernements et des instances internationales, mais de l'action permanente de tous. L'éducation à l'environnement s'adresse à tous les publics et combine une double approche. C'est à la fois une éducation pour l'environnement, centrée sur une meilleure prise en compte de l'environnement par un individu "écocitoyen", et une éducation par l'environnement, centrée sur la personne et qui reconnaît l'environnement comme un terrain particulièrement motivant pour l'apprentissage grâce à la confrontation au réel et à la possibilité de mener des actions individuelles ou collectives. En cela, il ne s'agit pas d'une simple instruction, mais bien d'une éducation : au-delà des connaissances nécessaires, l'on vise à acquérir des savoir-faire et des comportements adaptés pour résoudre des problèmes.

En Afrique, les États doivent mettre sur pied des instituts de formation et de recherche en éducation à l'environnement. Ces instituts doivent s'efforcer de travailler pour développer des formations

---

[39] Conférence intergouvernementale sur l'éducation relative à l'environnement organisée par l'UNESCO avec la coopération du PNUE à Tbilissi (URSS) du 14 - 26 octobre 1977

[40] *Ibid.*

[41] Toute la partie VI du Plan d'Action d'Abidjan pour la protection et la mise en valeur du milieu marin et des zones côtières de la région d'Afrique du Centre et de l'Ouest est consacrée à ces mesures.

appropriées au profit d'un public très varié de "médiateurs" de l'environnement (formateurs, élus, professionnels de l'environnement, agents des collectivités locales...), mais aussi en touchant le grand public à travers des outils d'informations modernes et traditionnels (voir *supra*). Les communautés locales africaines ignorent les questions relatives à l'environnement duquel dépend leur survie. La mise en place des capacités institutionnelles pour la gestion des écosystèmes demandera donc l'éducation et la sensibilisation sur les concepts et les pratiques du développement durable, et l'importance de la protection de l'environnement. L'attention doit être également portée sur les besoins de formation et de recherche, et la dissémination des informations pertinentes aux différents acteurs concernés par la gestion de la nature.

En outre, cette éducation devra contribuer à une prise de conscience de l'importance de l'environnement dans les efforts de développement économique, social et culturel[42]. Elle devra favoriser, à tous les niveaux, une participation responsable et efficace de la population à la conception et au contrôle des décisions mettant en jeu la qualité de l'environnement. À cette fin, l'éducation devra diffuser des informations sur les modalités de développement qui n'entraînent pas d'effets nuisibles pour l'environnement et promouvoir l'adoption de modes de vie permettant des relations plus harmonieuses avec l'environnement[43].

C'est dans cette perspective éducative que l'association CORAL a lancé en 2000, le programme *« Dive In To Earth Day »*, à l'occasion du trentième anniversaire de la Journée de la Terre. L'objet de ce programme est de faire en sorte que le monde sous-marin ne soit pas oublié et fasse partie intégrante de la campagne annuelle en faveur de la Journée de la Terre. Des dizaines de milliers de personnes du monde entier se rallient autour d'une cause commune : protéger les océans et les écosystèmes marins de la planète. La majorité des activités consiste à informer le public des problèmes urgents qui se posent en matière de préservation des zones côtières et du milieu marin.

---

[42] V. Les paragraphes 19.1 et 29 du Plan d'Action d'Abidjan.

[43] V. Les paragraphes 18.1, 18.6, et 19.2 du Plan d'Action d'Abidjan.

La caractéristique la plus importante de l'éducation relative à l'environnement en Afrique devra être son approche orientée vers la solution de problèmes concrets. Il s'agit de permettre aux individus, à quelque groupe de la population qu'ils appartiennent et à quelque niveau qu'ils se situent, de prendre conscience des problèmes faisant obstacle au bien-être individuel et collectif, d'en élucider les causes et de déterminer les moyens propres à les résoudre. Ainsi, les individus pourront participer à une définition collective des stratégies[44] et des actions tendant à résoudre les problèmes affectant la qualité de l'environnement. Le Plan d'Action d'Abidjan pour la protection et la mise en valeur du milieu marin et des zones côtières de la région d'Afrique du Centre et de l'Ouest reconnaît à juste titre que « *la protection et la mise en valeur du milieu marin et des zones côtières ne peuvent se faire sans l'appui total et la pleine coopération de tous les intéressés* » notamment du grand public, principal destinataire de cette éducation[45]. Puisqu'elle doit être permanente et ouverte à tous, il convient de l'instaurer à tous les niveaux éducatifs, tant scolaires qu'extrascolaires.

Pour atteindre cet objectif, le Plan d'Action d'Abidjan préconise l'organisation « *de campagnes systématiques et périodiques destinées à faire prendre conscience au public des problèmes d'environnement de la région...* [46] » Celles-ci, tout en transmettant à tous les citoyens des connaissances générales, doivent leur faire prendre conscience des problèmes de l'environnement dans leur vie quotidienne. Cette éducation devrait être dispensée à tous les âges, à tous les niveaux de l'éducation formelle ; tel est en tout cas le souhait du plan d'action qui recommande « *l'insertion de la notion d'environnement dans les programmes scolaires*[47] ». Elle devrait également être dispensée dans les différentes sphères de l'éducation non formelle, pour les jeunes et pour les adultes à quelque groupe de population qu'ils appartiennent. De ce dernier point

[44] Par exemple l'élaboration d'un cadre juridique qui tienne compte des spécificités locales.
[45] V. paragraphe 29 du Plan d'Action d'Abidjan.
[46] *Ibid.*
[47] *Ibid.*

de vue, les associations, les ONG et les mass médias ont un rôle particulier et complémentaire à jouer à l'égard du public en général et des groupes socioprofessionnels en particulier[48].

Une deuxième fonction de l'éducation relative à l'environnement est la formation de certains groupes professionnels ou sociaux dont l'action et l'influence sur l'environnement sont importantes. Il s'agit notamment des ingénieurs, des écologistes, des architectes, des urbanistes, des économistes, des océanologues, des juristes, des promoteurs immobiliers, des industriels, des syndicalistes, etc. Les programmes éducatifs devront, pour sensibiliser ces personnes aux conséquences de leurs décisions sur l'environnement, être conçus en fonction de la profession et du groupe social considéré[49]. Ce type d'éducation peut être intégré à l'éducation formelle, par exemple dans les écoles d'ingénieurs ou d'architectes, les facultés de médecine ou de droit, ou dans les institutions chargées de former des groupes exerçant des responsabilités sociales, soit lors de la formation initiale, soit lors de formation continue. Mais c'est aussi sur une base ad hoc (séminaire, stage, etc....) que cette formation doit être préparée par les États africains. Le Plan d'Action d'Abidjan prévoit en effet, entre autres, l'organisation de *« séminaires ou réunions de travail visant à informer les responsables ou à leur faire prendre conscience des problèmes liés à la gestion rationnelle de l'environnement, en particulier dans le domaine de la mise en valeur des zones côtières*[50] ».

Les scientifiques qui élaborent les programmes sur lesquelles s'appuient l'éducation et la formation concernant l'environnement doivent également suivre des formations de remise à niveau. Il pourra s'agir pour eux de participer aux séminaires, colloques et autres rencontres internationaux afin d'assurer localement la formation du

---

[48] V. UNESCO : L'éducation environnementale : op cit p. 33. PNUE : Rapport du Directeur exécutif 1986 pp 47-50 ; M. A. MEKOUAR « Associations et environnement » ; in Recueil d'étude en Droit Ecologique » op cit : pp. 73-76.

[49] V. UNESCO : op cit : p.31.

[50] V. paragraphe 19. 1 ; V. dans le même sens, les paragraphes 18.2 à 18.6 du plan d'action d'Abidjan.

personnel technique[51] ou des cadres dans les domaines de l'évaluation de l'environnement et de la lutte contre la pollution[52]. L'utilisation de ces types d'instruments pédagogiques est également prévue dans le Plan d'Action d'Abidjan notamment dans le paragraphe sur les *« différentes méthodes à utiliser pour l'évaluation des effets des activités de la mise en valeur sur l'environnement…* »[53]

La nécessité, reconnue et exprimée par les États régionaux, de favoriser grâce à l'éducation environnementale, l'éveil de leurs citoyens à la conscience écologique est porteuse d'espoir. C'est cette éducation qui permettra l'émergence d'une culture citoyenne de respect de la loi environnementale. L'objectif du droit de l'environnement n'est pas tant d'imposer aux individus des normes de conduites rigides auxquelles il convient de se conformer que de créer une véritable symbiose entre les comportements des individus et les grands équilibres environnementaux. Au-delà du respect de la lettre de la loi, il s'agit d'amener progressivement l'individu à avoir un comportement respectueux de l'environnement. En Afrique, face à la montée de la délinquance écologique, seule la promotion d'une écocitoyenneté permettra de renverser la tendance et de favoriser l'effectivité du droit de l'environnement. Il s'agira de cultiver chez les citoyens le sens de responsabilité individuelle et collective en matière d'environnement et du développement durable.

---

[51] V. Paragraphe 19.2 du Plan d'action.

[52] V. Paragraphe 18. 5 du Plan d'action.

[53] V. Plan d'action, paragraphe 18.4. Dans le même sens, voir les domaines dans lesquels la formation des techniciens locaux est préconisée par le paragraphe 13.2 du Plan d'action.

II.

LÉGISLATION

CHRONIQUE DE LÉGISLATION FINANCIÈRE ET FISCALE

Odile TOGOLO[1]

I. La loi de finances pour 2013

Tel qu'il ressort de la loi n° 2012/014 du 21 décembre 2012 portant loi de finances de la République du Cameroun pour l'exercice 2013, les ressources et les charges publiques s'équilibrent à une somme de 3236 milliards de francs CFA. Cette façon de présenter les prévisions budgétaires toujours en équilibre dans notre pays ne correspond ni avec la législation en vigueur, notamment celle de la CEMAC ni avec la réalité du moment qui veut qu'on fixe à l'avance le niveau probable du déficit. Pourquoi ne pas envisager l'excédent au regard du résultat positif au moins des dix derniers exercices. Doit-on y voir le mythe de l'équilibre budgétaire qui continue à planer alors qu'on est à des années-lumière des exigences de gestion publique du XIXe siècle. Que faut-il en induire, de l'ignorance des textes en vigueur, de la résistance au changement, du mensonge politique ou du manque de savoir-faire en la matière au ministère des Finances ? L'observateur averti se doit de relever que ce *statu quo* dans la présentation du budget est en contradiction avec le principe de sincérité budgétaire.

Cette loi, subdivisée en deux parties, inaugure une nouvelle présentation de la loi de finances initiale laquelle était attendue pour concrétiser l'entrée en vigueur de l'ensemble des dispositions du nouveau régime financier de l'État adopté en décembre 2007 ; notamment celles relatives à la programmation budgétaire. La première partie reprend à l'identique le contenu des anciennes lois de finances initiales relatif aux prévisions des ressources, charges et mesures financières diverses. La seconde s'inscrit dans la logique du budget-programme qu'elle met en

[1] Chargé de Cours, Faculté des Sciences Juridiques et Politiques, Université de Yaoundé II.

œuvre et qui s'insère dès cette année dans notre paysage budgétaire et financier. Il importe de découvrir les mesures les plus pertinentes de cette loi relativement à la politique des ressources, au contentieux fiscal et à la politique des charges publiques suivant la logique du législateur.

A - La politique des ressources publiques

La mobilisation des ressources fiscales est plus que jamais à l'ordre du jour vu le programme économique actuel du gouvernement très ambitieux qui doit être financé à titre principal par l'impôt, eu égard à la liberté d'action que cette source de revenus procure à l'État. Pour limiter la charge fiscale des contribuables existants et instaurer une certaine équité fiscale, les pouvoirs publics fondent leur espoir sur l'élargissement de l'assiette fiscale par captage des contribuables qui échappaient jusque-là à l'impôt et des activités défiscalisées, en plus du relèvement des taux d'imposition et de la multiplication des contrôles fiscaux.

Dans le cadre de cette politique d'élargissement de l'assiette fiscale donc et par rapport à la douane, de nombreux produits jusque-là exonérés sont désormais passibles de droits de sortie à l'exportation. À la suite d'un contrôle *a posteriori*, la soumission à l'administration d'une réclamation contentieuse est conditionnée par le dépôt d'une caution de 20 % du montant en cause représentant les droits et pénalités éventuelles, laquelle doit être garantie par une banque de premier ordre.

Au niveau du code général des impôts, l'option est pour la révision à la baisse du seuil et le plafonnement de la déductibilité des taux des frais généraux qui constituent le domaine par excellence d'évasion et de fraude fiscale. C'est ainsi que concernant les groupes de sociétés multinationales, le taux des frais de siège déductibles passe de 10 à 5 % des bénéfices réalisés au Cameroun. Le seuil de déductibilité des dons et subventions dans les compétitions sportives nationales d'élite est plafonné au taux de 5 %. En matière d'importation, le domaine du précompte se trouve élargi et les nombreux taux relevés (art. 21 CGI).

Le champ d'application de la TVA s'étend désormais aux opérations de leasing et de crédit-bail avec ou sans option d'achat, aux subventions à caractère commercial, aux remises de prêts et aux abandons de créances à caractère commercial, aux commissions perçues par les agences de voyages (Art. 127 CGI). Le domaine des droits d'accises connaît aussi une extension considérable. Concernant les successions, la prescription trentenaire couvre désormais « *toutes les successions anciennes ouvertes et non déclarées à l'administration fiscale, quelle que soit la date de décès* ».

L'élargissement de l'assiette fiscale est certes nécessaire, mais il peut se révéler insuffisant pour optimiser les revenus des pouvoirs publics. C'est pourquoi cette action est complétée par des mesures de sécurisation des recettes publiques destinées à protéger la trésorerie de l'État aussi bien contre ses propres agents que contre les personnes extérieures à l'administration. Ce qui explique que pour les opérations imposables d'une valeur au moins égale à un million de francs CFA, le droit à déduction de la TVA payée en amont est subordonné au paiement exclusivement par ordre de virement ou par chèque bancaire (art. 143). Le virement et le chèque étant deux moyens de preuve qui laissent trace de paiement et, en cas de difficulté, ils facilitent le contrôle *a posteriori* de la matérialité du règlement antérieur qui donne droit à déduction. Le respect de cette exigence va certainement juguler le flux des détournements de deniers publics qui s'opèrent à travers la fabrication des factures d'achat fictives destinées à gonfler les montants de crédits de TVA à rembourser ou à compenser. Encore faut-il que les pouvoirs publics parviennent à imposer une facture normalisée et sa généralisation à l'ensemble des transactions commerciales pour prétendre approcher le maximum de production de la taxe sur la valeur ajoutée que le Trésor est en droit d'attendre. À défaut de procéder ainsi, la portée de cette mesure sera limitée. L'effectivité d'un tel projet aura un effet multiplicateur puisque des répercussions positives se feront sentir sur le rendement de l'imposition des bénéfices des entreprises, voire de l'impôt sur le revenu. La facture normalisée atteste en soi le respect de l'obligation de la tenue d'une comptabilité qui est un outil par excellence de - bonne - gestion des entreprises d'abord au profit de l'entrepreneur et aussi pour la Société dans son ensemble. Dès lors, on est en droit d'espérer que l'ère de la modernisation de notre tissu économique est enfin arrivée et que notre pays avance à pas sûr vers son émergence économique qui ne devrait pas rester un dicton creux.

En ce qui concerne les finances locales, la liste des impôts locaux perçus par l'État se trouve grossie avec le droit de timbre sur la publicité et l'article C 103 relatif à la taxe sur la publicité assise exclusivement sur la publicité locale est supprimé. Cela dit, il reste une des modalités pour accroître les ressources publiques à savoir le contentieux.

B - Les mesures relatives au contentieux fiscal

Cette loi non seulement améliore la qualité rédactionnelle de l'article L 126 LPF en remplaçant le terme « Administration » par celui de « Ministre en charge des finances ». Mais surtout, elle réalise sa mise en conformité avec le droit existant relativement à la répartition des compétences entre la Chambre administrative de la Cour suprême et les tribunaux administratifs telle que préconisée par l'article 40 de la Constitution. De nombreuses dispositions s'y rapportant ne font que remplacer la Cour suprême par le tribunal administratif. Bref le contentieux administratif de première instance est transféré solennellement à ces derniers dont on sait que l'intérêt réside essentiellement dans le rapprochement de la justice du justiciable et dans le décongestionnement de la Chambre administrative de la Cour suprême avec au bout du fil l'accélération des procédures.

C - La politique des charges

D'entrée de jeu, il importe de souligner que ce 1er janvier 2013 est une date importante dans l'histoire financière de notre pays puisque c'est l'entrée en vigueur du budget programme qui est une innovation de taille. Toute la deuxième partie de la loi de finances pour 2013 y est consacrée exclusivement.

Mais le traditionnel chapitre budgétaire subsiste comme unité de répartition des charges par grande masse entre les structures du gouvernement chargées de la mise en œuvre des politiques publiques. Les bouleversements apparaissent davantage au niveau de l'évaluation et de l'exécution des charges au sein du chapitre où le concept de programme prend davantage de sens. En d'autres termes, le programme est un élément du chapitre budgétaire et c'est lui qui est devenu l'unité d'évaluation, de répartition, de réalisation, de suivi et de contrôle de l'exécution de la dépense publique au niveau des unités opérationnelles. À ces échelons infrastructurels de l'Administration, les préposés aux actions sont désormais des responsables qui doivent rendre compte autant que le responsable du chapitre, c'est-à-dire le chef du département ministériel ou l'ordonnateur principal. Ainsi se trouve créée une chaîne de responsabilités individuelles sans préjudice de la responsabilité solidaire dans un chapitre budgétaire.

Dans les documents de travail du Ministère des Finances, « *le Budget programme est un outil de gestion des finances publiques consistant à élaborer, présenter et exécuter la loi de finances sur la base de programmes* ». Il « *organise les choix budgétaires autour de politiques publiques en comparant les coûts et les résultats des programmes pour retenir et mettre en œuvre les plus efficaces et les plus efficients par rapport aux priorités nationales* »[2].

Comme ses devanciers à savoir le planning, « programming and budgeting system» (PPBS) aux USA et la rationalisation des choix budgétaires (RCB) en France dont il s'inspire largement, la technique de budget programme se veut une réponse aux insuffisances du budget de moyens. Des faiblesses qui se présentent particulièrement comme la difficulté de mesurer l'impact de la dépense publique ; l'absence d'une exigence de performance ; la reconduction automatique des moyens d'une année à l'autre, le manque de prévisibilité à moyen terme, etc. En se fondant donc sur l'idée d'enrayer celles-ci, le budget programme vise entre autres à canaliser la demande sociale pour améliorer l'efficacité et l'efficience de la dépense publique ; améliorer la qualité du service public, à faire converger les politiques économiques et financières ainsi que les outils de gestion des finances publiques au plan international et sous régional ; à responsabiliser les gestionnaires publics qui doivent rendre

[2] Il s'agit du document relatif à la *Formation sur l'élaboration du budget-programme* de la Direction de la réforme des finances publiques.

compte. Tourné vers l'intérieur et ouvert à l'extérieur, cet outil de gestion en introduisant la logique de performance participe de la réforme de l'État et du développement du pays. C'est dire que les transformations que devrait induire l'application du budget programme dépassent le seul domaine des finances publiques pour être une réforme de la société de grande envergure ; à condition bien sûr qu'il y ait une volonté politique forte et un engagement ferme de toutes les composantes de la nation.

Cette nouvelle ère de gestion de la dépense publique s'ouvre avec 156 programmes sur les 52 chapitres budgétaires existants sans que la répartition en leur sein soit homogène : le nombre de programmes variant entre deux et quatre par chapitre en fonction des besoins de chaque domaine des politiques publiques. Encore faut-il se convaincre que la qualité du contenu de chacun des programmes est assurée dans la mesure où c'est sur leur gestion adéquate que les pouvoirs publics parient sur le changement attendu, c'est-à-dire la modernisation de l'État et l'amélioration des conditions de vie des populations.

Dans cette phase d'imprégnation du système, il s'avère plus édifiant de commencer par se familiariser avec la nouvelle nomenclature correspondante.

(Unité : millions FCFA)

N° Ordre	Programmes	Objectifs	Indicateurs	AE	CP
Chapitre 20 - Ministère des Finances					
60	275 - Coordination administrative, modernisation des services et promotion de la gouvernance au MINFI	Améliorer la coordination et optimiser le rendement des services du MINFI	Taux de réalisation des activités du MINFI	12 618	11 688

Source : Extrait de loi n° 2012/014 du 21 décembre 2012 portant loi de finances de la République du Cameroun pour l'exercice 2013.

Cette nouvelle conception associe aux programmes des objectifs précis qui sont arrêtés en fonction de finalités d'intérêt général et des résultats attendus. Les objectifs de chaque programme sont à leur tour assortis d'indicateurs de résultat. Il faut savoir que les indicateurs de performance permettent de mesurer les résultats qui font l'objet d'évaluations régulières et donnent lieu à un rapport de performance élaboré en fin de gestion au niveau de chaque chapitre. Avec un tel outil, il sera plus aisé de juger les performances de chaque service, direction, département ministériel et de fil en aiguille l'action publique dans son ensemble. Ce qui donnerait un sens véritable à l'évaluation des actions des responsables des chapitres budgétaires comme celles qui ont eu lieu dans notre pays au mois d'août 2012 au Premier ministère et au mois de novembre suivant à la Présidence de la République. Ces premiers cas d'évaluations étaient peut-être fondés sur des feuilles de route sans portée pratique.

Une autre innovation se rapporte au rôle des autorisations d'engagement (AE) et crédits de paiement (CP) qui constituent la base sur laquelle s'imputent désormais les dépenses publiques. Ceci sans faire disparaître totalement la traditionnelle subdivision budget de fonctionnement et budget d'investissement qui subsiste à titre indicatif relativement à la répartition par chapitre. Les autorisations d'engagement sont la limite supérieure des dépenses pouvant être engagées au cours de l'exercice, mais éventuellement payées sur plusieurs exercices, en principe trois. Leur particularité est qu'elles s'étendent aux dépenses de fonctionnement contrairement aux autorisations de programmes qui ne s'appliquaient qu'aux investissements. Les crédits de paiement sont la limite supérieure des dépenses pouvant être ordonnancées et payées au cours de l'exercice. En d'autres termes, les autorisations d'engagement permettent d'envisager une dépense sur une période dépassant le cadre annuel, d'en fixer la limite supérieure pouvant être engagée et de distinguer, pour chaque année, les crédits de paiement correspondant à la tranche qu'il est possible de payer pour l'année considérée. C'est cet élément de temps qui justifie que les sommes allouées aux uns et aux autres soient différentes comme le laisse voir la loi de finances. Les montants ne sont identiques que pour les comptes d'affectation spéciale.

Il faut revenir sur la logique du budget-programme inscrite dans les textes et s'interroger sur la manière de rendre leur mise en œuvre conforme à l'esprit qui l'anime. Car on ne doit pas se voiler la face, il est connu que l'application efficiente de toute réforme s'inscrit dans la durée, le temps de son internalisation et de l'entraînement des préposés pour acquérir les compétences nécessaires. Dans la phase d'introduction d'une réforme, le niveau d'appropriation des acteurs reste inévitablement faible, quelles que soient les précautions prises en termes de formation et de sensibilisation aussi longtemps que possible à l'avance dès lors que celle-ci restait théorique ou ne concernait qu'une infime minorité d'acteurs qui sont de surcroît des initiés à la chose budgétaire. L'expérimentation, à travers la mise sur pied de quelque deux à quatre services pilotes ou régions tests, n'est pas toujours gage de réussite totale lors de la généralisation de la réforme parce que les données du terrain ne sont pas identiques partout, sauf que celle-ci permet de déceler les goulots d'étranglement et si possible de les corriger à temps. Quels que soient la volonté et les efforts des pouvoirs publics, une réforme ne passe pas comme une lettre à la poste ; car les résistances au changement procèdent de la nature humaine que leur cause soit objective ou subjective. Subjective parce que le risque de perdre des avantages est souvent réel alors que certains bénéficiaires les considèrent comme des droits acquis. Objective dans la mesure où la pratique d'une nouveauté ne relève pas de la génération spontanée : l'adaptation au changement demande un effort intellectuel et un investissement personnel pour que l'individu soit à la hauteur de la tâche. Dans un cas comme dans l'autre, il faut dénigrer la réforme en la faisant apparaître comme inutile, qu'elle n'apporte rien par rapport à l'existant, qu'elle est une perte de temps inutile et une source de gaspillage de ressources.

Comme le changement est néanmoins dans le sens de l'histoire sociale, les autorités sont obligées de déployer beaucoup d'efforts dans le but de renforcer les capacités nécessaires pour une prise en charge progressive, mais sûre de la réforme. Outre la sensibilisation, une formation soutenue doit se poursuivre et s'étendre à tous les acteurs de la chaîne budgétaire. Sont particulièrement concernés, les personnels des administrations publiques et des collectivités publiques décentralisées et les membres du parlement. En l'espèce, il s'agit de les pourvoir en capacités techniques utiles afin de réduire le temps de tâtonnement et de balbutiement dans la pratique du budget-programme. Dans notre contexte, ce nouvel outil a valeur d'une technologie avancée qui, tout compte fait, n'est pas à la portée du premier profane. L'accélération de son processus de prise en charge passe également par la sensibilisation du grand public. Car les acteurs de la société civile (personnes physiques et morales) doivent être à même de poser leurs problèmes de manière pertinente sous forme de doléances à un moment donné auprès des institutions spécifiques qui peuvent les inscrire dans le budget. À noter que l'émergence économique du pays veut d'abord dire prise en compte suffisante par la puissance publique des besoins des populations à la base et les satisfaire au mieux par la suite. Tel est l'objectif visé par le budget-programme.

L'atteinte rapide de cet objectif se heurte toutefois à l'une des grandes faiblesses du système à savoir le non-apprêtage du cadre institutionnel devant faciliter leur prise en charge. Les textes d'accompagnement font encore défaut, à l'exemple de la loi relative à la programmation budgétaire, de la loi fixant le calendrier du processus budgétaire annuel (dates de parution de la circulaire présidentielle sur l'élaboration du budget, de pré-conférences et conférences budgétaires, de consultations des citoyens...), les décrets d'application et autres circulaires. Il est vrai que deux décrets viennent d'être publiés, l'un relatif au règlement général de la comptabilité publique et l'autre sur le contrôle administratif des finances publiques, lesquels font partie de cette chronique plus bas.

Dans la foulée, comment ne pas évoquer la délicate question du basculement du système informatique du budget de moyens vers l'application du budget-programme qui n'a pas été prévu et retarde l'exécution des opérations budgétaires depuis le début de cette année. Toutes ces insuffisances dont la liste n'est pas exhaustive montrent que pour un début, la mise en œuvre du nouveau régime financier pose de sérieux soucis à l'administration.

Étant donné que le changement est inévitable dans ce domaine - ne serait-ce que parce qu'il faut s'arrimer à la réalité internationale - seul l'entraînement quotidien permettra de vaincre toute forme de déficit créée ou subie. La production progressive des textes d'application facilitera l'atteinte de la phase optimale de la réforme des finances publiques dans notre pays avec bien sûr le concours du temps.

II. Le régime particulier du contrôle administratif des finances publiques

La loi du 26 décembre 2007 portant régime financier de l'État (RFE) en son article 73 renouvelle les bases du contrôle administratif des finances publiques en renforçant le traditionnel contrôle de régularité avec le contrôle de performance et l'audit. L'article 74 qui le complète renvoie au pouvoir réglementaire le soin de fixer les modalités de mise en œuvre. Engagement qui vient d'être réalisé à travers le décret n° 2013/159 du 15 mai 2013 portant régime particulier du contrôle administratif des finances publiques. Ce texte arrive à point nommé, car il ne serait pas raisonnable de demander aux agents de produire des résultats sans toutefois leur fournir des outils de production nécessaires. Court, concis, il synthétise en 27 articles les éléments épars de contrôle des finances publiques ; explicite les concepts tels que contrôle administratif, contrôle de régularité, contrôle de performance et audit et définit les modalités du contrôle administratif. Des modalités qui sont davantage des composantes que de simples procédés.

Ce contrôle s'effectue en trois temps a *priori*, concomitant à l'exécution de l'activité contrôlée et *a posteriori*. Avant, pendant et après l'exécution, tels sont donc les trois moments de ce contrôle qui en plus, peut être inopiné, sur place et sur pièces, revêtir le caractère d'un contrôle hiérarchique, de tutelle ou financier. Ces précisions n'ajoutent rien à ce qui est connu des techniques de contrôle.

Les innovations résident ailleurs, notamment l'intégration de la notion de patrimoine au côté des dépenses et des recettes, comme objet de contrôle de régularité. L'application d'une même technique de contrôle impliquant unité de régime de responsabilité et de sanction en cas d'irrégularité constatée par le contrôleur, c'est-à-dire d'atteinte à la fortune publique facilite la compréhension des choses. Cela permet de gagner en clarté relativement à l'activité de contrôle au lieu de se perdre dans une multitude de textes dans un système unifié puisque désormais toutes les irrégularités constitutives de fautes de gestion relèvent de l'autorité chargée de la discipline budgétaire et financière (art. 15 (2)).

L'objet du contrôle de performance est de « *s'assurer de l'exécution optimale des prévisions de recettes et des dépenses à l'aide des indicateurs prédéfinis* », contrôle qui s'appuie sur la comptabilité analytique. Il apporte assurément un important correctif au traditionnel contrôle de régularité dans la mesure où il va au-delà du simple contrôle de légalité pour explorer l'impact d'une action engagée par les pouvoirs publics. Ce qui donne une assise fiable au concept de budget-programme qui s'est substitué à la notion de budget de moyens depuis le 1er janvier 2013.

En ce qui concerne l'audit, il se veut « *un examen approfondi et systématique de la performance d'une administration, d'un programme, d'une action ou d'une activité aux plans financier et opérationnel permettant de réaliser plus d'économie, d'efficacité et d'efficience* » (art. 23 (1)). Dans son essence, l'audit est davantage tourné vers la découverte des dysfonctionnements et leur correction et aussi la prévention des risques en vue de garantir un fonctionnement optimal du système dans son ensemble. La répression ne devant intervenir que dans les cas extrêmes. L'audit interne est une composante essentielle du dispositif de contrôle interne comptable qui est indispensable pour garantir la qualité des comptes publics. Il est articulé avec l'audit externe du certificateur qui sera la Chambre des comptes pour l'État. Cette fois, la démarche repose sur l'approche par les risques qui consiste dans sa plus simple expression à évaluer la capacité des services à maitriser les risques par les dispositifs de contrôle interne.

En somme, à l'exemple des grandes entreprises, l'État doit prendre en compte l'ensemble des risques. Pour cette raison, le contrôle administratif se développe sous deux formes : le contrôle interne budgétaire (CIB) et le contrôle interne comptable (CIC) ; lesquels expriment deux enjeux en matière de gestion financière publique. D'une part, un enjeu de soutenabilité budgétaire et, d'autre part un enjeu de qualité des comptes par référence aux différentes comptabilités de l'État devenues obligatoires justifiant les trois modalités que met en œuvre ce décret.

III. Le règlement général de la comptabilité publique

Il est issu du décret n° 2013/160 du 15 mai 2013 portant règlement général de la comptabilité publique. Ce décret est d'une importance capitale en ce qu'il complète utilement la loi du 26 décembre 2007 portant régime financier de l'État en précisant les modalités d'exécution des lois de finances. Il comprend six titres, treize chapitres et 129 articles.

Le titre I *Dispositions générales* procède au rappel d'un certain nombre de prescriptions essentielles du régime financier. Il débute néanmoins par la description en son article 1er de l'objet de ce règlement qui est de fixer les règles spécifiques relatives aux modalités d'exécution des opérations budgétaires et financières, de tenue des comptes et de gestion de trésorerie, de deniers, biens, valeurs publics et du patrimoine appartenant ou confiés à l'État et aux organismes publics. Ces derniers sont constitués par les établissements publics administratifs nationaux et locaux, les collectivités territoriales décentralisées, les services et organismes soumis au régime juridique de la comptabilité publique. Son article 2 évoque certains principes budgétaires et comptables comme l'annualité, la non-affectation, la non-compensation, l'autorisation préalable du budget, la sincérité ; définit ce qu'est un chapitre budgétaire, un programme, indique la composition du budget de l'État. Il impose au ministre en charge des finances l'obligation de veiller à la bonne exécution de la loi de finances.

L'article 4 précise la composition des deniers publics à savoir ceux appartenant en propre ou confiés à l'État et aux organismes publics et ce sont ceux-là que régisse le présent règlement. Le qualificatif « *confiés* » élargit manifestement le domaine des deniers publics. On doit toutefois attendre l'interprétation que donnera le juge financier pour voir s'il ira au-delà du concept de deniers privés réglementés dont la gestion est soumise au régime de comptabilité publique et à celui de dépositaires officiels. Les missions du trésor sont retracées, notamment qu'il dispose du monopole des encaissements et décaissements de fonds publics, des circuits des caisses publiques et des relations avec le système bancaire national, régional et international ; qu'il est la caisse unique de l'État avec pour conséquence l'unité de caisse et que les comptables publics ont l'exclusivité de la gestion des fonds publics.

Au moment où l'on cherche à sanctionner les atteintes à la fortune publique, c'est un truisme de dire que sont réglementés les actes (acquisition, affectation, cession) concernant le patrimoine de l'État et des organismes publics (art.5).

Le titre II est réservé aux *agents chargés de l'exécution du budget.* À l'occasion, il est rappelé cet élément fondamental du droit public financier qu'est le principe de séparation des fonctions d'ordonnateur et de comptable public. L'incompatibilité de fonctions de l'article 7 de ce décret va plus loin que les prescriptions de l'article 67 de l'ordonnance du 7 février 1962 qui limitaient l'interdiction aux conjoints. Le nouveau dispositif inclut les ascendants et descendants d'ordonnateurs ne peuvent exercer comme comptables publics des services auprès desquels ces ordonnateurs ou sont affectés ou élus. Et les collatéraux ? Or dans notre pays, ces derniers servent plus de prête-nom dans les malversations financières que ceux que la loi désigne. En particulier on n'implique rarement le conjoint ou pas du tout les ascendants et descendants dans ce type d'opération puisqu'il faut préserver l'image. Cette observation vise juste à montrer le placage des théories sans rapport avec la réalité africaine, notamment de la famille élargie.

L'absence *de lien hiérarchique entre l'ordonnateur et le comptable public* est une précision importante puisqu'elle coupe court à toute supputation consistant à voir le premier comme le supérieur du second.

L'article 8 prescrit l'interdiction de s'immiscer sans titre dans les fonctions d'ordonnateur et de comptable public sous peine d'encourir les sanctions liées à la gestion de fait et à l'usurpation de titre. Le titre résulte de l'accréditation pour l'ordonnateur et de la nomination pour le comptable.

L'article 12 réitère l'obligation de tenue d'une comptabilité budgétaire où sont consignés les engagements et les ordres de l'ordonnateur à des fins de contrôle de tous ordres pendant et après l'exécution du budget et de comparaison avec la comptabilité de gestion du comptable public. La responsabilité des ordonnateurs est exprimée en termes d'une part de faute civile, pénale et disciplinaire, justiciables des organes compétents à cet effet et, d'autre part d'élaboration et de mise en œuvre des programmes et des résultats qui en découlent (art. 13). L'autre catégorie de responsabilités prête à équivoque puisqu'on peut bien y voir des devoirs, mais aussi des moyens de mise en œuvre de la responsabilité. Poser l'élaboration des programmes, leur mise en œuvre et les résultats attendus comme des responsabilités montre au moins l'importance attachée à la matérialisation des programmes dans la nouvelle conception de la gestion des finances publiques en particulier et de l'État en général.

Les articles 14 à 44 sont consacrés au régime juridique des comptables publics relativement à leur statut, leurs missions et responsabilités. Ce régime innove sur un certain nombre de points, notamment le transfert de certaines compétences à la juridiction des comptes comme la prestation de serment du comptable public avant l'installation dans le poste (art. 32). De même, les arrêtés de débet sont susceptibles de recours devant la juridiction des comptes (art. 37) et non plus devant la Chambre administrative de la Cour suprême. Les actes du ministre des Finances comme le débet administratif, les décharges et les remises gracieuses sont transmis à la juridiction des comptes à l'appui du compte de gestion (art. 38). Cette remise en ordre était nécessaire pour plus de cohérence dans l'action. Mais il manque une précision de taille concernant le recours contre les arrêtés de débet, car il aurait été plus judicieux de déterminer à quel titre intervient la juridiction des comptes, comme juge de première instance, d'appel ou de cassation, ce d'autant plus que le décret ne renvoie pas à un texte existant ou ultérieur.

L'article 45 réitère le principe de la légalité des ressources publiques en déterminant les sources de celle-ci à savoir la loi : le règlement, la décision de justice ou la convention. L'article 46 s'appesantit sur la création légale des ressources publiques et l'autorisation préalable de leur recouvrement sous peine de commettre le délit de concussion, lequel est assorti de l'action en répétition de l'indu de trois ans à l'encontre de tous les comptables qui auraient perçu les recettes qui en résultent. Le domaine des sanctions s'étend à tous les détenteurs de l'autorité qui auraient accordé des exonérations non prévues ou délivrés gratuitement des biens et services publics payants.

Le sort des erreurs de liquidation ou de calcul est réglé à l'article 48 lequel préconise l'émission soit d'un ordre d'annulation totale ou partielle au profit du redevable, soit d'un ordre complémentaire de recettes en faveur des personnes publiques. Le titre de perception, comme terme générique qui traduit l'existence d'une créance publique, se trouve aussi explicité dans ses formes concrètes à savoir : le bulletin d'émission, l'avis de mise en recouvrement, l'état de liquidation, l'ordre de recettes (art. 49). Quand ces actes sont notifiés aux redevables, ils doivent obligatoirement comporter la date d'échéances et les modalités de paiement (art. 51). Ils ont force exécutoire autant que les arrêtés de débet (art. 53) et leur exécution est poursuivie jusqu'à la saisine de la juridiction compétente sans possibilité de la suspendre, sauf si le débiteur apporte des garanties à concurrence de la dette contestée et l'hypothèse de sursis accordé par les *structures en charge d'assiette*. La notion de *structures en charge d'assiette* n'étant pas précisée, il faut y voir seulement les services d'assiette des directions des impôts et des douanes. Ce qui signifie qu'en dehors des impôts et taxes, le débiteur d'une personne publique ne peut bénéficier du sursis à exécution des autres titres de perception (art. 54).

Une précision importante est apportée à l'article 52 à savoir que *la procédure de recouvrement est amiable* faisant d'elle le principe en la matière sous réserve des dérogations légales. Il en résulte que le recouvrement forcé devient l'exception et d'ailleurs il n'intervient qu'en cas d'échec de la première modalité.

Le principe de l'unité de caisse est rappelé à l'article 55 dans la mesure où tous les paiements des dettes publiques sans exception doivent s'effectuer dans les caisses du Trésor. Une innovation importante y est introduite relativement aux modalités de paiement : en dehors de tout ce qui est considéré traditionnellement comme ayant un pouvoir libératoire, les immeubles sont désormais admis comme moyen de paiement des dettes publiques à titre exceptionnel tout comme les valeurs, les effets de commerce, les obligations cautionnées. Ces instruments de paiement ne sont pas aussi nouveaux puisqu'ils sont utilisés dans le secteur privé. Leur admission dans le secteur public qui vise à vaincre l'insolvabilité des débiteurs publics, participe de l'élargissement des moyens de paiement et du grossissement du patrimoine de l'État et des organismes publics, sauf qu'il y a risque d'amoindrir le volume de liquidité des personnes publiques.

En effet, certaines valeurs mobilières et immobilières, qu'elles soient indexées ou non, sont exposées aux fluctuations des cours mondiaux, les obligations cautionnées ne deviennent liquides qu'à terme échu, les immeubles accroissent le patrimoine des personnes publiques à moins de les exploiter moyennant finance. Ce qui explique le caractère exceptionnel que leur confère le décret bien qu'ils seront désormais d'usage régulier pour ne pas dire familier. Or c'est le besoin de liquidité qui justifie l'interdiction de la compensation entre les dettes et les créances publiques inscrite à l'article 56 bien que le comptable public peut se prévaloir de ce moyen de paiement au profit de l'État avant tout règlement. Sous certaines conditions, sont autorisés la suspension et l'abandon de recouvrement des créances publiques, la remise de dette et la transaction (art. 58).

La collaboration entre le comptable public et l'ordonnateur se trouve renforcée davantage par cette fonction d'information et de conseil que le premier exerce auprès du second en attirant son attention sur les recettes non mises en recouvrement dont il aurait eu connaissance (art. 61). Ce dispositif recèle néanmoins une grande faiblesse du fait qu'il ne prévoit aucune disposition ferme lorsque l'ordonnateur ne s'exécute pas alors qu'en cas de restes à recouvrer, à défaut de demander et d'obtenir le quitus de la part de l'ordonnateur, le comptable encourt une responsabilité personnelle et pécuniaire. Or l'ordonnateur ne dispose pas de l'opportunité de mettre en recouvrement les ressources autorisées par le parlement : c'est une obligation.

En matière de dépenses, l'autorité réglementaire semble régler un problème de non-concordance définitivement à l'article 72 en préconisant qu'*en cas d'incohérence entre les montants en chiffres et en lettres, le montant en lettres fait foi*. Cependant, la pratique bancaire a montré qu'on est plus enclin par inadvertance à commettre des erreurs sur les montants en lettres qu'en chiffres : deux cent mille francs peuvent facilement devenir deux cents ou deux mille francs. Si la mauvaise foi s'y ajoute, la situation sera indescriptible. Dans tous les cas, on crée là une source de contentieux puisqu'aucun créancier de l'État n'acceptera de recevoir moins par rapport à la valeur de ses prestations. D'ailleurs ce cas de litige relatif au refus de recevoir le paiement n'a pas véritablement échappé à l'autorité réglementaire par référence aux termes de l'article 80.

L'article 86 (1) définit les opérations de trésorerie et de financement de l'État et des organismes publics comme *tous mouvements de numéraires, de valeurs mobilisables, de comptes de dépôt et de comptes courants, ainsi que ceux des comptes de créances et de dettes à court terme.* L'alinéa 2 dresse les différentes catégories au nombre de sept.

L'article 90 pose le principe d'unité de caisse et de trésorerie pour la gestion des fonds publics par poste comptable entraînant l'obligation pour chacun d'eux de disposer, sauf dérogation expresse du ministre chargé des finances, d'une seule caisse, d'un seul compte courant bancaire, le cas échéant ouvert à la BEAC. Seuls les postes comptables auprès des missions diplomatiques et consulaires du Cameroun peuvent ouvrir des comptes dans les banques commerciales.

En ce qui concerne les effets de commerce (traites et obligations), il est formulé à leur sujet le principe de l'unité de compte ouvert dans les livres de la Banque des États de l'Afrique Centrale à l'article 96 (1) sauf dérogation du ministre des Finances. L'alinéa 2 du même texte énonce le principe de l'insaisissabilité des fonds détenus par le trésor.

Il est précisé à l'article 98 la notion de correspondants du trésor qui englobe *des organismes et des particuliers qui en application des lois et règlements ou en vertu des conventions particulières, déposent à titre obligatoire ou facultatif des fonds au trésor, ou sont autorisés à procéder à des opérations de recettes et de dépenses par l'intermédiaire de leurs comptables.* Ils ne peuvent bénéficier d'aucun découvert de la part du trésor (art. 100). Cette mesure semble réaliste certes pour éviter les dérapages financiers entre le trésor et ses correspondants, mais on ne peut s'empêcher de se demander si les dépôts de ces derniers seront rémunérés.

Le titre IV (articles 101 à 126) traite en détail de la comptabilité publique, de ses différentes composantes, de l'objet de celles-ci, ainsi que des obligations qui en découlent et des résultats attendus. Le titre V fait d'un seul article 127 énonce le triple contrôle auquel est soumise l'exécution des opérations budgétaires et renvoie aux textes particuliers.

L'article 128 dont la rédaction est approximative fait prévaloir le principe de progressivité de certaines dispositions de ce décret qui n'entreront en vigueur qu'au terme d'un délai de six (6) ans en prévision de :

- l'*arrimage aux mécanismes du budget programme pour les Établissements publics Administratif et les collectivités territoriales décentralisées ;*

- *l'application intégrale des règles et procédures découlant du principe de la constatation des droits et obligations, ainsi que la comptabilité patrimoniale régissant la comptabilité générale ;*

- *la mise en œuvre de la comptabilité analytique ;*

- *le rapport de la juridiction des comptes sur la certification des comptes.*

C'est sur cette note de progressivité du travail que s'achève cette chronique de législation financière et fiscale, un domaine dont le flux de textes croît à une vitesse exponentielle.

PROTOCOLE DE RÉDACTION DES ARTICLES

L'envoi des articles au Comité éditorial se fait exclusivement par courrier électronique à l'adresse suivante : rasj.soa@gmail.com. La Revue n'endosse aucune responsabilité pour tout article envoyé à une autre adresse.

Le comité éditorial de la revue attache un prix particulier au respect des normes et standards ci-dessous indiqués :

1. La taille des contributions ne doit pas excéder 20 pages au format de la revue pour les articles proprement dits et 15 pages pour toute autre contribution.

2. Tout article soumis pour publication doit être envoyé sous le format Word, interligne simple, police d'écriture Times New Roman, taille de police 12, paragraphe aligné, marges de 2,5 cm.

3. Les articles sont accompagnés d'une biographie succincte de l'auteur, incluant sa qualité (grade, responsabilité académique, ou statut professionnel), son adresse e-mail dans une première note de bas de page, et d'un résumé de dix lignes maximum en français et en anglais avec quatre à six mots-clés.

4. Les citations dans le corps du texte doivent être transcrites entre guillemets doubles, avec le même type et la même taille de la lettre du texte.

5. L'appel de note est continu et se place après le mot ou le groupe de mots auquel il se rapporte, séparé par un espace insécable.

6. Les références bibliographiques des articles sont citées comme suit :

a) Pour les articles des revues : Nom (intégral)et Prénom (initial) de l'auteur, Titre de l'article entre guillemets doubles, *Titre de la revue en italique*, Numéro du volume, Numéro du fascicule, Année de la publication, Pages initiale et finale de l'article ou Page (s) exacte (s) de la citation.

Exemple : LECA J., « Pour une analyse comparative des systèmes politiques méditerranéens », *Revue française de science politique ou RFSP*, vol. 27, n° 4, 1977, p. 557-581.

b) Pour les livres : Nom (intégral) et Prénom (initial) de l'auteur, *Titre du livre en italique,* Lieu de publication, Maison d'édition, Année de publication, Pages initiale et finale de l'article ou Page (s) exacte (s) de la citation.

Exemple : MBAYE K., *Les droits de l'homme en Afrique*, Paris, Pedone, 2002, p. 180.

c) Pour les ouvrages collectifs : Nom (intégral) et Prénom (initial) de l'auteur, Titre de l'article entre guillemets doubles, Mention « in » en italique, Nom du directeur de l'ouvrage, nom de l'ouvrage en italique, Lieu d'édition, Maison d'édition, Année d'édition, Pages initiale et finale de l'article ou Page (s) exacte (s) de la citation.

Exemple : MAZERES J.-A., « Qu'est-ce que la puissance publique ? », *in* Raimbault P. (dir.), *La puissance publique à l'heure européenne*, Paris, Dalloz, 2006, p. 9 à 20.

N.B. Les articles expertisés (selon le principe de *Peer Review)*, retenus et publiés dans la *RASJ* deviennent la propriété de celle-ci. Leur reproduction partielle ou intégrale est soumise à l'autorisation expresse de la direction de la Revue.

PROTOCOL FOR SUBMITTING ARTICLES

Contributions can only be submitted through electronic mailing to the following address : rasj.soa@gmail.com. The editorial board of AJL shall not be liable for any contribution which is not sent to above address. The editorial policy of the Journal requires strict adherence to the following guidelines and standards :

1. Articles must not exceed 20 pages and other contributions (Case Law, Legislation and Bibliographic Surveys) 15 pages.

2. All contributions must be sent in Word format (.doc or .docx), single line spacing, Times New Roman font, size - 12, aligned paragraphs, and margins of 2.5 cm.

3. All contributions must include a brief biography of the author in an opening footnote, their academic or professional status, email address and, for articles, a short abstract written in French and English of not more than 200 words each followed by four to six key words ;

4. Citations in the body of the paper should be in single smart quotes, with the same font as the text but smaller in size (10).

5. Footnoting should be continuous and must appear after the relevant word or group of words, separated by normal spacing.

6. Bibliographic references of articles should be quoted as follows :

a) For articles of a Journal : Author's name and surname, Title of the article in inverted commas, *Title of the Journal in italics*, Volume Number, Fascicle Number, Year of publication, first and last pages of the article or exact page(s) of the quotation.

Example : Flemming P., "The Justiciability of Socio-Economic Rights in Africa", *International Human Rights Law Review* or *IHLR*, vol.vol. 27, n° 4, 1977, pp. 557-581.

b) For books : Author's name and surname, *Title of the book in italics*, Place of publication, Publishing house, Year of publication, First and last pages of the article or Exact page(s) of the quotation.

Example : Raz J., *Authority of the Law*, London, Stevens, 2002, p.180.

c) For collective works : Author's name and surname, Title of the article in inverted commas, *"in"* in italics, Name of the director of the book, *Title of the book in italics*, Place of publication, Publishing house, Year of publication, First and last pages of the article or Exact page(s) of the quotation.

Example : IngelmanJ. "Foreign Direct Investments in Africa ?" *in* Craig P.(Ed.), *Foreign Capital Flows in Developing Countries : Incidence on Development*, Cincinnati, Butterworths, 2006, pp. 9 - 20.

N. B. Articles reviewed (following the Peer Review principle), validated and published by the AJOL become the property of the Journal. Any partial or complete reproduction is subject to the prior authorisation from the Editors of the Journal.

Questions juridiques aux éditions L'Harmattan

Dernières parutions

CONCILIATION ET MÉDIATION PRUD'HOMALES
Collectif GEMME-France
À l'initiative du Groupement européen des magistrats pour la médiation, conseillers prud'hommes, juges départiteurs, magistrats des cours d'appel et de la Cour de cassation ainsi que syndicalistes dressent ici un état des lieux et lancent des pistes de réflexion pour améliorer la qualité et l'efficacité de l'institution prud'homale. La question de la médiation prud'homale y est abordée avec les débats qu'elle suscite.
(12.00 euros, 108 p.)
ISBN : 978-2-343-00955-1, ISBN EBOOK : 978-2-296-53756-9

INTELLIGENCE (L') TERRITORIALE, UNE NÉCESSITÉ
Fath Bernard - Préface de Gérard Marcou
L'enjeu majeur pour les années à venir serait pour les collectivités territoriales de se doter des moyens propres à imaginer leur futur. Cependant l'État retire son ingénierie des territoires et s'ouvre sur les privatisations concurrentielles... Des solutions s'imposent, l'intelligence territoriale apparaît comme une hypothèse nécessaire pour impulser un futur mis en prospective. Le monde local foisonne d'initiatives propres à donner corps à l'intelligence territoriale.
(Coll. Grale, 27.00 euros, 274 p.)
ISBN : 978-2-343-00778-6, ISBN EBOOK : 978-2-296-53772-9

MARCHÉS (LES) PUBLICS À PROCÉDURE ADAPTÉE
Entre liberté et contrainte pour les collectivités territoriales
Ravignot Béatrice
Cette étude met en évidence les limites de la liberté octroyée aux pouvoirs adjudicateurs par le Code des marchés publics, dans le cadre de la conclusion de marchés à procédure adaptée. Du lancement de la procédure jusqu'au choix de l'attributaire et ses conséquences, les collectivités territoriales restent en effet soumises à des contraintes formelles ou procédurales, qui sont souvent identiques ou proches de celles existant dans le cadre des procédures formalisées.
(Coll. Master Collectivités territoriales et politiques publiques, 16.50 euros, 162 p.)
ISBN : 978-2-343-00223-1, ISBN EBOOK : 978-2-296-53768-2

FRANCE INTERCOMMUNALE (LA)
Regards sur la loi de réforme des collectivités territoriales du 16 décembre 2010
Sous la direction de Pierre-Yves Monjal et Vincent Aubelle
Les communautés de communes, d'agglomération et urbaines et autres métropoles, ne vont-elles pas porter un coup définitif à l'organisation décentralisée de la République ? La France n'est-elle pas sur le point de changer de mode de gouvernance locale en recourant à des procédés politiques et juridiques fondés sur les notions de mutualisation, de territoire pertinent, de développement, de communautarisation ?
(Coll. Grale, 39.00 euros, 406 p.)
ISBN : 978-2-336-29370-7, ISBN EBOOK : 978-2-296-53725-5

TRAITEMENT DES RESPONSABILITÉS CIVILE ET PÉNALE
Approche comparée en droit français et iranien
Nory Yoshanloey Jafar
La distinction contemporaine n'a pu empêcher le rapprochement pratique des responsabilités civile et pénale tant en droit français qu'iranien. Il apparaît qu'à la fonction réparatrice de la

responsabilité civile peut s'additionner une fonction punitive qui s'incarnerait dans «la peine privée», et à la fonction répressive de la responsabilité pénale une fonction réparatrice appelée «restitution pénale». Ces deux modes de responsabilité doivent se rejoindre dans une cohérence juridique afin que la justice soit rendue avec une dimension sociale.
(Coll. Sciences criminelles, 35.00 euros, 348 p.)
ISBN : 978-2-336-29122-2, ISBN EBOOK : 978-2-296-53750-7

JACQUES VERGÈS – Un aristocrate de refus
Charvin Robert - Préface de Hervé de Charette
J. Vergès, avocat des causes difficiles, ne laisse personne indifférent. Il est l'ennemi de certains ayant fait son procès dans quelques mauvais livres mais l'ami des simples gens, l'encourageant à combattre encore et toujours les puissants. Sa vie est un roman, mais il n'est pas question de faire un roman de sa vie : il conserve son mystère comme tout homme dans sa complexité. Un avocat qui possède en lui des éléments de dignité, qui a dévoré sa vie avec sincérité.
(13.50 euros, 120 p.)
ISBN : 978-2-343-00533-1, ISBN EBOOK : 978-2-296-53645-6

SANG (LE) ET L'ENCRE – Et si Christian Ranucci était innocent ?
Le Meur Yann
Christian Ranucci, 22 ans, est guillotiné le 28 juillet 1976 à Marseille pour l'enlèvement et le meurtre d'une fillette de 8 ans. De la fin de l'instruction au pied de l'échafaud, où il demande à ses avocats de le réhabiliter, il a toujours clamé son innocence. S'appuyant sur des contre-enquêtes relatives à l'affaire, le dossier pénal et de longues investigations documentaires et de terrain, ce livre aboutit à des conclusions, toutes dans le sens de l'innocence de Ranucci.
(29.50 euros, 302 p.)
ISBN : 978-2-343-00604-8, ISBN EBOOK : 978-2-296-53558-9

IMMIGRÉ (L') ET LA GESTION DU PATRIMOINE
Loubassou Nganga Maixent
Cet ouvrage met à la disposition des personnes qui viennent d'arriver en France et qui ne connaissent pas l'environnement fiscal, juridique, bancaire et financier français, des outils indispensables pour une gestion optimale de leur patrimoine : choisir le meilleur régime matrimonial, organiser ou réorganiser de façon optimale leurs placements, trouver des produits de défiscalisation adaptés, choisir le meilleur placement immobilier.
(Coll. Pour Comprendre, 12.00 euros, 106 p.)
ISBN : 978-2-336-30090-0, ISBN EBOOK : 978-2-296-53639-5

ADMINISTRATION PÉNITENTIAIRE ET JUSTICE
Un siècle de rattachement
Sous la direction de Paul Mbanzoulou et François Dieu
Depuis le décret du 13 mars 1911, l'administration pénitentiaire est rattachée au ministère de la Justice. Au-delà de l'éclairage historique, qui occupe une place notable dans cet ouvrage, les contributions réunies ici examinent le positionnement actuel de l'administration pénitentiaire, ainsi que ses perspectives d'évolution à la lumière de quelques expériences étrangères.
(Coll. Criminologie, 26.00 euros, 256 p.)
ISBN : 978-2-343-00412-9, ISBN EBOOK : 978-2-296-53667-8

DÉMOCRATIE (LA) LOCALE À LA RECHERCHE D'UN NOUVEAU SOUFFLE
Marceau Anne - Préface de Gérard Marcou
Comment peuvent se concilier démocratie représentative et démocratie participative ? La multiplication des procédures de consultation ne nuit-elle pas à leur efficacité ? Quels seront les acteurs de la démocratie locale demain : les élus, les citoyens, les habitants, les usagers ? Les outils de démocratie locale mis en place ces dernières années constituent-ils un véritable renouveau ou apparaissent-ils comme le simple rhabillage de formules anciennes ?
(Coll. Grale, 32.00 euros, 308 p.)
ISBN : 978-2-343-00118-0, ISBN EBOOK : 978-2-296-53527-5

CONSEIL (LE) DES DROITS DE L'HOMME ET SES PRINCIPAUX MÉCANISMES
Bilan et perspectives d'actions pour le Burkina Faso à l'entame de son second mandat de membre
Merindol Ouoba Clarisse
Le Conseil des droits de l'homme a remplacé la Commission des Nations unies aux droits de l'homme. Cet ouvrage contribue à la dynamique de promotion et de protection de ces droits, notamment à travers les actions entreprises par cet important organe du système des Nations unies, dont le Burkina Faso est membre depuis 2008. L'auteur apporte un regard personnel sur les quatre années de présence de ce pays en son sein.
(14.50 euros, 142 p.)
ISBN : 978-2-336-29180-2, ISBN EBOOK : 978-2-296-53513-8

NOUVEAU (LE) DROIT DU PROCÈS ADMINISTRATIF
Les évolutions choisies, les évolutions subies
Sous la direction de Jacques Fialaire et Jerry Kimboo
Plus de 10 ans après l'entrée en vigueur du Code de justice administrative, l'office du juge s'est profondément transformé. Parmi les évolutions subies par le juge administratif figure l'institution du «rapporteur public», mettant en harmonie le contentieux administratif avec le principe d'égalité des armes entre les parties, développé dans la jurisprudence de la Cour EDH. Certaines innovations procédurales destinées à accélérer l'instruction des affaires semblent, quant à elles, davantage choisies.
(Coll. Logiques Juridiques, 22.00 euros, 224 p.)
ISBN : 978-2-343-00571-3, ISBN EBOOK : 978-2-296-53519-0

GOUVERNER, ADMINISTRER RÉVOLUTIONNAIREMENT : LE COMITÉ DE SALUT PUBLIC
(6 avril 1793 - 4 brumaire an IV)
Matta-Duvignau Raphaël - Préface de Vida Azimi
Le comité de salut public se présente comme la commission de la Convention nationale ayant pris en charge, du 6 avril 1793 au 4 brumaire an IV, la surveillance, le contrôle et la direction des fonctions gouvernementales et administratives tout en ayant exercé une dictature soutenue par la Terreur. Cette étude explique comment le Comité, initialement conçu comme simple instrument de la Convention, est devenu le principal sujet actif du Gouvernement révolutionnaire.
(Coll. Logiques Juridiques, 59.00 euros, 732 p.)
ISBN : 978-2-336-29065-2, ISBN EBOOK : 978-2-296-53498-8

CONCLUSION (LA) DES CONTRATS ÉLECTRONIQUES
Étude de droits africains et européens
Kabre Windpagnangde Dominique
Les contrats électroniques se distinguent des contrats formés entre parties présentes ou conclus par les moyens traditionnels de communication à distance. Ces caractéristiques donnent lieu à un mode technique particulier de conclusion des contrats, régi par des règles juridiques qui constituent ce qu'on appelle le «droit spécial des contrats électroniques». L'ouvrage montre que ce droit spécial engendre un processus de formation du contrat différent de celui du droit commun des contrats, tant en droit burkinabé et de la CEDEAO qu'en droit européen, belge et français.
(Coll. Etudes africaines, 52.00 euros, 584 p.)
ISBN : 978-2-336-29211-3, ISBN EBOOK : 978-2-296-53666-1

AGRICULTURE (L') ET LES EXIGENCES DU DÉVELOPPEMENT DURABLE
Agriculture and the requirements of a sustainable development
Die Landwirtschaft und die Anforderungen an deren nachhaltige Entwicklung
Sous la direction de Prof. Dr. Paul Richli - Délégué général au nom du Comité européen de Droit Rural
L'agriculture et les exigences du développement durable, l'affectation et la protection du territoire rural et enfin le développement du droit rural dans l'UE, dans les États et les régions et dans l'OMC : ces trois thèmes autour de l'agriculture et les exigences du développement durable

gagnent en importance, obligeant les politiques publiques à intervenir au moyen d'une série d'instruments juridiques. (Ouvrage en trois langues).
(Coll. Droit et Espace Rural, 51.00 euros, 568 p.)
ISBN : 978-2-343-00584-3, ISBN EBOOK : 978-2-296-53656-2

SÉCURITÉ : VRAIES QUESTIONS ET FAUX DÉBATS
Sous la direction de Roger Vicot
Les questions de sécurité génèrent beaucoup de passions et commentaires. Le bon sens populaire donne libre cours à ses *a priori*, préjugés, solutions toutes prêtes, clichés et autres caricatures. L'objectif de ce livre est de dépassionner le débat et d'analyser sereinement chacune des affirmations. Chercheurs, universitaires, spécialistes, élus : une vingtaine d'entre eux ont accepté de remettre les choses en perspective mais aussi de faire émerger la réalité.
(33.00 euros, 330 p.)
ISBN : 978-2-343-00363-4, ISBN EBOOK : 978-2-296-53314-1

MÉDIATION EFFICACE (LA) – Évolutions juridiques contemporaines et techniques d'influence inédites
Sous la direction de Jacques Fischer-Loukou et Peggy Larrieu
Dirigé conjointement par une juriste et un psychosociologue, voici un état des lieux rigoureux, actualisé et très accessible sur les plus récentes dispositions juridiques se rapportant à la médiation. L'ouvrage traite sans aucun tabou de la notion d'influence, pertinente en psychologie sociale, ainsi que de quelques techniques surprenantes mais efficaces, utilisées par des médiateurs professionnels.
(25.00 euros, 254 p.)
ISBN : 978-2-343-00220-0, ISBN EBOOK : 978-2-296-53421-6

PRINCIPE (LE) DE L'AUTODÉTERMINATION DES PEUPLES – Concept et application concrètes
Huet Véronique
La démocratisation de l'État est un des objectifs prioritaires de l'ONU et d'autres organisations régionales. Les pratiques démocratiques au sein des États peuvent favoriser la paix entre eux et conduire à une culture de paix démocratique, donc de la restauration de l'État de droit. On peut conclure à l'émergence de pratiques démocratiques fondées sur une certaine revalorisation de l'individu au sein de la société étatique, et même internationale, par le prisme de la protection des droits humains et du droit à la dignité.
(23.00 euros, 230 p.)
ISBN : 978-2-343-00274-3, ISBN EBOOK : 978-2-296-53256-4

INTERACTIONS DU DROIT INTERNATIONAL ET DU DROIT DE L'UNION EUROPÉENNE
Un pluralisme juridique rénové en matière de propriété industrielle
Ben Dahmen Khedija
Étudier la protection de la propriété industrielle dans l'optique des rapports de systèmes et en ciblant les interactions du droit international et du droit de l'Union européenne, présente un grand intérêt à plus d'un titre : d'une part parce que cette étude s'attache à explorer l'essence même de la globalisation. D'autre part, à travers le fonctionnement de la globalisation, les rapports de systèmes traduisent la mouvance sociale, économique, culturelle d'une ère qui induit donc un pluralisme juridique rénové.
(Coll. Logiques Juridiques, 56.00 euros, 670 p.)
ISBN : 978-2-296-99771-4, ISBN EBOOK : 978-2-296-53388-2

L'HARMATTAN ITALIA
Via Degli Artisti 15; 10124 Torino

L'HARMATTAN HONGRIE
Könyvesbolt ; Kossuth L. u. 14-16
1053 Budapest

L'HARMATTAN KINSHASA
185, avenue Nyangwe
Commune de Lingwala
Kinshasa, R.D. Congo
(00243) 998697603 ou (00243) 999229662

L'HARMATTAN CONGO
67, av. E. P. Lumumba
Bât. – Congo Pharmacie (Bib. Nat.)
BP2874 Brazzaville
harmattan.congo@yahoo.fr

L'HARMATTAN GUINÉE
Almamya Rue KA 028, en face du restaurant Le Cèdre
OKB agency BP 3470 Conakry
(00224) 60 20 85 08
harmattanguinee@yahoo.fr

L'HARMATTAN CAMEROUN
BP 11486
Face à la SNI, immeuble Don Bosco
Yaoundé
(00237) 99 76 61 66
harmattancam@yahoo.fr

L'HARMATTAN CÔTE D'IVOIRE
Résidence Karl / cité des arts
Abidjan-Cocody 03 BP 1588 Abidjan 03
(00225) 05 77 87 31
etien_nda@yahoo.fr

L'HARMATTAN MAURITANIE
Espace El Kettab du livre francophone
N° 472 avenue du Palais des Congrès
BP 316 Nouakchott
(00222) 63 25 980

L'HARMATTAN SÉNÉGAL
10 VDN en face Mermoz, après le pont de Fann
BP 45034 Dakar Fann
33 825 98 58 / 33 860 9858
senharmattan@gmail.com / senlibraire@gmail.com
www.harmattansenegal.com

L'HARMATTAN BÉNIN
ISOR-BENIN
01 BP 359 COTONOU-RP
Quartier Gbèdjromèdé,
Rue Agbélenco, Lot 1247 I
Tél : 00 229 21 32 53 79
christian_dablaka123@yahoo.fr

Achevé d'imprimer par Corlet Numérique - 14110 Condé-sur-Noireau
N° d'Imprimeur : 110675 - Dépôt légal : août 2014 - *Imprimé en France*